기독교 세계관
바로 세우기

기독교 세계관 바로 세우기

지은이 | 류현모·강애리
초판 발행 | 2021. 9. 15
6쇄 발행 | 2024. 10. 14
등록번호 | 제1988-000080호
등록된 곳 | 서울특별시 용산구 서빙고로65길 38
발행처 | 사단법인 두란노서원
영업부 | 2078-3333   FAX | 080-749-3705
출판부 | 2078-3331

책값은 뒤표지에 있습니다.
ISBN 978-89-531-4064-6 03230

독자의 의견을 기다립니다.
tpress@duranno.com   www.duranno.com

두란노서원은 바울 사도가 3차 전도여행 때 에베소에서 성령 받은 제자들을 따로 세워 하나님의 말씀으로 양육하던 장소입니다. 사도행전 19장 8-20절의 정신에 따라 첫째 목회자를 돕는 사역과 평신도를 훈련시키는 사역, 둘째 세계선교(TIM)와 문서선교(단행본·잡지) 사역, 셋째 예수문화 및 경배와 찬양 사역, 그리고 가정·상담 사역 등을 감당하고 있습니다. 1980년 12월 22일에 창립된 두란노서원은 주님 오실 때까지 이 사역들을 계속할 것입니다.

기독교
세계관

성경의 렌즈로 세상을 보다

바로
세우기

류현모 · 강애리 지음

두란노

너희는 이 세대를 본받지 말고

오직 마음을 새롭게 함으로 변화를 받아

하나님의 선하시고 기뻐하시고 온전하신 뜻이 무엇인지

분별하도록 하라_롬 12:2

Do not conform any longer to the pattern of this world,

but be transformed by the renewing of your mind.

Then you will be able to test and approve

what God's will is—his good, pleasing and perfect will.

_Rom. 12:2, NIV

목 차

Part 4.

시대 돌파_
세계관은 어떻게 삶의 열매로 나타나는가 **292**

하나님이 우리에게 성경을 주신 이유는 올바른 세계관을 형성시켜 주어 하나님을 바로 알아 구원에 이르게 하기 위함입니다. 그러나 성경을 읽으면서도 무신론적 세계관으로 해석하면 정반대의 결과에 이를 수 있습니다. 올바른 세계관 교육의 중요성이 여기에서 비롯됩니다. 류현모 교수님은 의학자이지만, 성경적 세계관을 가르치는 일에 하나님의 부르심을 받았습니다. 무너진 성벽을 재건하는 느헤미야의 심정으로 하나님의 부르심에 순종하여 저술한 이 책을 통해 한국 교회의 무너진 세계관이 바로 세워지기를 기도합니다.

이재훈_온누리교회 담임 목사

류현모 교수님은 기독교적 세계관의 바탕 위에서 전공 분야인 분자유전학뿐 아니라 신학, 철학, 윤리, 과학 등 다양한 분야에 비범한 식견을 갖춘 기독교학자입니다. 류현모 교수님의 신앙과 학문이 이 책에 잘 구현되어 있습니다.

기독교 학문 영역에 훌륭한 문헌 하나가 추가된 것을 축하하며 독자들에게 일독을 권합니다. 동시에 앨빈 플랜팅가(Alvin Plantinga)라는 철학자 한 사람의 영향으로 무신론이 지배하던 미국 철학계의 1/3이 기독교인 철학자들로 채워진 것처럼, 류현모 교수님의 헌신과 연구를 통하여 한국의 대학과 학계에 기독교학자들이 많이 세워지기를 바랍니다.

이상원_한국기독교생명윤리협회 상임 대표, 현대성윤리문화교육원 원장

제가 담임하는 회복의교회는 설립 16주년 기념으로 류현모 교수님을 모시고, 매달 한 번씩 오후 예배 시간마다 "충돌하는 세계관" 강좌를 듣게 되었습니다. 교수님은 매시간 열정적으로 강의해 주셨습니다. 모든 성도에게, 특히 젊은이들에겐 기독교적 관점에서 다른 종교들과 철학과 사회 전반적인 영역을 통찰할 수 있는, 하나님의 놀라운 은총의 시간이었습니다. 놀랍게도, 회복의교회 유튜브 채널을 통해 기독교 세계관 정립에 목말라 있던 전국의 수많은 젊은이가 이 은총을 함께 받고 있습니다. 이런 상황 가운데 류 교수님 내외분의 세계관 책 출간은 은혜의 불에 촉매제 역할을 하게 될 것이 분명합니다. 또한 기독교 세계관에 갈증을 느끼는 한국 교회와 젊은이들에게 단비와 같은 소식이 될 것입니다. 류 교수님의 강의를 시청만 하던

성도들이 이제 체계적인 학습과 그룹 토론도 가능하게 되었습니다. 모쪼록 이 귀한 책이 한국 교회에 폭발적인 개혁을 이끄시는 주님의 도화선으로 쓰임 받길 간절히 기도합니다.

김민호_회복의교회 담임 목사, 카도쉬아카데미 자문 위원

이 책은 충돌하는 세계관 속에 살아가는 현대 그리스도인에게 시대를 분별하는 탄탄한 지식을 제공하고, 믿음과 확신으로 시대를 돌파하는 자신감을 불어넣어 줍니다. 나도 모르게 물들어 있던 세속적 세계관이 52개 주제를 통해 햇빛에 비친 먼지처럼 환히 드러납니다. 다양한 세계관이 어떻게 우리의 신앙 성장을 방해하는 걸림돌이 되어 왔는지를 알 수 있습니다. 이를 통해 험난한 순례 길에서 바른길을 찾아가는 능력을 얻게 해 줍니다. 이 책은 시대를 깨우는 감동적이고 지적인 성령의 사역을 담고 있습니다.

이명진_장로, 성산생명윤리연구소 소장, 의사 평론가

세상을 보는 바른 하나님의 시선을 가지려면 성경을 열심히 읽고 기독교 세계관을 공부하는 것뿐만 아니라 반성경적이고 비기독교적인 세계관이 무엇인지 알아야 합니다. 즉 지피지기의 과정이 필요합니다. 이 책은 각 세계관을 비교하며 10대 학문 분야를 통해 각 세계관이 가지고 있는 관점들을 일목요연하게 들려줍니다. 과학적 자료를 비롯해 여러 학문에 대한 연구와 식견으로 객관적인 근거를 제시합니다. 세상이 변했으니 모든 기준도 그에 따라 변해야 한다는 세상의 소리에 흔들리지 않도록 돕는 이 책은 십 대에서부터 오랜 기간 신앙생활을 해온 그리스도인까지 매우 유용합니다. 바른 분별력을 갖추어 빛과 소금의 역할을 감당하기를 소망하는 모든 그리스도인에게 이 책을 추천합니다.

김지연_영남신학대학원 특임교수, 에이랩(ALAF) 아카데미 선임연구원

서문

이 책은 세계관이 충돌하는 삶의 현장에서 살아가는 기독교인들의 성경적 세계관 정립을 돕는 안내서, 곧 내비게이션(navigation)이다. 이 여정을 이끄시는 분은 길이요 진리요 생명이신 예수 그리스도시다. 그분의 이끄심을 따라 말씀과 기도로 52일 과정을 믿음으로 순종하며 따를 때, 외부의 적으로부터 우리의 신앙을 방어할 수 있는 성경적 세계관의 성벽이 세워질 것으로 기대한다. 물론, 신앙의 성화 과정처럼 성경적 세계관의 정립도 평생에 걸친 작업이 되겠지만, 우선은 작고 연약하더라도 완전하게 둘러싸인 성벽을 세우는 것이 첫 걸음이다.

말씀을 통해 하나님을 알고, 세상의 다른 세계관들을 이해하게 되면 우리의 믿음이 더 견고해지면서 그것을 공격하는 세상 세력의 정체와 방법을 파악하고 분별하여 삶 속에서 승리해 낼 수 있다. 또 십자가 사랑 안에서 진리가 회복될 때, 우리 삶의 많은 문제가 회복되는 것도 경험할 수 있을 것이다.

이 책은 단순히 읽고 지식을 쌓는 것을 넘어 시대를 직시하고 분별하고 통찰하여 돌파하는 영적 전쟁을 위한 것이기에, 성령님의 지혜와 계시의 도움이 절대적으로 필요하다. 매 과정에 '중심 성경 구절', '적용과 토론', '기도' 등으로 구성된 학습 요점을 덧붙인 이유가 여기에 있다.

이 책은 혼자서도 가능하지만, 소그룹을 만들어 함께 적용과 토론을 나누는 것이 더욱 효과적이다. "철이 철을 날카롭게 하는 것같이"(잠 27:17), 서로 생각을 나눌 때, 또 안전한 소그룹 안에서 자신의 실패를 고백하고 회개할 때, 성령님의 역사로 성경적 세계관을 더욱 견고하게 세울 수 있을 것이다. 함께하는 사람들이 서로를 위해 중보하면서 공부해 나가기를, 또 자신에게 철저히 적용하여 성경적 세계관을 확고히 세워 나가기를 기대한다.

이 책을 읽을 때

1. 내용을 정독하고 요약하라.
2. 중심 성경 구절을 암송하고 묵상하라.
3. 명확하게 이해되지 않는 부분은 그에 관한 질문 리스트를 솔직하게 작성하라.
4. 서로 질문하고 의견을 솔직하게 나누라.
5. 분담하여 다른 의견들을 성경 말씀의 통전적 가르침과 대조해 보라.
6. 깨달은 바를 주변 사람들과 나누고, 자신의 세계관에 도입하여 그대로 적용하고 살아갈 수 있도록 기도하고 결단하라.

세계관을 정립하는 과정에서 주님이 우리 부부에게 허락하신 로마서 12장 2절 말씀의 은혜가 이 책을 만난 모든 분들과 함께하기를 기도한다. 또한 이 책이 하나님의 뜻에 어긋난 이 세대를 지적으로 분별할 지혜를 제공할 뿐 아니라, 주만 따르고자 하는 감정적, 의지적 동기까지 제공할 수 있기를 기도한다.

그들이 내게 이르되 사로잡힘을 면하고 남아 있는 자들이 그 지방 거기에서 큰 환난을 당하고 능욕을 받으며 예루살렘 성은 허물어지고 성문들은 불탔다 하는지라_느 1:3

그 후 나는 그들에게 말했습니다. "우리가 당면한 고난은 여러분이 보는 바와 같소. 예루살렘은 폐허가 됐고 그 성문들은 불에 타 버렸소. 자, 이제 우리가 예루살렘 성벽을 재건합시다. 그러면 우리가 다시는 수치를 당하지 않을 것이오."

_느 2:17 우리말성경

Part 1.

시대 직시

–

하루 24시간 세계관이
치열하게 격돌하고 있다

우리의 싸우는 무기는 육신에 속한 것이 아니요
오직 어떤 견고한 진도 무너뜨리는 하나님의 능
력이라 모든 이론을 무너뜨리며 하나님 아는 것을
대적하여 높아진 것을 다 무너뜨리고 모든 생각을
사로잡아 그리스도에게 복종하게 하니

_고후 10:4-5

세계관의 대 격돌지에서 생각과 마음을 얻기 위
한 우리 시대 가장 큰 전투가 일주일에 7일, 하루
24시간 끊임없이 진행되고 있다.

_데이비드 노에벨(David A. Noebel), 미국의 기독교 세계관 전문가

'세계관'(Weltanschauung)이란 용어는 계몽주의 철학자 임마누엘 칸트(Immanuel Kant)의 저서 《판단력 비판》에서 처음 사용되었다. 독일어 Welt(세계)와 Anschauung(관점)을 조합한 신조어다. 칸트의 명성과 그를 열심히 인용한 헤겔(Hegel)에 힘입어 19세기 유럽 지식인 사회에서 모르면 안 될 상투어가 될 정도로 유행하였다.[1] 이것이 영국과 미국으로 전파되어, World-view로 번역되었고, 그 개념이 동아시아에 전달되면서 세계관(世界觀), 즉 '시간과 공간을 바라보는 관점'으로 정착되었다.

모든 사람은 자기 나름대로 세상을 바라보는 세계관을 가지고 있다. 한 사람의 세계관은 주변의 제한된 환경으로부터 물과 영양분을 공급받는 나무의 뿌리와도 같다. 같은 나무라도 그 나무가 심겨 있는 토양이나 기후에 따라 현저히 다른 성장과 결실을 보이는 것과 같이 한 사람의 세계관은 그가 태어난 국가, 지역, 가정과 교육에 의해 결정적인 지배를 받는다.

어떤 이는 세계관을 선글라스에 비유하기도 한다. 선글라스 알의 색깔에 따라 투과하는 빛의 색깔이 다른 것처럼 다른 세계관을 가진 사람들은 같은 상황에 대해 다른 정보를 받아들이고, 다르게 해석한다. 각 사람은 자신이 선택하고 받아들인 정보에 따라 생각하고, 그 생각에 따라 결정하고 행동한다. 선택이 달라지면 행동이 달라지고, 그것이 모여서 습관이 달라지며, 인격이 달라져서 마침내 삶의 열매가 바뀌게 된다. 이처럼 우리 생각을 형성하는 정보들을 입력 단계에서부터 제한해 버리는 세계관에 대해 대부분의 사람들은 그 중요성을 인식하지 못한 채 고민 없이 살아간다. 누구의 영향으로 세상을 바라보는 방식이 달라지는지도 모른 채 자신이 의도하지 않은 인생을 살아갈 수 있는 것이다.

이런 까닭에 그리스도인들은 더욱 민감하게 자신의 세계관을 살펴보아야 한다. 만약 그리스도인이 비그리스도인과 동일한 세계관을 가지고 있다면, 그의 삶은 과연 어떤 열매를 맺게 될까? 성경은 "모든 지킬 만한 것 중에 더욱 네 마음을 지키라 생명의 근원이 이에서 남이니라"(잠 4:23)라고 가르치고 있다. 세계관에 의해 선택된 정보들만이 마음과 생각 속에 입력되어 우리의 행동과 인격이 달라지고, 그로써 삶의 열매가 결정되기 때문이다.

나는 유교, 불교, 샤머니즘의 세계관이 뒤섞인 한국의 전통적인 가정에서 성장했다. 그리스도인 아내와 결혼한 후 명목상의 기독교인으로서 20여 년을 생활하다가 40대 중반에야 예수 그리스도를 인격적으로 만났다. 그 후 성경을 읽고, 암송하고 또 연구하면서, 교회에서 사람과 사역을 대하는 나의 태도가 많이 변화한 것을 느꼈다. 아버지학교를 수료하고, 스태프로 섬기면서 가족들로부터 가정에서도 변화된 나의 모습을 인정받았다.

그러나 교회와 가정의 울타리를 벗어난 밖에서의 나의 삶은 7-8년의 세월이 지난 후에도 별 변화가 없었음을, 어느 날 충격적으로 깨닫게 되었다. 이때 친구의 소개로 데이비드 노에벨의 저서 《Understanding the Times》[2]를 읽고, 기독교 세계관을 처음 접하게 되었다. 50페이지 분량의 서문을 읽으며 세계관의 중요성을 알게 된 나는 이 책을 딸과 함께 번역하여 우리나라에 소개하기로 했다. 그렇게해서 출판한 책이 《충돌하는 세계관》[3](2013년)이다.

이 책을 번역하고 교정하는 과정에서 나 자신이 세계관에 대한 고민과 통찰을 전혀 해 본 적이 없다는 사실을 깨달았다. 또한 당시 내가 가진 세계관은 유교, 불교, 정령 신앙 등의 문화적 토대 위에서 무신론적 교육을 받고 자람으로써 형성된 기존 세계관을 그대로 둔 채, 그 위에 성경적 세계관을 적당히 얹어 쌓아 올린 것에 불과했음을 깨달았다. 그리고 주변 사람들과 대화하는 과정에서, 나뿐 아니라 많은 사람이 자신이 끼고 있는 세계관의 선글라스가 어떻게 자기에게 씌워지게 되었는지에 대한 별다른 고민 없이 혹은 고민은 되지만 어쩔 도리가 없으므로 그냥 그러려니 하고 살아가고 있음을 알게 되었다.

나 자신의 부족함에도 불구하고 "손길이 꼭 필요한 자리가 당신의 눈에만 보인다면, 바로 그곳이 당신의 사역지"라는 부르심에 순종하여, "기독교 세계관 정립"의 중요성을 이곳저곳에서 강의[4]하기 시작하였다. 강의를 처음 시작할 무렵에는 세계관의 중요성을 인정하면서도 왜 우리가 동성애, 이슬람, 마르크스-레닌주의까지 알아야 하느냐고 반문하는 이들이 많았다.

그러나 이후 한국 사회가 너무나 빠르게 변화해 왔고, 나는 지금 극명하게 충돌하는 세계관을 목격하고 있다. 퀴어 축제, 동성애자의 커밍아웃, '포괄적 차별금지법'의 입법 시도, 낙태죄에 대한 위헌 판결, '생활동반자법'의 입법 시도, 동성 결혼 합법화 시도 등 네오마르크시즘(neo-marxism)을 기반으로 한 세계관이 기독교 세계관의 근간이 되는 성, 생명, 결혼, 가정의 윤리 기준을 통째로 뒤엎으려고 시도하고 있다.

이탈리아의 좌파정치 이론가 안토니오 그람시(Antonio Gramsci)의 가르침을 따라 반기독교적 세계관으로 숨죽인 채 진지전을 펼쳐 오던 이들이 이제는 세력을 형성하여 법과 제도를 갈아엎기 위한 기동전을 수행하고 있다. 그뿐만 아니라 세계화의 물결을 타고 국내에 유입된 많은 무슬림들이 그들의 세계관을 이곳에 전파하고자 끊임없이 시도하고 있다. 자유주의, 상대주의, 종교다원주의, 그리고 포스트모더니즘 등 하나님을 대적하여 스스로 높아진 이념들이 도처에서 우리의 눈과 귀를 유혹하고 있다. 이를 보고 하나님은 "내 백성이 지식이 없으므로 망하는도다"(호 4:6) 하며 한탄하실 것이다.

C. S. 루이스(C. S. Lewis)는 기독교인들이 양보에 관한 불필요한 강박을 느끼고 있으며 실제로도 지나치게 양보한다면서 "예수 그리스도께 진실하고자 한다면, 기독교인의 색깔을 드러내야 한다. 침묵하면서 모든 것을 묵인해 버릴 수는 없다"고 말한다. 인류의 정신과 마음을 사로잡기 위한 이 전투에서 중립을 지켜서는 안 된다. 거듭난 그리스도인이라면 기독교와 교회를 공격하는 세상에 대해 자신의 믿음을 변호하고 반박할 수 있어야 한다. 또한 십자가의 사랑 안에서 그들을 품고, 진리의 길로 인도하기 위해서는 하나님을 아는 지식과 세상을 아는 지식이 모두 필요하다.

二   1장을 마무리하며   二

1. 우리는 세계관 전쟁의 한복판에 있다

+ 누구에게 사로잡히고 누구를 따를 것인가?

누가 철학과 헛된 속임수로 너희를 사로잡을까 주의하라 이것은 사람의 전통과 세상의 초등학문을 따름이요 그리스도를 따름이 아니니라_골 2:8

그들로 깨어 마귀의 올무에서 벗어나 하나님께 사로잡힌 바 되어 그 뜻을 따르게 하실까 함이라_딤후 2:26

+ 우리의 무기는 무엇인가?

우리의 싸우는 무기는 육신에 속한 것이 아니요 오직 어떤 견고한 진도 무너뜨리는 하나님의 능력이라 모든 이론을 무너뜨리며 하나님 아는 것을 대적하여 높아진 것을 다 무너뜨리고 모든 생각을 사로잡아 그리스도에게 복종하게 하니_고후 10:4-5

2. 적용과 토론

+ 지금까지 나의 세계관에 대해 고민하거나 공부해 본 적이 있는가?
+ 나는 온전한 기독교 세계관을 가지고 있는가? 아니면 어떤 것으로 오염되어 있는가?
+ 내 속에 있는 견고한 진과 하나님을 대적하여 높아진 영역은 무엇인가?

3. 기도

+ 하나님 아버지, 세계관이 우리 생각과 마음을 빼앗기 위해 격돌하고 있는 이 시대를 분별하여 알게 하옵소서. 우리 속에 있는 견고한 진과 하나님을 대적하여 높아진 모든 세상 이념을 무너뜨리고, 모든 생각을 사로잡아 예수 그리스도께 복종할 수 있도록 인도하여 주옵소서.

너희 마음에 그리스도를 주로 삼아 거룩하게 하고
너희 속에 있는 소망에 관한 이유를 묻는 자에게
는 대답할 것을 항상 준비하되 온유와 두려움으로
하고

_벧전 3:15

변증자들이 빠지기 쉬운 함정은 기독교의 변증이
오직 자신에게 달려 있다고 생각하는 것이다.

_오스 기니스(Os Guinness), 영국 출신의 세계적인 기독교 변증가

기독교 세계관은 우리 기독교 신앙을 지키고 변호하는 데 필요하다. 기독교 세계관이 너무 학문적으로 현학적인 방향으로 흘러가는 경향이 있으므로 이를 통한 기독교 변호보다는 전도에 힘쓰는 편이 더 낫다고 주장하는 사람들이 많다. 그러나 우리나라처럼 많은 사람이 기독교의 복음을 들어봤거나 교회를 다니다가 중단한 포스트 기독교 사회에서는 전도할 때 강한 반발과 공격적인 비판을 받기가 쉽다. 이때는 기독교에 대한 변호가 우선되어야 한다.

기독교 신앙과 세계관의 관계는 스룹바벨과 느헤미야에 의해 재건된 성전과 성벽의 관계와 유사하다. 성전은 하나님의 임재가 있는 곳이다. 포로에서 귀환한 스룹바벨에 의해 우여곡절 끝에 완성된 성전은 솔로몬의 성전과는 비교할 수 없을 정도로 초라했지만, 귀환한 이스라엘 백성들의 믿음의 재건을 의미하기에는 충분했다. 그러나 성전이 재건되고, 반세기 이상이 지났음에도 예루살렘은 무너진 성벽과 불탄 성문으로 인해 성 안의 백성들과 성전을 외적으로부터 보호할 수 없는 상태가 오랫동안 유지되어 왔던 것이다. 이처럼 성벽으로 방어하지 못하는 성전과 같은 신앙은 외부 공격에 취약하며 무너지기가 쉽다.

오늘날 기독교 신앙은 세상의 다른 세계관으로부터 여러 방향에서 다양한 방식으로 공격받고 있다. 진화론으로 대표되는 방법론적 자연주의 철학과 과학에 의해, 초자연을 부정하는 무신론 신학과 철학에 의해, 영적인 것을 부정하는 무신론 심리학에 의해, 절대적 도덕률을 부정하는 상대주의 윤리학에 의해, 하나님이 제정하신 결혼과 가정이라는 기본적인 사회 제도를 부정하는 사회학에 의해, 절대적인 정의를 부정하는 법, 정치, 경제학 등 전 학문 분야에서 공격받고 있다.

자기가 잘 알고 있는 분야에서는 기독교에 대한 공격이 있어도 나름 공부해서라도 방어하려고 노력하지만, 스스로 무지하다고 느끼는 분야에서는 우리 신앙을 공격해 오는 상대에 밀려 자연히 뒷걸음치게 되고, 방어 의지를 상실하여 입을 다물고 있게 된다. 느헤미야의 이야기는 유대에서 온 동생 하나니에게 이 안타까운 소식을 듣는 데서부터 시작되었다. "남아 있는 자들이 그 지방 거기에서 큰 환난을 당하고 능욕을 받으며 예루살렘 성은 허물어지고 성문들은 불탔다 하는지라"(느 1:3). 느헤미야가 수산성에서 전해 들은 예루살렘의 소식은 지금 우리 세계관이 처한 형편과 같지는 않은가?

내 경우에도 '세계관'이라는 용어를 50대 중반에야 알게 되었고, 그제야 세계관의 중요성을 깨닫기 시작했다. 시간이 흐르고 세계관에 대해 지속적으로 공부하면서, 기독교 세계관을 정립하는 데 전략이 필요하며, 느헤미야가 좋은 모델임을 깨닫게 되었다. 1차 귀환한 유대인들은 초라하지만 성전을 재건하고, 에스라의 인도로 말씀을 듣고 예배를 시작한다. 그러나 무너진 성벽과 불타 버린 성문으로는 그들의 성전을 지킬 수 없는 상태였다.

왕의 허락을 받아 성벽을 재건하기 위해 예루살렘으로 간 느헤미야가 첫 번째로 한 일은 실제 상태를 신속 정확하게 파악하는 일이었다. 우리가 가장 먼저 해야 할 일은 내 신앙을 스스로 변호하지 못할 만큼 취약한 부분이 어디인지를 정확히 파악하는 것이다. 둘째, 완전하지는 않지만, 성벽 재건을 신속하게 마쳤다. 취약점을 발견하면, 즉시 보완하거나 복구하는 것이 중요하다. 셋째, 철저하게 분업했다. 당시 이스라엘 백성들은 외적으로부터 성을 지키는 일과 성벽 재건을 동시에 진행해야만 했다. 성벽이 완성된 후에는 각자 자기 집에서 가까운 곳을 맡아 지키기로 했다. 이는 각 분야의 전문가들이 자신의 분야에서 세속 세계관의 거짓을 분별하고, 믿음의 공동체에 그 지식과 믿음을 전파함으로써 서로 보완하여 균형 있게 완성된 세계관을 유지해 갈 수 있음을 보여 준다. 비록 크고 튼튼하지는 않더라도 성벽이 완성되면 넷째, 외부 세력의 유입을 분별하여 수용할 수 있고, 내부의 오염된 세력을 정결하게 할 수 있다. 즉 우리 속에 오염된 다른 이념을 정결하게 하면서 새로운 정보 중에서 오염된 것들을 사전에 배제할 수 있게 된다.

느헤미야 시대에 이스라엘 백성들이 쌓고 있던 성벽에 대해 그 대적들이 "그들이 건축하는 돌 성벽은 여우가 올라가도 곧 무너지리라"(느 4:3)라고 말했던 것처럼 형편없이 연약해 보이는 내 세계관을 누군가가 놀릴 것만 같았다. 그러나 대적들의 비웃음은 성벽 쌓기를 방해하려는 계략에 불과하며, 실제로 그들은 놀라 당황할 것이다. 어쨌든 성벽을 완성하고 성문을 닫으면, 누구도 성전을 함부로 할 수 없기 때문이다.

오스 기니스는 자신의 저서 《풀'스 톡》(Fool's Talk)[5]에서 "죄란 나 자신의 권리와 관점을 주장하는 일이며, 하나님과 그분의 관점인 진리를 고의로 거부하는 일"이라고 규정했다. 선악과를 먹은 아담이 하나님을 탓했던 것처럼 타락한 인간은 인생의 모든 문제를 하나님의 탓으로 돌리려 한다. 그것이 인간의 원죄다. 심지어 하나님을 믿지 않는 무신론자들도 하나님을 피고석에 세우고, 모든 것을 하나님 탓으로 돌리곤 한다.[6] 우리의 변증이란 무죄한데도 억울하게 무고를 당하시는 하나님을 위한 합리적 변호이며, 최후의 날까지 그 변증은 멈출

수 없다.

우리가 변호하는 분은 사랑하는 하나님이며, 사랑하기 때문에 그분을 위해 힘써 변호하는 것이다. 그러나 오스 기니스는 "변증자들이 빠지기 쉬운 함정은 기독교의 변증이 오직 자신에게 달려 있다고 생각하는 것"이라 지적했다. 다윗과 엘리야처럼 나도 이 싸움에서 무조건 이겨야 한다는 부담을 가지게 된다. 그러나 변증에는 이기고도 청중을 잃을 수 있다. 하나님을 믿는 신앙이 진리인 것은 변증의 성공 여부에 달려 있지 않다. 우리 신앙이 진리라면, 아무도 믿지 않아도 진리이고, 진리가 아니라면 모든 사람이 믿어도 진리가 아닌 것이다.

결국, 하나님은 스스로 최고의 변증자이시며, 우리는 보조자요 증인임을 알아야 한다.[7] 우리의 변증은 새로운 논리를 만들어 내는 것이 아니다. 이미 알고 있는 복음의 진리를 피고석에 계신 그분 앞에서 부끄러워하지 않고, 명확히 증언하는 것이다.

> 내가 복음을 부끄러워하지 아니하노니 이 복음은 모든 믿는 자에게 구원을 주시는 하나님의 능력이 됨이라 먼저는 유대인에게요 그리고 헬라인에게로다_롬 1:16

복음을 부끄러워하게 만드는 세상의 헛된 이념 선전이 거짓된 것임을 분별할 수 있게 만드는 것이 기독교 세계관이다.

2장을 마무리하며

1. 기독교 변증

+증인됨 : 오직 성령이 너희에게 임하시면 너희가 권능을 받고 예루살렘과 온 유대와 사마리아와 땅끝까지 이르러 내 증인이 되리라 하시니라_행 1:8

+준비 : 너희 마음에 그리스도를 주로 삼아 거룩하게 하고 너희 속에 있는 소망에 관한 이유를 묻는 자에게는 대답할 것을 항상 준비하되 온유와 두려움으로 하고_벧전 3:15

+왜 어려운가 : 분야가 너무 넓고 이슈가 너무 많은데 시간은 부족하고, 자신 감이 없기 때문이다.

+방법 : 반박하는 대신에 설득하고, 설명하는 대신에 질문하라.

2. 적용과 토론

+세계관이 충돌할 때 나는 어떤 선택을 할 것인가? 뒤로 물러나는가, 타협하는가? 아니면 변증하는가?

+변증에는 이겼으나 복음 전파에는 실패한 적이 있는가? 문제가 뭐였는가?

+내가 하나님의 변호인이 아니라 복음의 증인이라는 사실이 기독교 변증에 용기를 주지 않는가?

3. 기도

+하나님 아버지, 세계관 전쟁에서 피하거나 타협하지 않고, 온유와 두려움으로 사랑의 진리를 전할 수 있도록 항상 준비되게 도와주옵소서. 성령님의 충만한 임재 안에서 지혜롭고 담대한 증인 된 삶을 살 수 있도록 우리를 이끌어 주옵소서.

너는 진리의 말씀을 옳게 분별하며 부끄러울 것이
없는 일꾼으로 인정된 자로 자신을 하나님 앞에
드리기를 힘쓰라

_딤후 2:15

성경은 바라볼 책이 아니라 그것을 통해 세상을
봐야 하는 책이다.

_레슬리 뉴비긴(Lesslie Newbigin), 영국 성공회 주교

영국 성공회의 인도 파견 선교사로 40여 년을 섬기고 귀국하여 기독교 변증에 힘썼던 레슬리 뉴비긴은 "성경은 바라볼 책이 아니라 그것을 통해 세상을 봐야 하는 책"이라고 말했다. 이것은 성경이라는 렌즈를 통해 세상을 이해해야 하며 성경이 세상을 바라보는 모든 것의 기준이 되어야 한다는 뜻이다.

> 또 내게 보이신 것이 이러하니라 다림줄을 가지고 쌓은 담 곁에 주께서 손에 다림줄을 잡고 서셨더니_암 7:7

선지자 아모스에게 나타나신 하나님은 수직을 살펴보기 위해 늘어뜨리는 다림줄을 들고, 담이 제대로 쌓였는지 살피는 그림을 보여 주신다. 절대적 기준은 언제나 예수 그리스도이시고, 그분을 가리키는 책 전체로서 성경이 또한 기준이 된다.

절대적이고 유일한 권위자를 인정하는 기독교 신학은 하나님 앞에서 인간을 겸손하게 만든다. 성경이 우리에게 계시하는 하나님은 절대적 주권자, 우리 존재의 근원, 삼위일체, 창조주, 전지전능, 무소부재, 공의와 사랑이시며, 눈에는 보이지 않지만 결코 그 존재를 부정할 수 없는 분이시다. 세상의 무신론자들은 "보이지 않는 것은 존재하지 않는다"고 감히 말한다. 반면에 힌두교나 뉴에이지나 정령 신앙은 세상에는 수없이 많은 신이 있다고 주장한다. 얼마나 많은지 "모든 것이 신이고, 나도 신"이라고 말한다. 이들에게는 모든 것이 상대적이다. 신조차 절대적이지 않다.

철학과 과학은 존재의 근원(존재론)과 지식의 근원(인식론)을 찾아가는 학문으로, 지식의 근원과 변치 않는 영원한 진리를 추구해 나간다. 무신론은 눈에 보이는 물질적 우주가 우리 존재의 근원이며, 진화 과정에서 인간에 이르러서야 생성된 이성이라는 것을 통해 지식을 추구할 수 있다고 생각한다. 그러나 인간의 인식이 유한한데, 세상이 발전하면서 지식은 지속적으로 팽창하고 있기 때문에 절대적인 진리는 없다고 말한다. 그런가 하면 다신론, 범신론을 추구하는 뉴에이지는 누구나 다 신이기 때문에 진리는 상대적이라고 말한다.

기독교는 "내가 곧 길이요 진리요 생명이니 나로 말미암지 않고는 아버지께로 올 자가 없느니라"(요 14:6)라고 선언하신 예수 그리스도만이 유일한 진리라고 말하며, 하나님 아버지께로 이끄는 길이 진리임을 분명히 말한다. 진리가 없다거나 다수의 진리가 있다고 말하는 다른 세계관은 설득력이 없다.

윤리 역시 마찬가지다. 무신론자들은 옳고 그름의 기준은 인간들의 합의에 의해 결정된다고 말하며, 시대에 따라 선악의 기준도 변한다고 주장한다. 뉴에이지 역시 기준에 따라 윤리 또한 상대적이라고 주장한다. 그러나 "선생님이여 내가 무슨 선한 일을 하여야 영생을 얻으리이까" 하고 묻는 사람에게 예수님은 "어찌하여 선한 일을 내게 묻느냐 선한 이는 오직 한 분이시니라" 하고 대답하셨다(마 19:16-17). 오직 하나님 한 분만이 절대선이심을 강력히 말씀해 주신 것이다. 절대적인 도덕률을 부정하는 사람은 반드시 도덕의 기준을 자기에게 유리한 쪽으로 옮기려 한다. 세상의 모든 분쟁은 바로 여기서 시작된다.

심리학과 사회학에서 무신론자들은 인간의 영혼이란 정체가 없으며 뇌세포 사이의 신호 전달에 의해 만들어지는 한시적인 것으로, 육체의 기능이 정지하면 영혼은 자취 없이 사라진다고 주장한다. 그들은 인간의 고통과 악은 잘못된 사회 제도에 의한 것이며, 인간은 선하다고 주장한다. 선한 인간을 지키기 위해서는 악한 사회를 뜯어 고쳐야 한다. 뉴에이지는 고통과 악은 실재하지 않으며, 스스로가 신(神)임을 깨닫지 못하는 데서 생긴다고 말한다. 그들은 방해하는 모든 요소를 제거하면, 자신이 신인 것을 깨달을 수 있다고 주장한다.

기독교 세계관은 우리 영은 육체와 함께 하나님이 창조하신 것이며, 첫 사람 아담의 죄로 인한 타락으로 악과 고통이 인류에게 유입되었다고 말한다. 악과 고통의 원인이 타락한 개인의 심령에 있으므로 사회 개혁으로는 구원을 얻을 수 없으며 예수님을 향하여 회심하는 것만이 유일한 길임을 말한다.

법, 정치, 경제학 분야에서 정의를 다루는데, 무신론자들은 절대적인 정의란 있을 수 없으며, 많은 사람이 합의한 것이 곧 정의라고 주장한다. 따라서 법에서는 권력자들에 의해 자의적으로 만들어지는 실정법이, 정치에서는 권력자들이 원하는 것이 정의가 된다.

마르크스주의자들은 경제적 불평등이 모든 악의 근원이며, 그 원인이 되는 경제 체제를 뒤엎음으로써 정의를 구현할 수 있다고 주장한다. 포스트모더니즘은 사회적 약자를 억압하는 모든 것을 불의로 규정하고, 그것을 바로잡는 것이 정의라고 주장한다. 뉴에이지는 깨달음을 통해 정의를 구현할 수 있다고 주장하며, 깨달음을 방해하는 어떤 제도나 법도 정의 구현의 방해 요소로 생각한다.

반면에 기독교는 하나님이라는 절대 기준 앞에 모든 사람이 동등하게 서야 한다고 가르친다. 하나님이 각자에게 주신 달란트를 창의적으로 사용하여 부를 획득하고, 그것을 경제적으로 취약하고 가난한 사람들을 위해 마음껏 사용함으로써 경제 정의를 구현할 수 있다고 말한다.

무신론자들은 역사는 우연의 연속이며, 승자가 쓴 투쟁의 기록이기에 믿을 수가 없고 의미도 없다고 주장한다. 뉴에이지에서는 인간의 윤회는 역사 속에서 쳇바퀴 돌아가듯이 반복적인 삶을 살아갈 뿐이며, 깨달음을 통해서만 윤회의 사슬에서 벗어날 수 있다고 주장한다. 기독교는 하나님의 독생자 예수 그리스도께서 인간의 몸을 입고 역사 속에 등장하셨으며, 그분의 언약이 실현될 것을 믿으며 사는 것이 역사라고 말한다. 인류 역사는 창조-타락-구속-완성의 대서사 속에서 설명될 수 있는데, 시작이 있었던 것처럼 언약이 반드시 이루어질 종말이 있다.

이처럼 기독교는 전 학문 분야에서 성경에 계시된 하나님을 절대적인 기준으로 삼고 있다. 절대적 주권자를 믿는 신학, 예수 그리스도라는 절대 진리를 인정하는 철학과 과학, 하나님이라는 절대 선의 존재를 인정하는 윤리학, 하나님과의 깨어진 관계가 악과 고통의 원인임을 설명하고, 예수 그리스도만이 구원의 유일한 길임을 분명히 하는 심리학과 사회학, "사랑 가득한 공의"라는 절대적 정의를 말하는 법, 정치, 경제학, 그리스도를 통한 구속과 완성의 대서사를 인정하는 역사학 등 모든 기준이 성경 속의 삼위일체 하나님으로 수렴된다. 따라서 기독교 세계관은 시대를 뛰어넘어 언제 어디서나 흔들림 없이, 모순되지 않는 일관성 있는 세계관을 우리에게 제공한다. 모든 것이 우연이고, 상대적인 기준에 의존하는 다른 세계관들은 모순투성이의 일그러진 삶의 결과로 드러날 뿐이다.

≡ 3장을 마무리하며 ≡

1. 기독교 세계관은 다른 경쟁적인 세계관보다 밝게 빛난다.

+진리의 분별 : 너는 진리의 말씀을 옳게 분별하며 부끄러울 것이 없는 일꾼
으로 인정된 자로 자신을 하나님 앞에 드리기를 힘쓰라_딤후 2:15

+절대적 기준 : 또 내게 보이신 것이 이러하니라 다림줄을 가지고 쌓은 담 곁
에 주께서 손에 다림줄을 잡고 서셨더니_암 7:7

+구원 : 또 어려서부터 성경을 알았나니 성경은 능히 너로 하여금 그리스도
예수 안에 있는 믿음으로 말미암아 구원에 이르는 지혜가 있게 하느니라
_딤후 3:15

2. 적용과 토론

+상대를 비난할 때 사용했던 기준을 나 자신에게도 그대로 적용할 수 있는
가?

+나에게 절대 진리는 무엇인가?

3. 기도

+성령님, 진리의 말씀을 옳게 분별할 수 있도록 우리를 도우소서. 참된 진리
로 우리 영혼을 밝히시고, 삶의 올바른 목적과 방향을 넘어 영원한 생명을
가진 자로 살게 하옵소서. 부끄러울 것이 없는 일꾼으로 인정받은 자신을
하나님 앞에 올려 드릴 수 있기를 기도합니다.

새사람을 입었으니 이는 자기를 창조하신 이의 형
상을 따라 지식에까지 새롭게 하심을 입은 자니라

_골 3:10

어느 한 사람이 거듭날 때, 그는 새로운 정체성과
새로운 의식을 갖게 된다. 이전에 이해하지 못했
던 영적인 진리를 이해하게 된다.

_팀 켈러(Timothy J. Keller), 뉴욕 리디머교회 원로 목사

이제는 우리 귀에도 낯설지 않은 세계관이란 도대체 무엇인가? 철학인가, 신학인가? 아니면 어떤 종류의 형이상학인가? 세계관은 위대한 철학자들이 제시하는 논리 정연한 이론적 철학이 아니고, 잘 설명되고 조직된 신학은 더더구나 아니다. 모든 사람은 옳건 그르건 혹은 잘 정립되었건 허술하건 상관없이 자기만의 세계관을 이미 가지고 있다. 우리 삶의 모든 선택을 좌우하는 기준으로, 개인의 일상에서 매 순간 적용되고 있는 것이 세계관이다. 우리가 숨 쉬는 공기를 느끼지 못하는 것처럼 너무 가까이 있어 인식하지 못할 따름이다.

그러면 "세계관이란 용어를 들어본 적도 없는 내가 어떻게 세계관을 소유할 수 있겠는가?"라는 질문이 생길 것이다. 우리는 윤리학에 대해 잘 모르지만, 옳고 그름의 판단 기준을 가지고 살아간다. 정치학을 배우지 않은 사람도 정치가가 어떻게 해 주면 좋겠다는 바람을 가지고 있고, 가끔은 나라면 이렇게 하겠다는 견해를 피력하기도 한다. 경제학을 따로 배우지 않아도 자신의 소견에 따라 나름의 경제활동을 하고 있다. 이와 같이 세계관은 지극히 개인적인 과정을 통해 각기 다른 방식으로 차곡차곡 형성되는 것이다. 훌륭한 학자가 정립해 놓은 의견을 자신의 것으로 한꺼번에 받아들일 수 있는 것이 아니다. 따라서 자신의 세계관을 깨닫는 것은 자기 인식과 자기 이해로 나가는 중요한 출발점이다. 또 자신이 대하고 있는 사람의 세계관을 이해하는 것이 상대방을 이해하는 중요한 요소다.

기독교 세계관의 고전이라 할 수 있는 제임스 사이어(James W. Sire)의 《기독교 세계관과 현대사상》[8]에서는 세계관을 다음과 같이 정의한다.

"세계관이란 이야기이며 실제 근본 구성에 대해 우리가 가지고 있는 일련의 전제의 집합이다. 이 전제들은 자신이 의식하거나 의식하지 못할 수도 있고, 일관성이 있거나 없을 수도 있다. 그리고 부분적으로 옳거나 혹은 완전히 잘못된 것일 수 있다. 즉 우리가 살고 움직이고 몸담을 수 있는 토대를 제공해 주는 하나의 결단이요 근본적인 마음의 지향이다."

이 정의에 따르면, 큰 고민 없이 형성된 세계관은 편견이나 선입견의 집합일 가능성이 높다. 일관성도 없고, 완전히 잘못된, 무의식적으로 형성된 편견들의 집합이 우리 세계관일 수 있다는 말이다. 현재 우리가 경험하고 있는 코로나19 감염처럼, 다른 사람이 재채기하듯 내뱉은 견해에 감염되어 그것을 내 견해로 삼는 것이다. 또 악수하면서 상대방의 손에 묻은 바이러스에 오염되는 바람에 나 자신도 오염원이 되기도 한다. 끊임없이 떠들어 대는 선전에 세뇌되어 나도 모르게 선전 문구를 읊조리게 되는 것이다. 이처럼 별 검증 없이 감기 걸리듯 나에게 들어온 견해는 어떤 경우에는 근거 없는 신념으로 발전하여 다른 견해가 입력되는 것을 방해하기도 한다. 우리는 신앙의 유무와 상관없이 자신의 세계관 정립에 너무 적은 시간과 노력을 투자하고 있다. 그렇기 때문에 자기주장이 강한 사람의 선전과 선동에 쉽게 휩쓸리곤 한다. 그리스도인들은 말씀과 기도로 늘 깨어 있어 자신의 세계관을 살펴보아 정결하게 하고, 경각심을 가지고 세계관 정립을 위해 시간과 노력을 투자해야 한다.

그리스도인들은 예수 그리스도를 인격적으로 만나는 사건을 통해 새로운 피조물로 탄생한다. 사도 바울은 다메섹 도상에서 예수 그리스도와 만났다. 그는 베냐민 지파 유대인으로 위대한 랍비 가말리엘의 문하에서 교육을 받은 골수 바리새파 사람이었다. 그의 세계관에는 예수님을 하나님의 아들로 믿는 무리들이란 신성을 모독하는, 돌로 쳐 죽일 죄인이었던 것이다. 그런 그 앞에 십자가에서 죽었다고 믿었던 예수님이 빛 가운데 나타나시니 그가 눈이 멀었고, 하나님이 보내신 아나니아가 안수하자 그의 눈에서 비늘 같은 것이 벗겨져 다시 볼 수 있게 되었다.

예수님을 만나 바울의 세계관이 새롭게 변화되자 그 즉시 그는 이전에 자신이 핍박했던 예수 그리스도의 증인이 된다. 그러나 그는 그리스도를 영접함으로써 기존 세계관과 새로 얻게 된 세계관이 혼재하는 시기를 보내야 했다. 이전 세계관을 다 허물어뜨리고, 예수 그리스도의 복음을 기반으로 한 새로운 세계관을 제대로 세워 이방의 선교사로 거듭나기까지 아라비아에서 3년의 세월을 보냈다. 아마 고향인 다소에서는 그보다 더 긴 숙성의 기간을 거쳤을 것이다.

이처럼 거듭남을 체험한 모든 그리스도인은 자기 안에 하나님을 아는 것을 대적하여 높아진 세상의 모든 이론을 전부 허물어뜨리는 작업이 필요하다. 예수 그리스도의 복음의 반석, 그분을 계시하는 성경의 반석 위에 우리가 그동안 세상에서 알고 배웠던 지식을 다시 해석하고 바로 세우는 작업을 반드시 해야 한다. 많은 그리스도인이 거듭남의 기쁨 속에 기존의 세계관은 그대로 둔 채 그 위에 그리스도의 복음을 급하게 세우곤 한다. 이럴 경우에, 내가 경험했던 것처럼 교회와 세상의 이중 잣대 위에서 줄타기하는 자신을 발견하게 될 것이다. 심지어 하나님의 일을 할 때에도 세상의 방식을 따라 탈법과 편법을 자연스럽게 선택할 수도 있다.

거듭난 그리스도인은 성경이 우리에게 제시한 가르침을 유일한 기준으로 삼고, 과거의 경험과 지식을 재해석해야 한다. 물론, 현실

속 우리의 선택도 그 기준에 따라 이루어져야 한다. 오직 "변함도 없으시고 회전하는 그림자도 없으신"(약 1:17) 그분을 기준으로 한 세계관이 기독교 세계관이요 성경적 세계관이다.

二　　　4장을 마무리하며　　　二

1. 거듭남과 기독교 세계관

+거듭남: 너희가 거듭난 것은 썩어질 씨로 된 것이 아니요 썩지 아니할 씨로 된 것이니 살아 있고 항상 있는 하나님의 말씀으로 되었느니라_벧전 1:23

+새롭게 하심: 새사람을 입었으니 이는 자기를 창조하신 이의 형상을 따라 지식에까지 새롭게 하심을 입은 자니라_골 3:10

2. 적용과 토론

+예수 그리스도를 인격적으로 만나 거듭난 후에 경험한 세계관의 가장 큰 변화는?

+거듭난 후에도 여전히 변화되지 않고 남아 있는 나의 세계관은 무엇인가?

3. 기도

+하나님 아버지, 우리가 새사람을 입었으니 예수 그리스도의 복음의 반석, 그분을 계시하는 성경의 반석 위에 세상에서 알고 배웠던 지식을 다시 해석하고 바로 세우는 작업을 하기로 결단합니다. 지식에까지 새롭게 하심을 받게 하옵소서.

호론 사람 산발랏과 종이었던 암몬 사람 도비야
와 아라비아 사람 게셈이 이 말을 듣고 우리를 업
신여기고 우리를 비웃어 이르되 너희가 하는 일
이 무엇이냐 너희가 왕을 배반하고자 하느냐 하
기로_느 2:19

내가 그들에게 대답하여 이르되 하늘의 하나님
이 우리를 형통하게 하시리니 그의 종들인 우리
가 일어나 건축하려니와 오직 너희에게는 예루
살렘에서 아무 기업도 없고 권리도 없고 기억되
는 바도 없다 하였느니라_느 2:20

Part 2.

시대 통찰

—

기독교 세계관은
어떻게 우월한가

이는 만물이 주에게서 나오고 주로 말미암고 주에
게로 돌아감이라 그에게 영광이 세세에 있을지어
다 아멘

_롬 11:36

유신론과 무신론은 단순히 두 가지의 믿음이 아니
다. 존재 전체를 보는 두 가지 근본 방식이다. 유
신론은 존재 너머에 궁극적 의미가 있을 것으로
여기지만, 무신론은 존재 너머에 아무런 의미가 없
다고 여긴다.

_스티븐 D. 스와츠(Stephen D. Schwarz), 미국의 철학자, 윤리학자

세계관은 삶의 전반에 대한 전제들의 집합이다. 이 전제에 따라 세상은 전혀 다르게 해석된다. 그중 우리 삶에 가장 폭넓게 영향을 미치는 것은 신의 존재에 대한 전제다. 그러므로 모든 세계관은 유신론적 세계관과 무신론적 세계관으로 나눌 수 있다. 유신론적 세계관에는 기독교 세계관, 이슬람 세계관, 뉴에이지 세계관 등이 있고, 무신론적 세계관에는 인본주의 세계관, 마르크스-레닌주의 세계관, 포스트모더니즘 세계관 등이 있다.

기독교 세계관과 경쟁하는 다른 세계관들의 진정한 차이를 이해한다면, 성경과 하나님이 창조하신 자연 속에 드러난 하나님의 진리를 사랑하고 실천하며 변론하는 일을 탁월하게 준비할 수 있을 것이다.

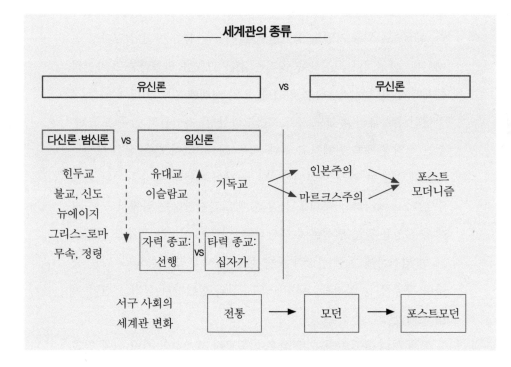

세계관의 종류

신의 존재를 인정하더라도 어떤 신의 존재를 전제하느냐에 따라 전혀 다른 세계관을 가지게 된다. 유신론적 세계관은 크게 일신론, 다신론 그리고 범신론으로 나뉜다. 일신론은 유대-기독교-이슬람의 뿌리인 창조주 하나님을 전지전능한 유일신으로 믿는 세계관이다. 유대교와 이슬람교는 인간 스스로의 노력을 통해 구원을 얻을 수 있다고 믿는 자력 종교다. 유대교는 여호와께서 주신 율법을 철저히 지킴으로써, 이슬람교는 알라와 선지자가 정한 규범을 지키고 선행을 더 많이 함으로써 구원을 얻는다고 믿는다. 반면에 기독교는 타력 종교로서 인간의 노력과 선행으로는 구원을 얻을 수 없고, 오직 예수 그리스도에 의해서만 구원을 얻을 수 있다고 믿는다.

다신론은 그리스-로마 신화처럼 지혜의 신, 태양의 신, 바다의 신, 미의 신 등 전문 분야를 가진 신을 전제로 한다. 정령 신앙은 산, 바다, 동굴, 고목 등 자연의 영역별로 그것을 관할하는 신이 있다고 전제한다. 산신제나 해신제를 올리는 것은 그곳을 관할하는 초자연적 존재에게 안녕을 기원하는 의미다. 구약 시대에 가나안 땅에 원래 거주했던 족속들의 종교도 풍요, 결실, 다산 등 자신들의 삶을 도울 수 있는 신의 존재를 전제하고 있다. 힌두교는 수없이 많은 신을 모시는 종교다. 불교는 원래 무신론이지만, 인간이 해탈의 경지를 지나 이를 수 있다고 생각하는 부처를 신적 존재로 간주한다는 점에서 모든 것에서 신성을 찾는 범신론에 해당한다. 일본의 신도는 불교를 기반으로 한 범신론에 정령 신앙과 무속 신앙 등이 혼합된 종교다. 가는 곳마다 각종 신을 섬기는 신사가 있고, 집의 현관마다 섬기는 신이 여럿 존재한다.

중세 시대 유럽인의 모든 삶은 기독교적 세계관의 기반 위에 있었다. 르네상스를 거치며, 신학 외에 인문학, 과학 등 다른 학문들이 발전하면서 인간의 이성이 깨어나는 시대라는 계몽주의 시대가 도래했다. 이때 이신론(神論, deism) 즉, 이성적인 신론이 등장하는데, 이들은 인간과 격리되어 있는 하나님을 전제한다. 유일한 창조주를 인정하지만, 직접 계시하거나 기도에 응답하시는 하나님은 부정한다. 창조하시되 간섭하지 않으시고, 마지막에 심판하시는 하나님의 모습은 이슬람의 알라와 비슷하다.

이신론에 설득되어 하나님과 동행하는 삶을 잃어버린 인간은 결국 무신론으로 넘어가게 된다. 큐티를 통해 매일 삶에 필요한 만나와 같은 말씀을 읽고, 하나님과 만나지 않으면 금방 하나님과 무관한 삶으로 옮겨 가는 것과 같은 이치다. 이신론 이후 모더니즘 시대에는 인본주의와 마르크스-레닌주의의 무신론적 세계관이 자유 진영과 공산 진영에서 쌍둥이처럼 태어났다. 이들은 세상을 창조하고, 생명을 창조하신 하나님의 존재를 부정하기 위해 진화론을 환영했으며, 서로 공명하여 진화론을 과학 이론의 중심 패러다임으로 정착시켰다.

20세기 중반 이후 너무나 이성적이고 전체주의적인 모더니즘에 반발하여 반이성을 추구하는 포스트모더니즘이 등장했다. 포스트모더니즘은 나치 독일 치하에서, 또 소비에트 강제 노동 수용소에서 국가주의와 전체주의의 문제점을 경험한 서구, 특히 프랑스의 마르크스주의자들이 고안해 낸 것이다. 그들은 집단이 아닌 개인의 자유를 최대한 보장하는 것이 최고의 선이라고 보았다.

물질로 증명할 수 있는 것의 존재만을 인정하는 자연주의가 이들 무신론적 세계관의 공통점이다. 신이 없다고 전제하므로 우주와 생명은 우연히 생긴 것으로 가정할 수밖에 없다. 신의 존재를 부정하는 사람들은 눈에 보이지 않는 것들의 가치에 대해서도 부정적일 수밖에 없다. 의식, 인격, 이성, 영혼 같은 것은 인간 두뇌 활동의 결과일 뿐 허상이라고 보기 때문에 가치를 두지 않는다. 오늘날 무신론적 세계관이 진화론의 패러다임 하에 우리의 교육 현장을 장악하고 있다.

우리는 각자 다른 가정에서 태어나 다른 부모님, 다른 학교, 다른 선생님을 통해 세상을 소개받는다. 따라서 특별한 노력을 기울이지 않는 한, 우리의 세계관은 여러 세계관의 요소들로 얼룩지기 마련이다. 거듭난 그리스도인은 자신의 행동 하나하나가 어떤 가치관이나 세계관의 기준으로 선택되고 있는지를 분별하고 깨달을 필요가 있다. 세계관 렌즈의 얼룩 하나하나가 어떻게 생겼는가를 점검하고, 얼룩을 닦아 내어 성경의 맑고 깨끗한 렌즈로 세상을 바라봐야 할 것이다.

ニ　　　5장을 마무리하며　　　ニ

1. 하나님과 거짓 신

+하나님: 이는 만물이 주에게서 나오고 주로 말미암고 주에게로 돌아감이라 그에게 영광이 세세에 있을지어다 아멘_롬 11:36

+거짓 신: 보라 그들은 다 헛되며 그들의 행사는 허무하며 그들이 부어 만든 우상들은 바람이요 공허한 것뿐이니라_사 41:29

+그러므로 이제는 여호와를 경외하며 온전함과 진실함으로 그를 섬기라 너희의 조상들이 강 저쪽과 애굽에서 섬기던 신들을 치워 버리고 여호와만

섬기라_수 24:14

2. 적용과 토론

+기독교인인 나의 세계관에 침투해 있는 무신론적 혹은 다신론적 요소는 무엇인가?

+가족과 주변 사람들의 신에 대한 세계관을 파악하고, 기록해 보라(유신론, 무신론).

3. 기도

+하나님 아버지, 이 시간 우리 안에 있는 모든 허망한 거짓 신들과 우상들을 치워 버리고, 오직 하나님을 경외하며 온전함과 진실함으로 하나님만 섬기기를 결단하고 선택합니다. 성령님, 우리를 도우소서.

진리를 알지니 진리가 너희를 자유롭게 하리라

_요 8;32

진리는 광선과 같다. 어떤 손으로도 그것을 더럽
힐 수 없다.

_존 밀턴(John Milton), 영국의 시인, 행정가, 《실낙원》의 저자

세계관은 이야기의 형태로 전달된다. 그 이야기는 대체로 세상의 시작으로부터 종말에 이르는 큰 이야기, 곧 대서사다. 이 큰 이야기를 영어로는 메타내러티브(meta-narrative)라고 한다. 세계관의 메타내러티브에 내 삶의 이야기도 포함되어 있다.

기독교 세계관은 성경의 메타내러티브를 근거로 분석할 수 있다. 크레이그 바르톨로뮤(Craig Bartholomew)와 마이클 고힌(Michael W. Goheen)은 그들의 저서 《성경은 드라마다》[1]에서 성경 이야기를 창조-타락-구속-완성의 4단계로 설명한다. 창세기 1-2장에서 하나님이 세상을 '창조'하셨고, 창세기 3장에서는 선악과 사건으로 인간이 하나님과 단절되는 '타락' 사건이 일어난다. 창세기 4장부터 요한계시록 20장까지는 죄로 하나님과의 관계가 단절된 인간에 대한 하나님의 구속 계획과 그에 반응하는 이스라엘 백성의 반복적인 실패, 그리고 예수 그리스도를 통한 '구속'의 성취와 그분을 통한 구원 계획의 기쁜 소식이 온 세상에 전파되는 이야기가 펼쳐진다. 요한계시록 21-22장은 예수 그리스도의 재림을 통한 구속의 '완성' 이야기를 전한다.

각 세계관의 메타내러티브가 동일한 질문에 대해 어떻게 다르게 대답하는지를 비교해 봄으로써 명확하게 구분할 수 있다. 이에 우리 삶에서 중요한 네 가지 질문에 대해 각 세계관의 답을 비교해 보고자 한다.

네 가지 질문은 다음과 같다.

첫째, 나는 누구인가?

둘째, 내 문제의 원인은 무엇인가?

셋째, 그 문제의 해결책은 무엇인가?

넷째, 나는 결국 어디로 가는가?

먼저, 기독교 세계관을 가진 사람이 성경에서 찾을 수 있는 답을 생각해 보자.

첫째, 나는 누구인가? 이것은 자신의 정체성에 대한 질문이다. 정체성의 혼란으로 인해 많은 사람이 세상 속에서 괴로워하며 인생을 허비한다. 자신이 너무 보잘것없고, 쓸모없는 존재라는 생각에 자살을 시도하기도 하고, 하나님이 주신 생물학적 성 정체성을 부인하기도 한다. 성경은 전지전능하신 하나님이 천지 만물과 모든 생명체를 완벽하게 준비하신 후에 하나님의 형상을 따라 인간을 창조하셨다고 전한다. 하나님은 인간에게 모든 채소와 과일을 먹을 것으로 허락하셨고, 하늘과 땅과 물속의 모든 생명을 다스리는 일을 맡기셨다. 하나님의 형상으로 창조되어 피조세계를 위임받은 하나님의 청지기, 그리고 예수 그리스도를 십자가에 희생해서라도 구원해야 할 만큼 소중한 하나님의 자녀, 이것이 바로 예수 그리스도를 구주로 영접한 기독교인의 정체성이다.

둘째, 내 문제의 원인은 무엇인가? 우리 삶은 전부터 문제들로 가득했고, 예수님을 만난 후에도 여전히 많은 문제 가운데 있다. 그러나 예수님을 만난 시점을 기준으로 문제의 근원을 인식하는 방법이 이전과 달라져야 한다. 예수님 이전의 우리는 타락한 죄성으로 인해 문제의 근원을 외부에서 찾으려는 경향이 강했다. 그러나 성경의 메타내러티브는 "인생의 모든 문제는 하나님을 대적하여 일어난 나의 타락에 있다"고 말한다. 또한 나와 마주하는 상대방의 타락이나 우리가 사는 환경의 타락에서도 그 원인을 찾을 수가 있다. 하나님을 대적하여 일어난 선악과 사건의 결과로 먹고살기 위해 땀 흘리는 수고가 필요하게 되었다. 하나님으로부터 단절되었고, 죽을 수밖에 없는 운명이 된 것이다. 인생의 문제는 인생의 시기마다 다른 형태로 나타나겠지만, 그 근본을 추적해 보면 타락으로 인해 복합적으로 발생한 문제임을 확인할 수 있다. 모든 문제의 근원에는 바로 나의 죄가 있다는 뜻이다.

셋째, 그 문제의 해결책은 무엇인가? 문제의 가장 근본적 원인이 나의 죄에 있다면, 나의 죄 문제를 해결하는 방법이 곧 문제의 해결책일 것이다. 예수님이 이 땅을 찾아오신 이유가 무엇인가? 나의 죄를 대속하시기 위해 오셨다. 그러면 그분이 내 죄를 해결하신 방법은 무엇인가? 십자가에서 나의 죄를 대신해서 죽으신 것이다. 예수 그리스도와 함께 십자가에 나의 죄가 못 박혔다면, 이제는 내 안에 그리스도께서 사셔야 마땅하다. 지금 내가 당면한 문제의 원인은 나의 타락, 상대방의 타락, 환경의 타락 등 다양하고 복합적이지만, 상대방이나 환경을 내가 원하는 대로 바꿀 수는 없다. 오직 내가 죽고, 내 안에 그리스도께서 사시는 것만이, 나의 십자가를 지고 예수 그리스도의 길을 따르는 것만이 내가 접근할 수 있는 해결책이다. 하지만 이것 또한 내 힘만으로는 할 수 없으므로 성령의 도우심을 구하며 매 순간 기도할 수밖에 없다. 믿음대로 사는 것이 힘든 이유가 여기에 있다.

넷째, 나는 결국 어디로 가는가? 이 질문은 죽을 수밖에 없는 운명을 지닌 모든 인간이 품는 궁극적인 질문이다. "사후의 세계가 있는가? 있다면 어떤 모양인가? 그곳으로 가기 위한 조건이 있는가? 나는 그 자격을 갖추었는가?" 등 다양한 질문이 파생된다. 각 세계관은 이들 질문에 대해 나름의 답을 제시한다. 성경은 우리에게 예수 그리스도의 제자로서, 또 이 세상 속에서 하나님 나라를 확장해 가는 일을 위임받은 청지기로서 현재를 살 것을 권유한다. 하나님 나라는 나로 인해 내가 머무는 곳이 하나님의 사랑과 공의로 다스려질 때 이 땅에서도 도래할 수 있다. 물론, 그리스도의 복음을 받아들이는 순간, 우리는 구원을 얻었고, 그로써 죽음 후에도 심판에 이르지 않으며, 영원한 생명을 누리는 복을 보장받았다. 우리가 영원한 생명을 누릴 곳은 완전히 회복된 "새 하늘과 새 땅"(계 21:1)이며, 완벽하게 아름다운 새 예루살렘임을 믿는다.

자신이 어디로부터 왔으며, 어디로 갈 존재인지에 대한 대답을 분명히 가졌다면, 현재 세상에서 겪는 문제들과 그에 대한 해결 방법, 즉 어떻게 살 것인가에 대한 답은 자명하다. 오직 길이요 진리요 생명이신 예수 그리스도의 복음만이 답이다. "진리를 알지니 진리가 너희를 자유롭게 하리라"(요 8:32)라는 말씀처럼, 진리이신 예수 그리스도를 알고, 자유롭게 되는 놀라운 은혜를 경험하기를 바라며 오늘도 삶의 현장에서 넉넉히 이기기를 기도한다.

二 　　　　　6장을 마무리하며　　　　　二

1. 옛 사람 vs 새사람
    +진리가 예수 안에 있는 것 같이 너희가 참으로 그에게서 듣고 또한 그 안에서 가르침을 받았을진대_엡 4:21
    +너희는 유혹의 욕심을 따라 썩어져 가는 구습을 따르는 옛 사람을 벗어 버리고_엡 4:22
    +오직 너희의 심령이 새롭게 되어_엡 4:23

+하나님을 따라 의와 진리의 거룩함으로 지으심을 받은 새사람을 입으라

　_엡 4:24

2. 적용과 토론

+내가 진리로 믿는 것은 무엇인가?

+내가 당면한 문제의 원인과 해결책을 성경의 메타내러티브에 대입해 적어
보라.

　1) 가정의 문제

　2) 직장의 문제

　3) 하나님과의 문제

+진리 안에서 자유함(요 8:32)을 경험한 것을 나누어 보라.

3. 기도

+하나님 아버지, 진리이신 예수 그리스도 안에서 우리를 구원하시고 자유하
게 하시니 감사합니다. 우리의 심령이 새롭게 되어 의와 진리의 거룩함으
로 새사람을 입기를 간절히 기도합니다.

예수께서 이르시되 내가 곧 길이요 진리요 생명이
니 나로 말미암지 않고는 아버지께로 올 자가 없
느니라

_요 14:6

이슬람교는 단지 종교가 아니라 삶의 전체적 방식
이며 그 자체가 세계관인 사회적, 정치적, 법적 체
제다.

_스르자 트립코비치(Serge Trifkovic), 미국의 세르비아계 정치인, 역사가[2]

이슬람 국가들로부터 많은 노동 인력과 자본과 유학생이 국내에 유입되면서 선교적 차원에서도 이슬람에 대한 이해가 필요하게 되었다. 이슬람은 '복종한다'는 뜻이다. 알라와 무함마드에 대한 복종인데 그에 복종하는 사람들을 무슬림이라 한다.

이슬람 비평가인 스르자 트립코비치는 "이슬람은 단지 종교가 아니라 삶의 전체적 방식이며 그 자체가 세계관인 사회적, 정치적, 법적 체제"[3]라고 말한다. 즉 이슬람은 종교일 뿐 아니라 삶 전체를 완벽하게 지배하는 세계관이라는 뜻이다.

이슬람 세계관을 형성하는 다섯 개의 기둥[4]은 다음과 같다.

첫째, 신은 오직 한 분뿐이다(일신론).

둘째, 무함마드는 노아, 아브라함, 모세, 예수의 뒤를 잇는 최고이자 마지막 선지자다.

셋째, 신은 선한 천사와 악한 천사를 창조하셨다.

넷째, 코란은 신의 온전한 최후의 계시다.

다섯째, 각 사람을 천국 혹은 지옥으로 보낼 최후의 심판이 기다리고 있다.

이에 따라 무슬림이라면 반드시 지켜야 할 5가지 행동 강령[5]이 있다.

첫째, "신은 알라뿐이며 무함마드는 그의 선지자다"라는 신앙고백(샤하다)을 반복해야 한다.

둘째, 무슬림은 하루에 5번 정해진 시간에 메카를 향해 기도(살라트)해야 한다.

셋째, 라마단 기간에는 일출에서 일몰까지 금식하며 금욕(사움)해야 한다.

넷째, 가난한 자에게 수입의 2.5%를 자선(자카트)해야 한다.

다섯째, 능력이 되는 사람은 메카로 순례 여행(하지)을 해야 한다.

이 다섯 가지 외에도 "성스러운 전쟁(지하드)을 수행해야 한다"는 강령이 있다. 지하드는 원래 죄와 악에 대항하는 개인적인 싸움을 의미하였으나 무함마드가 비이슬람교도가 이슬람에 대항하는 것을 가장 큰 죄악으로 규정하였기 때문에 이슬람을 거부하는 개인과 국가에 대한 전쟁도 성전(聖戰)으로 규정한다. 따라서 그들은 내부적으로는 무자비한 징계를 통해 집안 단속을 하면서, 외부적으로는 다양한 호전적인 방법으로 상대를 굴복시키려는 노력을 하고 있다.

각 세계관에 공통적으로 주어진 네 가지 질문들에 대한 이슬람 세계관의 답은 코란, 하디스(Hadith), 수나(Sunnah)와 같은 이슬람 경전과 무함마드의 계시에서 찾을 수 있다.

첫 번째 질문, 나는 누구인가? 이슬람의 신 알라와 인간은 주인과 종의 관계로 규정된다. 알라는 자신의 형상에 따라 인간을 창조한 것이 아니라 자기 뜻대로 인간을 창조하였다고 말한다. 따라서 기독교에서처럼 하나님의 형상을 닮은 하나님의 대리인이라는 정체성은 불가능하다. 창조주이며 심판자인 알라의 권위에 무조건 복종하는 종의 정체성만이 있을 뿐이다. 알라는 인간의 삶에 개입하지 않으며 예수 그리스도의 대속을 인정하지 않으므로 알라와는 창조주와 피조물의 관계를 벗어나지 못한다. 피조세계에 대한 알라의 대리자 지위를 인간에게 부여했지만, 인간에게 요구하는 것은 철저한 복종뿐이다. 기독교와 달리 알라를 "아버지"라 부르는 것은 신성모독이며, 알라는 최후의 심판자이기에 인간은 그 법에 복종하면서 심판의 날을 기다려야 한다.

두 번째 질문, 내 문제의 원인은 무엇인가? 이슬람은 아담의 원죄를 인정하지 않는다. 에덴동산에서 선악과 사건이 일어나긴 했지만, 알라에게 처벌받음으로써 해결되었다고 본다. 따라서 아담의 죄가 후손에게 전가될 수 없다고 믿는다. 무함마드를 최고의 선지자로, 메카를 그 수도로 하는 믿음의 집단에 도덕적, 지적, 영적, 사회적, 정치적, 법적으로 완전히 소속되어야 한다. 매일의 삶에서 무함마드를 통해 계시한 알라의 법(샤리아)를 준수하며 살아야 한다. 이 법을 완벽하게 순종하지 못하고, 더 많은 선행을 베풀지 못하는 것이 모든 문제의 원인이라고 생각한다. 이슬람은 유대 율법주의자들처럼 의도보다는 겉으로 드러난 행동이 더 중요하다. 따라서 그들의 행위는 율법적이며 위선적이기 쉽다. 이것은 율법 준수를 강조하던 바리새파나 동양의 유교처럼 규범을 지키려 노력하는 도덕적 종교에서 공통적으로 나타나는 문제다.

세 번째 질문, 그 문제의 해결책은 무엇인가? 이슬람교에서도 예수 그리스도를 위대한 선지자로 인정한다. 그러나 그분의 십자가에서의 대속과 죽음에서의 부활은 인정하지 않는다. 즉 이슬람에는 복음이 없다. 또 인간의 원죄를 인정하지 않기 때문에 십자가의 대속을 필요로 하지 않고, 타인의 죄를 대속하는 것도 불가능하다고 믿는다. 무슬림 개개인은 오직 알라가 무함마드를 통해 제시한 법 안에서 알라의 뜻에 순종하면서, 악행보다 선행을 더 많이 함으로써 구원을 얻을 수 있다고 믿는다. 결국, 자신의 노력으로 구원을 성취할 수 있다고 믿는 자력 종교인 것이다.

네 번째 질문, 나는 결국 어디로 가는가? 이슬람도 기독교처럼 죽음 이후의 영적인 세계를 믿는다. 모든 무슬림은 죽음 후에 알라 앞에서 자기 삶의 선택에 대해 해명해야 한다. 무슬림의 오른쪽 어깨에는 착한 천사가, 왼쪽 어깨에는 악한 천사가 있어 각각 선행과 악행을 기록하고 있다고 믿는다. 최후 심판의 순간에 각 천사가 기록한 선행과 악행의 보따리를 천칭 저울에 달아서 무거운 쪽으로 천국행이나 지옥행이 결정된다고 믿는다.

결론적으로, 우리는 이슬람과 무슬림을 구분해야 한다. 이슬람은 종교이자 세계관이며 억압적인 이념이다. 그들의 정치, 종교 지도자들은 이런 억압적 이념을 이용하여 무슬림들을 독재적으로 지배하고 있다. 무함마드의 계시는 칼로 상대를 정복하여 이슬람을 호전적으로 확장할 것을 지시한다. 자기 영토 내에 있는 이교도에게는 가혹한 세금을 부과해 개종하든지 노예가 되든지 선택할 것을 강요하고, 영토 밖에서는 그들만의 사회를 형성하여 샤리아(법)로 내부를 단속하며 이슬람에서 벗어나지 못하게 한다.

그러나 무슬림 개개인은 율법에 순종하는 온순한 사람들이다. 그들은 권위주의적이며 독재적인 세계관에서 벗어난 적이 없으며 벗어났을 때 가해질 징계를 두려워한다. 영적 사슬에 묶여 호전적인 지도자들에게 맹종해야 하는 신세다. 그래서 무슬림 출신의 기독교 변증가이자 베스트셀러 작가인 나빌 쿠레쉬(Nabeel Qureshi)는 그의 저서 《알라를 찾다가 예수를 만나다》[6]에서 거짓의 교리에 빠져 있는 무슬림들에게 "오직 예수님의 방법으로" 진리이신 예수 그리스도의 복음을 전하는 것의 필요성을 강조하고 있다.

1. 블레즈 파스칼(Blaise Pascal)의 이슬람과 기독교의 비교

	창시자	전파 방법	목표	성장	추종자에게
이슬람	무함마드: 성경에 예언되지 않음	전쟁	지상 제국	칼을 사용하여	칼의 사용을 장려함
기독교	예수: 성경에 예언됨	십자가	하나님 나라	칼을 맞으면서	칼의 사용을 불허함

2. 적용과 토론

　+무슬림은 자기들끼리 무리지어 살면서 그들의 법, 샤리아를 통해 내부 단속
　을 하고 있다. 개종은 심각한 핍박을 수반한다. 전도와 함께 고려해야 할 점
　들을 생각해 보자.

3. 기도

　+하나님 아버지, 거짓 교리에 빠져 있는 무슬림들에게 "길이요 진리요 생
　명"(요 14:6)이신 예수 그리스도를 전하는 복음의 전달자로 저희를 사용하
　여 주옵소서.

하나님이 죄를 알지도 못하신 이를 우리를 대신하
여 죄로 삼으신 것은 우리로 하여금 그 안에서 하
나님의 의가 되게 하려 하심이라

_고후 5:21

예수 그리스도는 죄가 없으시고, 무함마드는 죄가
있다.

_노먼 가이슬러(Norman L. Geisler), 기독교 변증가

기독교와 이슬람의 탄생에는 예수님과 무함마드가 있다. 이슬람의 코란은 예수님을 위대한 선지자로 인정한다. 심지어 예수님의 동정녀 탄생과 죄 없으심도 인정한다. 예수님이 "하나님의 말씀"으로 일컬어지고, "메시아"로 불린다는 것이 기록되어 있고, 세상에서 사시는 동안 많은 기적을 행하셨으며, 육신의 상태로 승천하신 것까지 기록되어 있다. 기독교에서 말하는 십자가의 대속이나 육체의 부활 등 예수님의 신성과 삼위일체에 대해서는 완전히 부인하지만, 위대한 선지자로서 비견할 수 없는 특성을 인정하고 있다.

무슬림들의 신앙은 알라의 계시를 받아서 코란을 구술한 최고의 예언자 무함마드를 예수님을 포함한 다른 어떤 선지자보다도 더 높은 위치에 두고 있다. 그들은 "신은 알라뿐이며 무함마드는 그의 선지자"라는 신앙고백을 쉬지 않고 반복해야 한다. 그러나 무함마드를 높이 받드는 근거는 불명확하다. 무함마드는 AD 570년 메카에서 태어나 610년 알라의 선지자로 지명을 받고, 632년 죽을 때까지 23년간 알라의 계시를 받아 전하는 역할을 했다고 전해진다. 사실, 코란에는 무함마드가 몇 차례밖에 등장하지 않을 뿐만 아니라 그나마 있는 기록에서도 예수님과 같은 신성을 가진 사실은 찾아볼 수 없다. 무함마드의 언행을 기록한 여러 하디스에도 평범한 인간으로서의 그의 성품과 그가 보인 삶의 오점들이 기록되어 있을 뿐이다. 그럼에도 불구하고, 무슬림들은 무함마드가 '흠잡을 데 없이 완벽한 예언자'이며 예수 그리스도보다 훨씬 위대한 선지자라고 칭송하고 있다.

예수님에 대한 기록은 신약성경의 복음서와 사도행전에 아주 상세하게 나와 있고, 유대와 로마의 역사서에도 나와 있다. 이 기록은 예수님 생전에 현장을 목격했던 많은 사람이 살아있을 동안에 기록되었다. 반면에 무함마드에 대한 가장 빠른 전기도 무함마드 사후 200-250년 사이에나 기록된 것이다. 무함마드에 대한 첫 전기의 서문에는 위대한 선지자에 대해 부끄러운 내용이나 실망스럽게 여겨지는 내용들은 모두 생략했다고 기록되어 있다.[7] 무슬림들은 코란이나 하디스 등 그들의 경전을 직접 읽는 경우가 거의 없다. 대부분 종교 지도자나 그의 지도를 받은 어른들의 이야기를 통해 전수받는다. 그 과정에서 기록이 윤색되어 무함마드는 전설 같은 무용담을 가진, 흠 잡을 데 없이 완벽한 선지자로 추앙받게 되었다. 사실, 무슬림이 자랑스럽게 기억하는 무함마드는 그들 경전에 기록된 사람과는 전혀 다른 가상의 인물인 것이다.

이슬람이 기독교를 비판할 때, 흔히 성경의 불완전성을 강조한다. 성경은 원본이 없고, 수많은 사본과 다른 언어로 번역된 판본이 너무나 많아서 진정한 신의 말씀이 무엇인지 알기 어렵다고 비판한다. 반면에 이슬람의 코란은 유일한 원본이 보존되어 있기 때문에 오직 이슬람만이 변하지 않은 신의 말씀을 가지고 있다고 주장한다. 그러나 그들의 주장은 근거가 없는 것이다. 《사히 알 부카리》(Sahih al-Bukhari)라는 6권으로 구성된 하디스는 코란의 표준화 과정을 자세히 설명하고 있다. 코란은 무함마드가 23년 동안 알라에게서 받은 계시를 기록한 책이다. 그러나 처음 계시를 받았을 때, 바로 기록한 것이 아니라 나중에 자신이 기억하고 있던 것을 전문 암송자(하피즈, Hafiz)들에게 암송하게 하였다. 같은 내용을 어떤 사람에게는 다르게 말하기도 했다. 장기간에 걸쳐 계시를 받았기 때문에 한 사람에게 모든 계시 전체를 일관되게 암송시킬 수가 없어서 여러 지역의 많은 사람이 각각 다른 부분을 나누어 암송했다고 한다.

초대 칼리파(정치와 종교 지도자)인 무함마드가 죽은 후, 2대 칼리파는 암송으로만 전해 오던 코란을 기록해 둘 필요성을 느꼈다. 왜냐하면 무함마드가 죽은 후 이슬람에 귀속되었던 많은 부족이 탈이슬람을 선언함으로써 이를 진압하기 위한 전쟁이 오랫동안 지속되어 왔는데, 군인으로 전쟁에 참여한 하피즈들이 죽어 가기 시작했던 것이다. 2대 칼리파는 하피즈 중 한 사람인 자이드에게 다른 하피즈들이 부분적으로 암송하고 있는 내용을 수집하여 기록하라는 명령을 내렸다. 자이드는 코란을 수집하면서 많은 하피즈의 기억력이 불완전함을 기록해 두었다. 이 과정에서 같은 부분을 다르게 암송하고 있던 하피즈들이 서로 자기의 암송이 옳다고 주장하며 분쟁을 일으켰다.

3대 칼리파인 우스만은 위경의 출현을 우려하여 코란을 급히 표준화할 필요성을 느꼈다. 그는 자이드가 수집하여 보관 중이던 사본을 재정비하고 교차 검토한 뒤에 모든 이슬람 지역에 통합된 한 종류의 코란을 배포했다. 그리고 혼란을 잠재우기 위해 그 외의 코란이나 관련된 자료는 모두 불태워 버렸다. 자이드에 의해 수집된 코란에는 빠진 부분이 많아서 당시 최고의 암송자들은 표준화된 코란의 완전성에 동의하지 않았다. 하지만 무슬림들은 코란의 편집이 이렇게 불완전하게 끝난 것도 알라의 뜻(인샬라)이라 받아들인다.

코란은 불완전한 구술 수집본들 중에서 하나만 남기고, 다른 것들을 다 태워 버렸기 때문에 유일한 원본이 된 것이다. 반면에 성경은 많은 사본들 사이에 내용상의 차이가 거의 없다는 것이 오히려 완전성을 보증하는 증거가 된다. 성경은 그 자체만으로 내용의 전달이 명확하여 평범한 사람도 성경만으로 하나님의 계시를 깨달을 수 있다. 성경은 구약과 신약이 자체적 완전성과 명확한 연결성을 가지는 데

비해 코란에 기술된 신구약 성경의 내용은 의미 전달이 불가능할 정도로 내용이 부실하며 코란에만 있는 이슬람 특유의 내용과도 연결성이 부족하다. 성경은 구절마다 많은 학자들의 비평을 받으며 연구 대상이 되어 왔지만, 이슬람에서는 코란 연구를 알라 계시의 신성성을 훼손하는 무엄한 범죄로 생각한다.

결론적으로, 이슬람은 신앙적 의문을 제기하지 못하는 무조건적 믿음과 전통이나 종교 지도자의 권위에 완전한 복종을 강요하는 권위적이고 억압적인 종교다. 그러한 문화 속에 있을 때에는 무슬림 자신이 억압의 사슬에 묶여 있음을 깨닫지 못할 수도 있다. 한국에 와서야 이슬람의 억압적인 문화를 깨닫게 된 무슬림들에게 복음의 씨앗을 뿌려야 할 이유가 여기에 있다. 억압의 사슬을 끊는 복음의 능력이 그들에게 참된 자유와 구원의 기쁨을 선물할 것이기 때문이다.

☰   8장을 마무리하며   ☰

1. 코란에 나타난 예수 그리스도와 무함마드의 비교 (노먼 가이슬러)

	동정녀 탄생	죄 없음	메시아로 지칭	하나님의 말씀이라 지칭	기적을 행함	육신으로 승천
무함마드	X	X	X	X	X	X
예수	O	O	O	O	O	O

2. 적용과 토론

+ 코란에서 예수 그리스도를 나타내는 부분을 찾아서 무슬림에게 제시하자.

+ 무슬림에게 코란의 예수 그리스도를 전하면, 기독교에 대한 경계심이 낮아
질까?

3. 기도

+ 하나님 아버지, 한국에 와서 자국의 억압적인 이슬람 문화를 깨닫기 시작한
무슬림들에게 구원의 은혜를 풍성히 베풀어 주옵소서. 억압의 사슬을 끊는
복음의 능력을 통해 그들이 참된 자유와 구원의 기쁨을 누리게 하옵소서.

어리석은 자는 그의 마음에 이르기를 하나님이 없
다 하도다 그들은 부패하며 가증한 악을 행함이여
선을 행하는 자가 없도다

_시 53:1

인본주의는 우주의 근원과 창조자가 되는 신을 여
전히 믿는 자에게는 해당하지 않는다.

_폴 커츠(Paul Kurtz), 인본주의의 아버지

인본주의는 하나님 중심의 신본주의에서 하나님의 자리를 인간이 차지한 세계관이다. 초자연을 부정하는 자연주의, 이성을 신뢰하는 합리주의, 과학적인 방법만 인정하는 과학주의 등이 인본주의의 특징이다. 인본주의는 공립학교의 교육 내용을 장악한 존 듀이(John Dewey) 같은 인본주의 교육 철학자들에 의해 주도되고 확산되었다.

각 세계관에 공통적으로 주어진 네 가지 질문들에 대한 인본주의 세계관의 답은 1933년[8], 1973년[9], 2000년[10]에 각각 발표된 〈인본주의자 선언 I, II, III〉의 선언문이나 이 선언문의 작성을 주도했던 사람들의 저서 및 칼럼과 공개 강의 등에서 나타난 그들의 주장에서 찾아볼 수 있다.

첫째, 나는 누구인가? 인본주의는 창조주 하나님을 부정한다. 인본주의자들은 우주의 탄생, 생명의 탄생 등 모든 것에 과학적인 설명이 필요하다고 주장한다. 그러나 우주의 기원이나 생명의 기원 같은 문제는 과학적인 방법으로는 설명이 불가능한 형이상학적인 문제다. 기원에 대한 그들의 설명 역시 직접 관찰하거나 실험실에서 재현할 수 있는 과학적 증거를 제시하지 못한다. 단지 우주의 기원에 대해서는 '빅뱅이론'이라는 그럴듯한 가설에 대한 믿음을 기반으로, 또 생명의 기원에 대해서는 '진화론'이라는 가설에 대한 믿음을 기반으로 설명하는 것만이 과학적인 방법이라고 주장한다.

이러한 기반을 바탕으로 초자연적 존재인 신을 인정하지 않는다. 인간을 포함한 모든 생명체는 단세포 생명체에서 진화해 왔기 때문에 인간의 정체성이 짐승과 다르지 않다고 여긴다. 그러나 진화의 과정에서 인간에 이르러서야 이성이 발달하기 시작했으므로 인간은 이성을 가진 생명체로서 자신의 운명을 스스로 책임질 수 있다고 생각한다. 그래서 인간의 정체성에 대한 인본주의자들의 생각은 하나님과 동격이라는 평가에서부터 하찮은 미생물과 다를 바 없다거나 마치 기계와도 같다는 생각에 이르기까지 다양하다.

둘째, 내 문제의 원인은 무엇인가? 인본주의자들은 "인간 개개인은 선한 인격을 가지고 태어나며 스스로 완전하게 될 수 있다. 인간을 둘러싼 사회와 그 제도들이 문제의 원인이며, 인간에게 악한 영향을 미친다"고 생각한다. 그러나 "인간 모두가 선하다면, 어째서 인간 사회가 악하게 되었는가?"라는 인본주의 심리학자 롤로 메이(Rollo May)의 질문에는 누구도 설득력 있는 답을 내놓지 못하고 있다.

반면에 기독교인은 인본주의자들의 모든 주장에 동의하지 않는다. 기독교인은 "인간은 모두 원죄를 가지고 태어났으며, 우리를 둘러싼 자연과 환경까지 저주를 받았기 때문에 스스로의 힘으로는 완전하게 될 수 없다. 죄의 근원이 인간 개개인의 원죄에서 유래하였기 때문에, 그것이 사회와 제도에 반영되어 있다"고 생각한다.

셋째, 그 문제의 해결책은 무엇인가? 인본주의자들은 사회와 제도에 문제가 있다고 생각하므로 그들의 해결책은 사회와 제도를 변화시키는 것이다. 작은 사회는 더 큰 사회에 의해 영향을 받기 때문에 궁극적인 문제의 해결을 위해서는 국가 단위 혹은 지구촌 전체의 변화를 일으켜야 한다. 그러므로 인본주의자들은 국가가 국민의 문제를 해결하기 위해 큰 힘을 가진 정부가, 또 전 지구적 문제 해결을 위해서는 국제기구나 세계 정부가 필요하다고 주장한다. 인본주의자들은 이상적인 사회를 제안하고, 그 이상을 실현하는 것을 대단히 낙관적으로 설명하기 때문에 유혹되기 쉽다. 인본주의자들도 그동안 자신들이 제시한 이상이 잘 실현되지 못했음을 스스로 고백하면서도 낙관적 이상주의의 태도는 여전히 버리지 못하고 있다.

넷째, **나는 결국 어디로 가는가?** 인본주의자들은 자신들이 주장하는 자연주의나 과학주의에 비추어 인간에게 다른 생명체 이상의 특별한 의미를 부여하지 않는다. 즉 병원에서 환자의 생명 신호를 나타내는 심전도, 호흡, 혈압 등이 모두 정지하는 죽음이 닥치면, 인간의 세포 사이의 신호 교환도 사라지고, 결국 아무것도 없는 상태로 되돌아간다고 생각하는 것이다. 인간의 마음이나 영혼을 뇌세포 사이의 신호 전달의 결과로 나타나는 일시적인 것으로 생각하기 때문에 신호 교환의 상실과 함께 영혼도 육체의 죽음과 함께 깨끗하게 사라진다고 여긴다. 리처드 도킨스(Richard Dawkins) 같은 인본주의자들은 "아마 우리를 심판할 신은 없을 테니 심판에 대한 걱정은 그만하고 인생을 즐겨"라는 현세적이며 향락적인 삶의 태도를 가질 것을 선동하고 있다.

계몽주의를 거치면서 자신의 이성과 과학적 지식에 자신감을 얻은 인간은 하나님의 존재를 귀찮게 여기며, 니체의 표현처럼 스스로 신을 죽이고[11] 그 자리를 자신이 차지했으니 이것이 바로 인본주의의 정체다. 하나님을 떠난 인간들이 향하는 곳은 사사기의 표현처럼 "자기 소견에 옳은 대로"(삿 17:6) 행하는 길이다. 이것은 모든 인간이 공통적으로 가지고 있는 원죄의 정체, 즉 하나님과 동등하게 되려는 교만일 것이다.

자신들의 세계관에서 하나님을 배제한 결과, 인본주의에서는 윤리의 절대적 기준이 사라졌다. 1990년, 그해의 인본주의자로 선정된 테드 터너(Robert Edward Turner III)는 터너 방송사(Turner Broadcasting System, TBS)의 설립자다. 그는 "기독교는 패배자들을 위한 종교다. 예수께서 굳이 십자가에서 죽을 필요는 없었다. 나는 나를 위해 누구도 죽기를 원하지 않는다. 십계명은 인간을 쓸데없이 얽매는 굴레로 폐기되어야만 한다"고 주장했다.

이처럼 인본주의자들은 공교육과 세상에서의 영향력을 통해 성경의 절대적인 기준을 무너뜨리려 하고 있다. 우리도 인본주의 공교육을 12년 이상 받아 왔다. 우리는 개인과 교회와 가정 속에 몰래 들어와 있는 인본주의의 영향을 좀 더 잘 분별해 낼 수 있어야 한다. 인본주의는 유식해 보이는 철학이나 인문학이나, 아름답게 보이는 문화 예술을 통해 우리 눈과 귀를 현혹한다. 진리는 그 메시지를 전하는 사람의 세속적 영향력에 의해 결정되지 않는다. 오직 그 내용이 성경과 복음에 합치되는가가 진리의 기준이 되어야 한다.

二　　　9장을 마무리하며　　　二

1. 세속적 인본주의 세계관의 영향력: 이들의 저술에 대해 경계심을 가져야 한다.

+공교육: 현재 대학을 비롯한 교육 기관과 방송, 언론, 문화 예술계에서 인본주의 이념이 대세다.

+교육학: 존 듀이, 루돌프 슈타이너(Rudolf Steiner), 마리아 몬테소리(Maria Montessori), 폴 커츠 등 다수의 대학교수들이 포진해 있다.

+심리학: 스키너(B. F. Skinner), 에이브러햄 매슬로우(Abraham Maslow), 칼 로저스(Carl Rogers), 에리히 프롬(Erich Fromm) 등이 대표 인물이다.

+과학: 칼 세이건(Carl Sagan), 리처드 도킨스, 토리 히긴스(Tori Higgins), 아이작

아시모프(Isaac Asimov) 등이 있다.

2. 적용과 토론

+나의 세계관에 영향을 끼친 인본주의적 세계관의 흔적을 찾아내어 분별해
보자.

+국민의 문제를 해결하기 위해 큰 힘을 가진 정부가, 또 전 지구적 문제 해결
을 위해서는 국제기구나 세계 정부가 필요하다는 인본주의자들의 주장에
대한 내 생각은?

3. 기도

+하나님 아버지의 음성이 우리 모두에게 들리기를 원합니다. 세상의 모든 분
야에 강한 영향력을 미치는 무신론이나 인본주의를 잘 분별하게 하옵소서.
말씀과 성경적 세계관으로 무장한 하나님의 백성들이 각 분야의 리더로 세
워지게 하옵소서.

우리의 씨름은 혈과 육을 상대하는 것이 아니요
통치자들과 권세들과 이 어둠의 세상 주관자들과
하늘에 있는 악의 영들을 상대함이라

_엡 6:12

공산주의의 문제는 경제적인 것이 아니다. 공산주
의의 문제는 무신론의 문제다.

_도스토옙스키(Dostoevskii), 러시아 작가

마르크스주의 세계관은 1800년대 중후반에 출간된 마르크스(Karl Heinrich Marx)의《공산당 선언》,《자본론》등의 저술에 기초한다. 이후 러시아의 레닌주의, 중국의 마오쩌둥 사상, 북한의 주체사상 등 지역 마다 마르크스의 이론을 실행에 옮기면서 다양한 분파들이 생겨났다. 공산주의는 마르크스가 주창한 이상을 실현하기 위해 20세기 초 중반, 50-60년 동안 다양한 실험을 시행하였다. 소련의 시베리아 강제 노동 수용소와 중국의 문화대혁명, 천안문 사건과 같은 인간 개조를 위한 공산주의 실험 때문에 1억 명 이상이 죽었다. 그뿐만 아니라 대부분의 공산 국가가 그들이 가장 중요하게 생각하던 경제의 대실패로 인해 몰락하여 마치 지구상에서 사라진 것처럼 보인다. 그러나 그 근본이 되는 마르크스주의 이념은 서방 국가의 대학 내에 여전히 주류 세력으로 남아 있고, 우리나라도 비슷한 형편이다.

인본주의와 공산주의는 비슷한 시기에 쌍둥이처럼 태어나 무신론적 세계관을 발전시키고 확장시켜 왔다. 특히 공산주의 국가에서는 공산당의 정치적, 재정적 지원을 등에 업고, 그들의 세계관을 지지할 학술 자료들을 양산해 냈다. 소련 과학 아카데미의 수장이었던 트로핌 리센코(Trofim Lysenko), 바흐생화학연구소 소장이었던 알렉산드르 오파린(Aleksandr Oparin) 등은 정권의 무신론적 이념을 지지하기 위해 거짓된 과학 이론을 제공하였다. 또 서방 세계의 인본주의자들은 그들과 공명하면서, 무신론이 모든 사람에게 침투할 수 있도록 진화론을 기반으로 하는 과학 패러다임을 만들었다.

첫째, **나는 누구인가?** 공산주의는 인본주의처럼 초자연을 부인하는 자연주의와 과학주의를 기반으로 하며, 변증법적 유물론에 근거한 사회 변화를 신봉한다. 그래서 창조주 하나님의 존재를 부인한다.

소련 공산당은 모든 사람이 열심히 일한다면, "능력만큼 일하고, 필요한 만큼 분배받는" 이상적인 공산 사회가 운영될 것으로 생각하였다. 그러나 실제로는 능력만큼 일하지 않고 필요 이상으로 분배받으려는 인민들을 마주하게 되었다.

당시 러시아의 생리학자 파블로프(Pavlov)는 조건 반사 실험을 통해 행동주의 심리학의 기반을 마련했다. 이것은 인간을 포함한 모든 동물에 반복적 학습을 통해 주입한 조건으로 특정 반응을 유도할 수 있다는 이론이다. 공산주의자들은 인간을 진화 중인 짐승으로 생각한다. 다른 동물이나 기계처럼 어떤 조건을 가하면, 모든 인간은 동일하게 반응할 것이라고 보는 것이다. 공산당은 그들의 이념에 따르지 않는 인민들을 시베리아 강제 노동 수용소에 보내어 행동주의에 따른 인간 개조를 시도했다. 그러나 결과적으로 인민들의 노동에 대한 태도는 개선되지 않았고, 눈치 보는 인간들만 양산하게 되었다. 그들은 인간의 존엄성을 부인하기 때문에 공산 사회에 적응하지 못하는 인민을 수용소로 보내거나 영원히 제거하는 일을 얼마든지 할 수 있다.

둘째, **내 문제의 원인은 무엇인가?** 공산주의자는 모든 사회 문제의 근원에 경제 체제의 문제가 있다고 본다. 그들은 인간 개개인은 선하지만, 잘못된 경제 체제로 인해 사회 문제가 발생한다고 결론짓는다. 공산주의자들은 토지, 공장, 자본 같은 생산 수단을 가진 부르주아가 사회의 모든 조직을 통해 생산 수단이 없는 프롤레타리아를 착취한다고 생각한다. 그 착취의 사회적 구조에 국가가 있고, 가정이 있다. 교회 역시 부르주아와 힘을 합쳐서 프롤레타리아를 착취 구조 속에 가두고 순응시키기 위해 운영되는 것이라고 생각했다. 공산주의자들은 원시 사회-왕정 사회-봉건 사회-자본주의 사회-사회주의 사회-공산주의 사회의 순서로 경제 체제가 진화해 왔다고 규정한다. 각 경제 체제하에서 재화를 생산하고 분배하는 방식이 사람들의 관계 맺는 방식을 규정한다. 즉 사회에 정착된 잘못된 경제 체제가 근본 문제라고 믿는 것이다. 그 문제에서 파생하여 정치, 종교, 법, 문화 등과 같은 사회 문제로 연결되고, 그것이 개인의 모든 문제의 원인이 되었다고 생각한다.

셋째, 그 문제의 해결책은 무엇인가? 모든 악의 근원이 잘못된 경제 체제에 있으므로 프롤레타리아가 제일 먼저 해야 할 일은 생산 수단을 장악하는 것이다. 이를 위해서 어떤 폭력을 사용하더라도 잘못이 아니라고 규정한다. 그다음으로 해야 할 일은 잘못된 경제 체제에서 파생되어 그것을 지탱하기 위해 만들어진 국가, 교회, 가정과 같은 사회 구조를 파괴하는 것이다. 낡은 사회 구조를 빨리 무너뜨려야만 새 경제 체제를 안정화시킬 새로운 사회 구조가 정착할 수 있다고 생각한다. 마르크스와 엥겔스(Friedrich Engels)는 이러한 과정이 다윈의 진화론에서처럼 점진적으로 일어나야 한다는 이론을 제시하였다. 그러나 레닌(Vladimir Il'ich Lenin)은 공산혁명을 통해 그 이념을 실제로 실행하는 과정에서 그 변화가 폭력을 통해 급격하게 진행될 수밖에 없다고 주장했다.

넷째, 나는 결국 어디로 가는가? 공산주의자들은 유물론적 세계관을 가지고 있기 때문에 인간을 물질 수준으로 여기거나 다른 짐승 이상의 존재로 보지 않는다. 인본주의자들처럼 인간의 생명 신호가 끝나면 그걸로 끝이며, 영혼이라는 것은 없고 사후 세계나 심판도 없다고 믿는다. 그런 것은 구체제의 지배자들이 프롤레타리아를 억압하여 고분고분하게 만들기 위해 지어낸 이야기로 치부한다. 그들에게는 하나님이 없고, 성경이 제시하는 윤리와 법의 기준도 인정하지 않기 때문에 현세적이며 말초적인 즐거움만 추구하는 삶을 살아가게 된다. 또한 강제 노동 수용소를 통한 사상 교육은 인간의 창의적 경제 활동 의지를 말살하고, 오직 숨죽이며 당의 눈치만 살피는 인간을 양산할 뿐이다. 알렉산드르 솔제니친(Aleksandr Solzhenitsyn)의 《수용소군도》[12], 스테판 쿠르투아(Stéphane Courtois)의 《The Black Book of Communism》(공산주의 흑서)[13]은 공산당의 적으로 지목된 자들의 인권 상실과 비참한 죽음을 다루고 있다.

마르크스는 "종교는 인민의 아편이다. 인민에게 환상의 행복인 종교를 폐지하는 것은 인민의 진정한 행복을 위한 필요조건"[14]이라고 했다. 구소련과 중국과 북한의 공산당이 마르크스의 가르침에 따라 종교, 특히 기독교를 박해한 것은 잘 알려진 사실이다. 공산당은 기독교를 일차적인 적으로 지목하고 있다. 그렇기 때문에 기독교인들은 마르크스주의의 본질과 그들이 주장하는 바에 대해서, 그리고 그들이 정권을 잡았을 때 기독교를 다루는 방식에 대해서 더 잘 이해할 필요가 있다.

二　　　　　**10장을 마무리하며**　　　　　二

1. 마르크스주의 세계관의 영향력

+마르크스, 엥겔스, 레닌, 마오쩌둥(毛澤東), 덩샤오핑(鄧小平), 김일성, 호찌민(Ho Chi Minh), 카스트로(Castro), 체 게바라(Che Guevara)

+진보적 종교인, 해방 신학자, 예수회, 세계교회협의회(WCC) 등이 경제적 불평등의 문제 해결을 위해 공산주의자들의 주장을 수용하고 있다.

2. 적용과 토론

+마르크스주의가 기독교에 대한 비방 세력 중에 가장 두드러진 이유는?

+공산주의가 기독교와 함께할 수 없는 이유를 생각해 보자.

3. 기도

+하나님 아버지, "우리의 씨름은 혈과 육을 상대하는 것이 아니요 통치자들과 권세들과 이 어둠의 세상 주관자들과 하늘에 있는 악의 영들을 상대"(엡 6:12)하는 것임을 깨닫게 하소서.

뉴에이지 세계관

하나님은 한 분이시요 또 하나님과 사람 사이에 중
보자도 한 분이시니 곧 사람이신 그리스도 예수라

_딤전 2:5

뉴에이지는 자기 자신에 대한 궁극적 신앙이다.
당신이 스스로 옳다고 결정하는 것이 옳은 것이다
당신의 시야가 좁아져 배타적이 되지만 않는다면.

_조아나 미켈슨(Johanna Michaelsen), 뉴에이지 교육 철학자

뉴에이지(New Age)는 힌두교, 불교, 도교 등에서 유래한 범신론적인 세계관으로 진화론, 환생, 윤회, 깨달음 등의 사상을 기반으로 한다. 조나단 아돌프(Jonathan Adolph)는 "뉴에이지는 일종의 유토피아주의로, 더 나은 사회, 즉 인류가 자신과 자연, 그리고 전 우주와 조화를 이루며 살 수 있는 새로운 시대(New Age)를 창조하려는 열망을 가진 운동"이라고 요약한다. 이들은 뉴에이지를 이루려면, 개개인의 큰 깨달음이 필요하다고 믿는다. 우리를 둘러싸고 있는 우주 혹은 지구를 '큰 나'(브라만)로, 자기 자신을 '작은 나'(아트만)로 부른다. 아트만이 브라만과 하나 되는 영적 각성의 순간을 지날 때, 새 시대가 도래한다고 믿는 것이다.

"나도 옳고 너도 옳다. 절대적인 것은 없다. 모든 것은 상대적이다." 이것은 상대주의를 대변하는 구호다. "진리는 어느 종교에나 있다. 모든 종교가 추구하는 종착점은 동일하다. 단지 그 종착점으로 가는 길을 다르게 설명하고 있을 뿐이다." 이것은 종교 다원주의를 설명하는 것이다. 이는 힌두교의 "모든 사물에는 신적인 요소가 있다"는 주장이나 불교의 "모든 생명은 윤회와 해탈을 통해 부처가 될 수 있다"는 주장의 뉴에이지식 표현인 것이다. 모든 것이 신이라는 주장은 인간 스스로가 신이라고 주장하는 것과 다를 바 없다. 그래서 뉴에이지를 범신론적(우주적) 인본주의라는 뜻의 코스믹 휴머니즘(cosmic humanism)으로 부르기도 한다.

불교는 오랜 역사를 통해 우리 문화에 뿌리내린 상태로, 공교육을 통해 국가 전통문화로 소개되곤 하기 때문에 우리에게 익숙하다. 그래서 마치 뉴에이지 이념의 괜찮은 부분이 기독교의 진리인 것처럼 오인될 수도 있다. 또한 뉴에이지는 상대주의와 종교 다원주의를 통해 포용성을 자랑한다. 그들은 예수 그리스도를 구원의 유일한 길로 가르치는 기독교를 독선적이라고 공격한다. 그러므로 기독교인은 뉴에이지의 정체를 알고, 분별해 낼 수 있어야 한다.

첫째, 나는 누구인가? 범신론을 주장하는 힌두교는 창조의 신 '브라흐마'와 유지의 신 '비슈누'와 파멸의 신 '시바' 등 3대 신을 모신다. 그들은 이들 신이 원래 하나이지만, 역할에 따라 다른 신격으로 나타난다고 설명한다. 그 외에도 수없이 많은 신이 있지만, 삼주신(三主神)에서 필요한 역할에 따라 파생된 것들이다. 그중에서 인간의 형상을 입고 세상에 나타난 신을 '아바타'라고 한다. 뉴에이지 세계관은 인간은 신에 의해 창조되었으며 신의 일부라고 믿는다. 인간을 신성을 내포한 영적인 존재로 보는 것이다. 그러나 사후에는 전생의 업보(카르마)에 의해 더 높거나 낮은 계급의 인간 혹은 동물로 환생한다고 믿는다.

둘째, 내 문제의 원인은 무엇인가? 뉴에이지 세계관은 인간의 문제란 실제로는 아무것도 아닌 것(空)을 마치 무엇이 있는 것(色)처럼 느끼면서 아등바등하는 것쯤으로 여긴다(色卽是空 空卽是色). '존재하는 것은 존재하지 않는 것이요, 존재하지 않는 것은 존재하는 것이니 눈에 보이는 것에 집착하는 것이 모든 문제의 원인'이라는 것이다.

셋째, 그 문제의 해결책은 무엇인가? 모든 문제의 원인이 실제로는 없는 것을 마치 있는 것처럼 여기고, 끝없는 욕심을 부리는 데 있다고 믿기에 내가 집착하는 그것이 실제로는 없는 것(空)임을 깨닫는 것이 문제의 해결책이다. 아트만인 내(我)가 우주(梵) 혹은 창조주인 브라만과 하나가 되면, 범아일여(梵我一如)를 깨달을 수 있다고 믿는다. 그 깨달음(모크샤)을 얻으면, 끝없는 윤회의 사슬에서 벗어나게 된다(해탈). 해탈의 순간을 지나면, 힌두교에서는 브라만이 되고, 불교에서는 부처가 되는 것이다.

그러면 그런 깨달음을 어떻게 얻을 수 있는가? 뉴에이지는 아주 다양한 방법을 제시한다. 힌두교의 고행이나 수련, 또는 불교의 '보시, 지계, 인욕, 정진, 선정, 반야' 등의 여섯 가지 덕목을 가리키는 육바라밀(六波羅蜜) 등을 제시하는데, 이런 고전적인 방법들 외에도 참선, 요가, 단전 호흡, 자연요법, 점술, 영매술, 심지어 환각제의 도움을 얻어서라도 브라만과 하나가 되기만 하면 된다고 믿는다. 해탈을 경험한 사람은 다른 사람의 깨달음을 인도할 능력이 생기며, 다른 사람이 깨달음을 통해 해탈하는 것을 이끌어야 한다고 믿는다.

넷째, 나는 결국 어디로 가는가? 뉴에이지는 영적인 것을 인정하며, 생명은 윤회의 끝없는 고리에서 벗어나지 못한다고 믿는다. 해탈하지 못한 모든 영혼은 전생의 업(카르마)에 따라 영원한 법(다르마)을 충족하는 선업과 그에 어긋나는 악업의 크기에 의해 더 나은 인생으로, 혹은 더 못한 인생이나 동물로 환생한다는 것이다. 모든 생명체는 윤회와 해탈을 통해 브라만이 될 수 있는 신적인 존재로 여기기에 살생을 금한다.

스탠퍼드 연구소의 조사에 의하면, "미국의 뉴에이지는 전 인구의 5-10%가량으로 최소한 1,200만 명 이상으로 추산된다. 범위를 넓혀 영혼 윤회설과 점성술을 믿는 사람까지 포함하면, 6,000만 명에 이를 수 있다"고 한다. 또 미국 성인 중 죽은 자와 소통이 가능하다고 믿는 사람의 비율은 12년 만에 18%에서 35%로 증가하였다. 환생을 믿는 비율도 증가하였다. 우리나라에서도 점성술, 요가, 명상 등을 통해 뉴에이지가 전파되고 있는데, 자연 보호, 동물 보호와 모든 생명 존

중이리는 구호 아래 집결하고 있다. 자연 치유 요법을 통해서도 확산되고 있으며, 음악, 서적, 영화 등을 통해 그러한 사상이 사람들의 생각에 은근히 폭넓게 스며들고 있다.

언제부턴가 기독교 내부에서도 다양한 전통 종교, 불교, 이슬람교, 천주교 등 모든 종교와 사랑으로 연합해야 한다는 운동이 일어나고 있다. 예수 그리스도만 유일한 진리라는 편협한 주장을 하지 말고, 모두 사랑으로 하나가 되자는 것이다. 선과 악의 구분이 모호해지고 있다. 구원에 이르는 길은 모든 종교에 있다고 하는 종교 다원주의가 교회에도 들어와 마치 자신이 주인인 양 행세하고 있다. 그것이 바로 기독교를 오염시키고 있는 뉴에이지의 정체다.

二　　　　　11장을 마무리하며　　　　　二

1. 뉴에이지의 전파

　+깨달음을 얻는 방법: 참선, 요가, 선(禪), 단(丹), 뉴에이지 음악, 기 체조 등
　+문화 예술: <아바타>, <스타워즈>, <매트릭스> 등 종교 다원주의와
　　상대주의를 표방하는 영화와 뉴에이지 음악 같은 문화 콘텐츠

2. 적용과 토론

　+종교 다원주의와는 타협할 수 없다고 하는 기독교의 구원론이 과연 편협
　　한가?
　+인간의 내적 능력을 개발하여 신적 차원에 도달하는 것이 구원이라는 뉴에
　　이지 사상과 문화가 나의 신앙과 교회와 가정에 얼마나 많이 들어와 있는

지 점검해 보라.

3. 기도

+하나님 아버지, 모든 종교에 구원에 이르는 길이 있다고 하는 종교 다원주의가 은밀하게 교회 속에 들어와 기독교를 오염시키고 있습니다. 다른 복음은 없으니 하나님과 사람 사이의 중보자는 오직 한 분 그리스도 예수님임을 분명히 각인하는 시간이 되게 하여 주옵소서.

그때에 이스라엘에 왕이 없으므로 사람이 각기 자
기의 소견에 옳은 대로 행하였더라

_삿 21:25

포스트모더니즘은 진리, 도덕, 정의, 가치, 언어의
의미에 절대성이 없다고 주장하는 세계관이다. 개
인의 자유를 최고의 가치로 생각하며, 기존 사회
질서에 대해서는 파괴적이다.

_데이비드 노에벨

서양의 전통적인 세계관인 기독교 세계관은 계몽주의 시대를 거치며 인간 지성의 확장으로 이신론적 신관을 가진 시대를 지나게 된다. 이신론은 이성적인 신론이라는 뜻이다. 세상의 시작에 창조주 하나님과 세상의 끝에 심판자로서의 하나님은 인정하지만, 인간의 삶에 동행하며 일일이 개입하시는 하나님은 부정하는 신론이다. 이와 같이 일상의 삶에서 하나님과 격리된 인간은 즉시 무신론으로 옮겨가게 된다.

1800년대 중후반, 다윈의 진화론과 마르크스의 변증법적 유물론은 무신론적 세계관으로의 이행을 촉진하여, 모더니즘 시대를 이끄는 쌍두마차처럼 자유주의 진영과 공산주의 진영에 각각 세속적 인본주의와 마르크스주의를 탄생시켰다.

그러나 사람들은 모더니즘 시대를 지나면서 너무 이성적이고 논리적인 사고에 싫증을 느끼고, 비현실적으로 이상주의적인 사회 변혁을 주도했던 히틀러의 전체주의나 스탈린의 독재 정치에 크게 실망하게 되었다. 그래서 프랑스의 좌파 지식인들이 중심이 되어 자신들이 이전에 주장했던 마르크스주의의 실패한 부분을 가리기 위해 고안해 낸 것이 포스트모더니즘이다. 이들은 개인의 자유를 최대한 보장하는 것을 최고의 선으로 생각한다.

포스트모더니즘 자체는 세계관이 아니라고 주장하는데, 포스트모더니즘에는 메타내러티브가 없기 때문이다.[15] 즉 시간과 공간을 초월하는 절대 진리가 없다는 뜻이다. 그 대신 어떤 시간, 어떤 공간에만 통용되는 스몰내러티브(small narrative)는 수없이 존재한다. 따라서 포스트모더니즘 시대에 개개인은 스몰내러티브에 자기 의견을 최대한 반영시켜야 한다고 주장한다. 즉 자기 소견에 옳은 대로 행하는 것이 좋은 것이며, 사회는 개개인의 독특한 의견들을 서로 잘 참고 받아주어야 한다고 주장한다(관용).

자크 데리다(Jacques Derrida)는 서양 철학에서 형이상학의 해체를 시도하였는데[16], 특히 "태초에 하나님이 천지를 창조하시니라"(창 1:1)라는 기독교의 형이상학적 기반을 해체하는 것이 그의 목표였다. 철학 분야의 이런 시도는 예술에도 도입되어 전통적인 미의 기준을 해체하는 다다이즘(dadaism)으로 연결되어 캔버스 위에 소변기를 부착한 작품까지 등장하기에 이르렀다.[17] 건축에 도입된 해체주의는 전통적 건축물의 기준을 해체하여, 창문이 없거나 곡면으로 구성된 건축물들이 등장했다.

롤랑 바르트(Roland Barthes)는 문학에서 해체주의를 주장했다.[18] 그는 《The death of the author》(작가의 죽음)라는 책에서 "글을 출판하면, 작가의 역할은 그것으로 끝이다. 작품의 뜻을 해석하는 것은 독자의 몫"이라고 주장했다. 이렇게 시작된 문장의 해체는 문학 작품뿐 아니라 법조문이나 성경의 해석에도 적용되었다. 미국 대법원에서 낙태를 합법화하는 '로 대 웨이드'(Roe v. Wade) 사건을 판결할 때에도 법조문을 해체하여 입법 정신과 다르게 해석했다고 비난받았다. 자유주의적 성경 해석의 배경에도 해체주의적 문장 해석이 큰 역할을 하고 있다.

첫째, 나는 누구인가? 포스트모더니스트들은 인간은 "언어로 구성된 실체"라고 생각한다. 언어로 어떻게 표현되느냐에 따라 실체의 가치가 달라진다고 생각하는 것이다. 또 소수로서 다수를 선동하기 위해 언어를 사용하는 기술을 대단히 중요하게 생각한다. 거짓도 진실처럼 느끼게 만드는 선동 문구를 절묘하게 만들어 낸다. 예를 들면,

동성혼 합법화를 주장하는 구호로 "이성애적 결혼식의 신성함을 믿는 것은 퇴보의 증거이며, 동성 결혼의 법제화를 선호하는 것은 열린 마음의 증거다"를 외치거나 성 해방 구호로 "금욕적 교육 운동을 벌이는 것은 구속하는 행위이며, 자유로운 사랑과 혁명을 추진하는 것은 해방의 표지다"를 외친다. 이들에게는 메타내러티브가 없으므로 세상의 시작이나 세상의 끝과 같은 자신과 직접 관련이 없는 것들은 관심 밖의 사항이다.

둘째, **내 문제의 원인은 무엇인가?** 포스트모더니즘은 네오마르크시즘과 궤를 같이하고 있기 때문에 다수에 의한 소수의 핍박이 세상의 가장 큰 문제라고 본다. 개인의 자유를 구속하는 것이면, 아무리 옳은 제도나 법률이라도 나쁜 것으로 규정한다. 이들은 지그문트 프로이트(Sigmund Freud)의 학설을 의지해 성적인 충동을 너무 억제하기 때문에 정신 질환이 발생한다고 주장한다. 핍박받는 소수는 무조건 선이고, 이들을 핍박하는 다수는 무조건 악이라는 것이다. 그래서 사건의 진실과는 다른 이야기가 만들어져서 선악의 규정을 합리화하는 선전 도구로 사용되곤 한다.

셋째, **그 문제의 해결책은 무엇인가?** 이들은 문제의 근원은 기득권을 가진 다수가 힘없는 소수를 핍박하는 것에 있다고 본다. 그 해결책은 소수가 힘을 모아 기존의 권위와 문화에 도전하여 그것을 해체하는 것이다. 이를 위해 국지적인 작은 충돌과 다툼을 통해 사회의 기반을 흔드는 것이 필요하다. 억압된 소수가 그들을 억압하는 다수에 저항하기 위해서는 어떤 불법을 행하더라도, 그것은 정치적으로 정당(Politically Correct, PC)하다고 규정한다. 그렇기 때문에, 불법 파업, 불법 점거, 불법 파괴 행위 이후에도 자신들의 정당성을 주장할 수 있는 것이다. 즉, 이들의 해결책은 소수를 억압하는 다수의 근본을 뒤흔들어 끊임없이 세상을 바꾸려고 시도하는 것이다.

넷째, **나는 결국 어디로 가는가?** 다른 무신론자들처럼 영적인 측면을 부정하기 때문에 그들에게 사후세계는 없다. 따라서 이 세상에서의 삶이 끝나면, 모든 것은 끝이라고 생각한다. 죽음 후의 심판이나 윤회의 고리 등, 이생의 삶의 선택에서 고려해야 할 것이 전혀 없기 때문에 지극히 자기중심적으로 마음대로 사는 것이 가능하다. 나를 심판할 하나님이나 지옥은 없다는 것이 그들에게는 복음인 것이다.

포스트모더니즘은 프랑크푸르트학파의 비판 철학과 네오마르크시즘이 이념적 배경이다. 68운동의 구호인 "모든 금지함을 금지하라"처럼 이들은 사회의 모든 권위와 주류 문화를 파괴하려 한다. 이념의 순수함이 중요하다고 강조는 하지만, 그 이념대로 행하는 것에는 별 관심이 없다. 이념은 좌파지만 생활 방식은 부르주아인 강남 좌파가 그들의 정체다. 이들은 자신들 이념의 파괴적, 분열적 특성 때문에 하나의 세력으로 모이기는 힘들다. 그러나 "네 마음대로 해"라는 유혹적인 구호 때문에 다른 세계관들을 쉽게 오염시킨다. 현대 사회의 병리 현상의 근원을 이해하고, 우리에게도 오염된 요소들이 있는지 분별해 내기 위해서는 포스트모더니즘 세계관을 잘 이해할 필요가 있다.

12장을 마무리하며

1. 포스트모더니즘의 전파

+ 프랑스 근대 철학자: 장 프랑수아 리오타르(Jean-François Lyotard), 자크 데리다, 미셸 푸코(Michel Foucault), 자크 라캉(Jacques Lacan), 롤랑 바르트 등, 이들이 포스트모더니즘을 대학 교육의 주류 이념으로 등장시켰다.

+ 포스트모더니스트의 특징적인 표현법: "그건 네 생각이고", "너에겐 진리일지 모르나 나에겐 아니야."

+ 포스트모더니스트의 행동양식: 모든 전통적 기준을 뒤집으려는 시도, 소수자와 억압받는 자를 무조건 선으로 규정

2. 적용과 토론

+ 포스트모더니즘이 지향하는 제한 없는 자유의 결과는 무엇일까?

+ 해체주의적 문장 해석에 따른 자유주의적 성경 해석에 대한 내 생각은?

+ 특정한 상황에서 어떤 진리가 다른 진리보다 더 유용하기 때문에 실용주의적이며 상대주의적인 태도를 취할 수밖에 없다는 포스트모더니스트들의 생각에 동의하는가?

3. 기도

+ 하나님 아버지, 기독교인들이 자기 소견에 옳은 대로 행하는 것을 좋은 것으로 여기지 않게 도우시고, 성경을 해체주의적으로 해석하며 거짓도 진실처럼 느끼게 만드는 선동 문구를 절묘하게 만들어 내는 이 시대의 사조에 속지 않게 도와주옵소서. 오직 하나님만이 우리를 다스리시는 진정한 왕이심을 선포합니다.

만물보다 거짓되고 심히 부패한 것은 마음이라 누

가 능히 이를 알리요마는

_렘 17:9

산 사람도 섬기지 못하면서 어찌 죽은 이의 영혼

을 섬기겠는가? 삶에 대해 모르는데 어찌 죽음에

대해 알 수 있겠는가?

_《논어》(論語)

유교가 종교냐 학문이냐에 대해서는 다양한 견해가 있지만, 대체로 인간이 어떻게 살아야 하는지, 인간관계가 어떠해야 하는지, 국가의 통치는 어떠해야 하는지를 다루는 학문으로 보는 견해가 강하다. 특히 "공자는 눈으로 볼 수 없는 괴력난신(怪力　神), 즉 초자연에 대해서는 말하지 않았다"는 《논어》의 언명을 통해 유교가 무신론임을 분명히 알 수 있다. 그러나 민간의 정령 신앙적 요소가 유교의 충효 사상과 만나 조상의 영에 제사 드리는 종교적 색채를 띠게 된 것으로 본다.

동아시아권에서는 인재를 등용하는 과거 제도에 유학을 시험 과목으로 채택함으로써 국가의 교육과 통치 이념을 유교적 세계관으로 통일하는 효과가 있었다. 특히 우리나라 근세 500년을 지속한 조선 왕조는 유교적인 국가관과 통치 이념 위에 건설되었다. 따라서 우리나라의 근세를 지배한 전통적인 세계관은 유교적 세계관이라 할 수 있다. 그러므로 전통과 문화라는 이름으로 우리 세계관에 혼합되어 있는 유교적 요소를 기독교 세계관과 분명하게 분별할 줄 알아야 한다.

첫째, 나는 누구인가? 유교의 형이상학[19](만물의 기원이나 존재의 근원을 다루는 학문)은 모든 것의 근원 혹은 우주의 시작을 무극이태극(無極而太極), 즉 무극(끝없음) 혹은 태극(너무 커서 끝을 알 수 없음)으로 설명한다. 태극기에도 나오는 태극은 움직이거나(動) 멈추면서(靜) 음양이 생기고, 음양의 조화로 만물이 생성한다. 성리학에서는 태극을 만물의 근원 혹은 근본 원리로 생각하여 이(理, principle)로, 그 원리에 따라 생겨난 자연 만물을 기(氣, master, 우주를 이루는 원질)로 본다.

유교의 우주론은 태극의 원리에 따라 기의 변화로 우주가 생성되었다고 보는 기의 진화론이다. 그들은 태극 외에는 아무 물질도 없는 상태에서 우주가 생겨났다고 본다. 생명도 이런 음양의 조화로 하늘(비인격적)에 의해 생성되는데, 하늘은 理, 사람은 氣가 된다. 왕과 신하, 부모와 자녀, 남편과 아내, 스승과 제자도 이와 같은 논리에 따라 관계가 성립된다. 기가 이를 따르는 것을 순리(順理)로 규정하기 때문에, 권위에 순종하는 유교 문화의 논리적 근거가 된다.

둘째, **내 문제의 원인은 무엇인가?** 유교에서는 理에 의한 氣의 조절이 원활하지 못한 것이 모든 문제의 원인이다. 하늘과 인간의 관계, 혹은 인간과 인간의 관계에서 理에 의한 氣의 다스림이 원활할 때, 관계가 안정적이다. 즉 권위에 순종하고 도덕(三綱五倫)과 법질서를 잘 지키면 순리적이고 평화로운 세상이 되고, 그에 어긋나면 역리적이고 어지러운 세상이 되는 것이다.

한편, 개인의 내면세계에는 사단칠정(四端七情)이 있다. '사단'은 인간의 본성에 해당하는 네 가지 마음, 인의예지(仁義 智)다. '인'은 측은하게 여기는 마음인 측은지심(惻隱之心), '의'는 악을 부끄러워하는 마음인 수오지심(羞 之心), '예'는 사양하는 마음인 사양지심(辭讓之心), '지'는 옳고 그름을 가리는 마음인 시비지심(是非之心)이다. '칠정'은 희노애구애오욕(喜怒哀懼愛惡慾)으로 기쁘고, 화나고, 슬프고, 두렵고, 사랑하고, 미워하고, 원하는 감정들을 나타낸다. 개인의 마음은 理에서 유래한 四端(이성)에 의해 氣에서 유래한 七情(감정)이 잘 조절되지 않을 때 문제가 발생한다고 본다.

셋째, **그 문제의 해결책은 무엇인가?** 인간 개인의 내면세계의 질서, 인간과 외부 세계와의 관계 문제 등 모든 문제에 理와 氣의 질서가 깨어지는 것이 원인이라면, 그 질서를 회복하는 것이 문제의 해결책이 될 것이다. 결국, 인간의 선한 본성인 사단을 밝히 드러내어 자신을 닦고, 주변 사람들을 새롭게 하여 선하게 살아갈 수 있게 하는 유교 교육이 필요하다고 주장한다.[20] 교육의 방법론은 격물(格物), 치지(致知), 성의(誠意), 정심(正心), 수신(修身), 재가(齋家), 치국(治國), 평천하(平天下),[21] 즉 사물을 잘 살펴서, 쌓은 지식을 넓히고, 뜻을 진실하게 세우고, 마음을 바르게 하여, 자신의 몸을 수련하고, 가정을 다스린 후, 나라를 잘 다스려 세상을 평안하게 하는 것이다. 수기치인(修己治人), 즉 자신을 먼저 수련한 후에야 다른 사람을 다스리는 군자가될 수 있다.

넷째, **나는 결국 어디로 가는가?** 유교의 삶과 죽음에 대한 관념을 사생관(死生觀)이라 하는데, 죽음을 먼저 앞세우는 것은 모든 일에서 끝을 먼저 생각하는 유교적 사고방식 때문이다. 사후 세계를 따로 설정하지는 않지만, 서양의 인본주의처럼 죽음으로 모든 것이 끝이라고는 생각하지 않는다. 자손을 통해 자기 삶이 지속된다고 본다. 따라서 유교적 세계관을 가진 사람은 가문의 사회적 평판이나 체면을 중요하게 생각한다.[22] 자손의 번영을 위해 교육뿐 아니라 조상의 묏자리를 위해 풍수지리에 따라 명당을 찾는 일에 노력을 아끼지 않았다.

《중용》(中庸)에서 귀(鬼)는 음의 영, 신(神)은 양의 영이라 했고,《논어》에서는 음과 양의 영험한 기운이 귀신이므로 공경하지만 멀리해야 한다고 하였다. 영에 대해 불가지론적 입장이지만, 존재를 무시하지는 않는다. 기가 모이면 생명이고, 기가 흩어지면 죽음이라 생각한다. 양의 영이 모이면 혼(영혼)이, 음의 영이 모이면 백(육체)이 되어 혼백이 합쳐져 생명이 된다. 반대로 혼백이 흩어지면 죽음이며, 혼은 흩어져서 하늘로, 백은 흩어져서 흙으로 돌아간다고 생각한다. 즉 삶과 죽음의 관계는 기의 이합집산(離合集散)의 변화일 뿐 완전한 단절은 아니라는 것이다.

결론적으로 유교적 세계관은 국가의 통치와 교육 철학을 장악하여 삶의 모든 방면에서 기준이 될 수 있는 온전한 세계관을 제공한다. 유교가 제공하는 철학적 이념이나 윤리적 지향은 훌륭하다. 그러나 문제의 해결책으로 개개인이 성인군자가 되는 길을 제시하지만, 자신의 힘으로 도달할 수 없는 목표임을 간과하고 있다. "의의 법을 따라간 이스라엘은 율법에 이르지 못하였으니 어찌 그러하냐 이는 그들이 믿음을 의지하지 않고 행위를 의지함이라 부딪칠 돌에 부딪쳤느니라"(롬 9:31-32)라는 말씀처럼, 유교도 동일한 문제에 걸려 넘어지는 것이다. 유대교나 이슬람교처럼 스스로의 힘으로 의를 이루려는 자력 종교에는 항상 위선적이고 형식적이고 억압적인 요소가 개입되게 마련임을 우리는 알고 있다. 오직 그리스도의 십자가 구속과 부활의 능력에 힘입어 의를 얻는 방법 외에는 다른 구원의 길이 없다. 좋은 말씀을 모아 둔다고 해서 그것이 진리는 아니다. 구원에 이를 수 없는 길에서 사람을 묶어 두는 것은 그 어떤 아름다운 모습이라도 진리가 아니다.

유교적 세계관이 거듭난 기독교인들에게 미치는 부정적인 영향은 유교가 학문적으로나 지적으로 아는 것과, 삶에서 행하는 것을 이분법적으로 나누는 경향이 있다는 점이다. 유교를 학문적으로 공부하는 것은 과거시험으로 출세하기 위한 것일 뿐, 성인군자가 되는 것과는 별개로 보는 이원론적인 접근법이다. 이러한 문제는 기독교 신앙에도 비슷하게 적용될 수 있다. 복음을 아는 것과 그 복음을 따라 살아가는 것을 별개의 일로 여기는 것이다. 복음을 아는 것이 소중하지만, 행함이 없는 복음은 죽은 복음에 지나지 않는다.

二　　13장을 마무리하며　　二

1. 유교의 군자와 소인(君子與小人)

　　+군자: 인격자, 학문과 덕이 높고 행실이 바른 사람

　　+소인: 비인격자, 도량이 좁고 간사한 사람

2. 적용과 토론

　　+조상에게 제사하는 것의 의미가 무엇인가?

　　+유학을 공부하여 선비로서 고결한 삶을 살려는 사람과 이스라엘의 바리새인을 비교해 보자.

　　+자신의 내면에 여전히 남아있는 유교적 세계관의 잔재를 파악하고 해결의 방법을 토의하자.

3. 기도

　　+하나님 아버지, 만물보다 거짓되고 심히 부패한 것이 우리 마음임을 알게 하시니 감사합니다. 말씀을 듣기만 하는 자가 아니라 삶으로 살아내는 우리가 되도록, 성령이여 도와주소서.

메타내러티브로 비교해 본 각 세계관

	1. 나는 누구인가? (창조)	2. 나의 문제는 무엇인가? (타락)	3. 그 해결책은 무엇인가? (구속)	4. 나는 어디로 가는가? (완성)	5. 문제점
기독교	하나님의 형상, 피조물의 청지기	타락, 하나님과의 단절	복음을 받아들임	하나님 나라 (그 뜻이 시행되는 곳)	믿음을 갖기 어려움
이슬람	알라의 피조물, 종	알라의 법에 복종하지 못함	악행보다 선행을 더 많이	알라의 심판대 앞으로	율법적, 압제, 위선적
인본주의	진화 중인 짐승	잘못된 사회와 문화	잘못된 사회를 개선	죽음은 끝, 현생에는 무책임	도덕적 파탄, 사회 혼란
마르크스주의	진화 중인 짐승	불평등을 유발하는 경제 체제	프롤레타리아 혁명, 경제적 평등	죽으면 끝, 현생에는 무책임	경제의 활력 상실, 강제
뉴에이지	신의 아바타, 윤회의 사슬, 업	깨닫지 못함	깨달음, 브라만과 아트만의 합일	윤회의 고리 혹은 해탈	상대주의, 도덕적 파탄
포스트모더니즘	언어로 구축된 존재	모든 억압, 특히 소수에 대한	억압을 깨뜨리는 것, 정치적 올바름(PC)	죽으면 끝, 현생에는 무책임	대안 없는 파괴적 비판
유교	기의 집합 혼: 양의 기 백: 음의 기	이가 기를 잘 다스리지 못함	학문과 수양을 통해 수기치인	기의 흩어짐, 자손을 통해	율법적, 위선적, 압제

　기독교 세계관 바로 세우기

암몬 사람 도비야는 곁에 있다가 이르되 그들이 건축하는 돌 성벽은 여우가 올라가도 곧 무너지리라 하더라
_느 4:3

산발랏과 도비야와 아라비아 사람 게셈과 그 나머지 우리의 원수들이 내가 성벽을 건축하여 허물어진 틈을 남기지 아니하였다 함을 들었는데 그때는 내가 아직 성문에 문짝을 달지 못한 때였더라 산발랏과 게셈이 내게 사람을 보내어 이르기를 오라 우리가 오노 평지 한 촌에서 서로 만나자 하니 실상은 나를 해하고자 함이었더라
_느 6:1-2

성벽 역사가 오십이 일 만인 엘룰월 이십오일에 끝나매 우리의 모든 대적과 주위에 있는 이방 족속들이 이를 듣고 다 두려워하여 크게 낙담하였으니 그들이 우리 하나님께서 이 역사를 이루신 것을 앎이니라_느 6:15-16

내가 그들에게 이르기를 해가 높이 뜨기 전에는 예루살렘 성문을 열지 말고 아직 파수할 때에 곧 문을 닫고 빗장을 지르며 또 예루살렘 주민이 각각 자기가 지키는 곳에서 파수하되 자기 집 맞은편을 지키게 하라 하였노니_느 7:3

Part 3.

시대 분별

–

세계관은
학문을 어떻게 바라보는가

너희는 이 세대를 본받지 말고 오직 마음을 새롭
게 함으로 변화를 받아 하나님의 선하시고 기뻐하
시고 온전하신 뜻이 무엇인지 분별하도록 하라

_롬 12:2

세계관은 기독교 지성을 형성하고, 삶의 모든
영역에 대한 성경적 관점을 정리하는 데 영향을
준다.

_데이비드 노글(David Naugle), 미국 신학 철학자, 세계관 전문가

제임스 사이어는 "세계관이란 실재의 근본 구성에 대해 우리가 가지고 있는 일련의 전제들의 집합이다"라고 정의하였다.[1] 우리는 다양한 교육을 통해 실재(reality)의 근본 구성이 운영되는 원리를 배우고, 그 배운 원리들을 삶에 적용하여 그 결과를 경험한다. 이렇게 배우고 경험한 것들 중 '진리'라고 생각하거나 선호하거나 유리하다고 생각하는 '일련의 전제들'을 모두 모은 것이 바로 세계관이다. 그러므로 세계관은 전 학문 분야를 망라하는 관점이며, 실제적으로 우리 삶에서 부딪히고 경험하는 모든 분야에 대한 관점이다.

데이비드 노에벨의 《충돌하는 세계관》에서는 신학, 철학, 윤리학, 과학(생물학), 심리학, 사회학, 법학, 정치학, 경제학, 역사학 등 삶을 바라보는 10대 학문 분야를 통해 각 세계관이 가지고 있는 관점들을 비교하고 있다. 세계관은 각 학문 분야에 접근하는 특정한 관점을 제공한다. 반대로 각 학문 분야는 세계관과의 밀접한 관계로 인해 특별한 가치를 지니며 발전한다. 세계관은 실재를 이해하는 기본 가정이나 가치 체계를 제공하고, 각 학문 분야는 그 위에 형성되어 발전해 왔으므로 세계관마다 각 학문을 이해하는 독특한 방식이 있다고 할 수 있다.

이 책에서는 각 세계관이 10대 학문 분야를 어떻게 바라보는가를 살펴볼 때, 학문적으로 깊이 분석하며 접근하지는 않을 것이다. 우리는 많은 것을 배우지 않아도 자신의 믿음 체계와 가치 체계만을 가지고도 훌륭한 삶을 살아가는 사람들을 볼 수 있다. 앞서 말했듯 학문적으로는 법학이 무엇인지 몰라도 우리 사회의 규칙이 어떠했으면 좋겠다는 생각을 할 수 있고, 정치학을 배운 적은 없어도 정치가들이 어떻게 해 주었으면 좋겠다는 바람은 가질 수 있는 법이다. 마찬가지로 경제학에 무지해도 어떻게 해야 많은 사람이 더 잘살 수 있는가에 대한 나름의 견해가 있을 수 있다.

우리는 각 학문 분야와 세계관이 서로 얽혀서 발전해 가는 작용 원리를 해체하고 분석하기보다는 융합과 통섭을 통해 이해해야 한다. 학문 분야들은 서로 영향을 주고받으므로 완전히 독립적인 학문이란 있을 수 없다. 신학과 철학과 윤리를 구분하는 경계는 불분명하며 윤리와 법의 구분 또한 임의적이다. 게다가 법과 정치와 경제는 서로 떼어 놓고 설명하기도 힘들다.

기독교인들은 각 학문 분야의 기준을 자신이 받은 교육이나 경험이 아닌 성경에서 찾아내어 자신의 기독교 세계관 정립에 적용해야 한다. 데이비드 노에벨이 제시한 것처럼, 우리는 창세기에서 10대 학문 분야를 설명하는 구절들을 찾아볼 수 있다. 성경 말씀을 통해 각 학문 분야가 창조 질서의 어떤 측면들을 드러내고 강조하고 있는지를 깨닫게 될 것이다.[2]

1+2) 신학과 철학: "태초에 하나님이 천지를 창조하시니라"(창 1:1)

3) 윤리학: "선악을 알게 하는"(창 2:9)

4) 생물학: "모든 생물을 그 종류대로"(창 1:21)

5) 심리학: "생령이 되니라"(창 2:7)

6) 사회학: "생육하고 번성하여 땅에 충만하라"(창 1:28)

7) 법학: "내가 네게… 명한"(창 3:11)

8) 정치학(혹은 법률): "다른 사람의 피를 흘리면"(창 9:6)

9) 경제학: "너희의 먹을거리가 되리라"(창 1:29)

10) 역사학: "내가 너로 여자와 원수가 되게 하고"(창 3:15)

또한 하나님은 예수 그리스도의 인격을 통해 자신을 스스로 드러내시는데, 각 학문 분야에 대하여 각각의 중요성을 강조하는 방식으로 자신을 계시하신다.

1) 신학: "그 안에는 신성의 모든 충만이 육체로 거하시고"(골 2:9)

2) 철학: "말씀은 곧 하나님이시니라"(요 1:1)

3) 윤리학: "참 빛"(요 1:9)

4) 생물학: "생명"(요 1:4, 11:25)

5) 심리학: "구주"(눅 1:47; 딛 2:13)

6) 사회학: "아들"(눅 1:31; 사 9:6)

7) 법학: "법의 제정자"(약 4:12; 딤전 1:9-10)

8) 정치학: "만왕의 왕… 만주의 주"(계 19:16; 딤전 6:15)

9) 경제학: "모든 것의 소유자"(시 24:1, 50:10-12; 고전 10:26)

10) 역사학: "알파와 오메가"(계 1:8)

이처럼 구체적인 성경 말씀의 기준을 가지고 자신의 성경적 세계관을 정립하고, 삶에 적용하는 것은 필요한 일이다. 또한 성경 전체를 통해 드러난 하나님의 뜻을 통전적으로 이해함으로써, 한 구절에 묶여 편향된 해석을 하지 않도록 주의하는 것이 중요하다.[3] 그리고 예수 그리스도의 삶과 십자가의 죽음과 부활을 통해서 드러난 복음의 진정한 의미를 각 분야에 구체적으로 적용해 나가는 일을 계속해 나가야 할 것이다. 세계관의 정립은 한순간에 일어나는 사건이 아니며 평생에 걸쳐 자신의 관점을 성경의 다림줄에 비교 검토하며 이루어 간다는 점에서 성화의 과정과 같은 의미일 것이다.

1. 성경 말씀을 기준으로 세계관을 새롭게 정립해야 한다(롬 12:2).

　+너희는 이 세대를 본받지 말고

　+오직 마음을 새롭게 함으로 변화를 받아

　+하나님의 선하시고 기뻐하시고 온전하신 뜻이 무엇인지 분별하도록 하라

2. 적용과 토론

　+성경에 대한 지식이 있는 것과 기독교 세계관을 가지고 있는 것의 차이점은 무엇인가?

　+성경 말씀이 내 삶 혹은 전공 분야에서 분명한 기준으로 작동하고 있음을 보여 주는 예를 찾아 서로 나누어 보자.

3. 기도

　+하나님 아버지, 세상의 유행을 따르지 않고 마음을 새롭게 하여 변화 받기를 원합니다. 우리의 생각이나 배움이나 경험이 아닌 구체적인 성경 말씀의 기준을 가지고 성경적 세계관을 정립하여 전문 지식과 삶에 적용할 수 있는 지혜와 열심을 주시길 간구합니다.

태초에 하나님이 천지를 창조하시니라

_창 1:1

왜 표준 모형은 우주 시간에 시작만 있고 끝은 없
을까? 아무것도 없는 상태에서 대폭발은 어떻게
일어날 수 있었을까?

_폴 스타인하트 & 닐 투록(Paul Steinhardt & Neil Turok), 《끝없는 우주》의 저자들[4]

스티븐 스와츠(Stephen D. Schwarz)는 "신이 존재한다고 믿는 유신론과 신이 없다고 믿는 무신론은 단순히 두 가지 신념이 아니다. 그것들은 존재 전체를 바라보는 두 가지 근본 방식이다. 존재 너머에 의미 있는 무엇인가가 더 있다는 것이 유신론이고, 그 존재 너머에는 아무것도 없다는 것이 무신론이다"라고 말한다. 존재론과 기원론은 신학에서 가장 기본적인 질문이다. 우리가 보고, 듣고, 느끼는 우주와 우리 주변의 모든 생명체와 사물들이 어떻게 존재하게 되었느냐의 질문(존재론)은 당연히 그 존재의 시작은 언제, 어떻게 된 것인가(기원론)라는 질문으로 연결된다.

유신론에서 존재의 근원은 '신'이다. 존재하는 모든 것은 신이 창조함으로써 존재하기 시작했다고 믿으며, 눈에 보이지 않지만 모든 존재의 너머에 초자연적 존재인 신이 있다고 믿는다. 반면에, 무신론자들은 '과학적 방법론'이라는 미명하에 초자연을 아예 배제해 버린다. 물질세계 너머에 어떤 존재도 의미도 없다고 주장한다. 보이지 않는 것은 증명할 수 없기에 신의 존재를 믿는 것에 대해 어린아이들이 신화나 옛날이야기의 귀신을 믿는 것처럼 유치한 것으로 취급하며 제발 철 좀 들라고 말한다.

서양의 전통적인 세계관은 기독교에 근거를 두었기 때문에 과학의 패러다임도 하나님의 창조에 존재의 근거를 두고 있었다. 아이작 뉴턴(Isaac Newton), 요하네스 케플러(Johannes Kepler), 루이 파스퇴르(Louis Pasteur) 등 많은 기독교인 과학자들은 하나님이 창조하신 자연에서 그분의 창조 원리를 찾아내기 위해 연구했다. 그러나 르네상스 이후 과학계와 교황청의 불화 속에서 과학자들은 학문적 진리를 자유롭게 추구하기 위해 교황청의 종교적 권위주의로부터 벗어나기를 원했다.

무신론적 과학주의자들의 필요를 채워 준 것은 다윈이 1859년에 출간한 《종의 기원》에서 비롯된 진화론이다. 다윈 이전에도 무신론을 주장하는 많은 사람이 있었지만, '존재하는 모든 것의 기원이 있는가? 있다면 무엇인가?'라는 근본적인 질문에 아무도 답할 수 없었다. 다윈의 진화론은 하나님의 창조 없이 다양한 생명이 존재할 가능성이 있다는 '가설'이었고, 무신론자들은 그들의 존재론과 기원론의 근거로서 다윈의 진화론을 적극 지지하게 되었다. 특히 칼 마르크스는 다윈의 《종의 기원》을 읽고, 생물학의 점진적 진화 이론이 자신의 변증법적 유물론으로 보는 사회 변화(정-반-합)를 너무나 잘 설명해 준다고 생각했다. 그래서 당시 그가 막 집필을 끝낸 《자본론》 제1권을 다윈에게 헌정하고 싶다는 편지를 보내기까지 하였다.

이처럼 근대 사회에서 쌍둥이처럼 발전한 무신론적 인본주의와 마르크스주의가 서로 공명하며 진화론의 저변을 확대하는 거짓 증거들을 생산해 내면서 진화론이 과학계의 주도권을 장악하게 되었다. 이들 이론이 학문 후속 세대를 포섭함에 따라 창조론의 패러다임은 무너지고, 진화론의 패러다임이 과학계의 주류 패러다임으로 자리 잡게 되었다.

그러나 무신론자들이 주장하는 과학적 방법론에는 큰 함정이 있음을 알아야 한다. 우주의 기원, 지구의 기원, 생명의 기원을 다루는 것은 과학이 아닌 형이상학에 해당하는 문제다. 과학적 방법론이란 직접 관찰하든지 실험실에서 같은 조건 아래에서 그 현상이 재현되는 것을 관찰함으로써 과학적 증명을 인정하는 것이다. 무신론자들이 주장하는 대폭발에 의한 우주와 지구의 탄생, 진화에 의한 생명 탄생의 기원론은 아이러니하게도 그들이 제시한 과학적 방법론으로는 관찰할 수도 재현할 수도 없는 가설 수준의 형이상학에 불과하며, 철학적으로는 논리 수준이 낮은 저급한 이론에 지나지 않는다.

네이드하르트(W. J. Neidhardt)[5]는 "모든 앎은 그 기반이 되는 믿음을 필요로 하며 믿음이 이성을 선행한다"고 주장하였다. 진화론이나 창조론 모두 믿음을 기반으로 해석되며 발전해 간다. 믿음의 근거를 불확실한 가설에 두느냐 혹은 하나님의 말씀에 두느냐의 차이인 것이다.

대부분의 과학자는 왜 이처럼 근거가 희박한 형이상학적 믿음의 진화론을 굳건하게 붙든 채 창조론을 적극적으로 배척하는가? 먼저는 중세 로마 가톨릭 교황청이 종교적 권위로 과학적 발견을 묵살했던 기억 때문에, 과학 영역의 주권을 지키기 위해서 성경이 가르치는 하나님의 창조를 의도적으로 배척한다는 관점이다. 또 산업 혁명을 통해 과학이 세상을 변화시킨다는 자신감을 얻은 과학자들이 영역 주권 수호를 넘어 모든 학문 분야를 지배하는 지위를 넘본다는 관점도 있다. 이를 위해 과학적 방법론이라는 자신들만의 무기를 사용하여 초자연을 논하는 신학이나 철학의 간섭을 배제하고, 과학 지식을 권력화하기 위해 진화론의 패러다임을 수호하고 있다는 것이다.

과학은 '어떻게'라는 방법적인 측면을 아주 중요하게 생각한다. 하지만 성경은 하나님이 어떻게 천지를 창조하셨고, 각 생물을 어떻게 "종류대로"(창 1:24) 창조하셨는지에 대해 설명하는 과학책이 아니다. 우리가 하나님이 천지 만물의 창조주이심을 믿는 근거는 "태초에 하나님이 천지를 창조하시니라"(창 1:1)라고 쓰인 성경 말씀에 있다. 신학이 하나님은 어떤 분이시며 인간은 어떤 존재인지를, 그래서 인간은 어떻게 살아야 하는지에 대한 것을 성경에서 찾아내는 학문이라면, 과학은 하나님이 창조하신 자연에서 창조의 원리와 자연의 법칙을 발견해 내는 학문이다. 두 학문 모두 하나님의 감동으로 기록된 성경을 연구하거나 하나님이 창조하신 자연을 탐구하여 각각에 내재된 계시를 찾고 해석해 내는 일을 한다. 따라서 신학과 과학은 하나님의 계시의 다른 측면을 각기 다른 관점으로 설명하는 것일 뿐 결코 서로 충돌할 수 없다.

이런 의미에서 신학은 과학자들이 주장하는 정체가 불분명한 형이상학, 즉 진화론에 빼앗긴 존재론과 기원론의 주도권을 되찾아 와야 한다. 그리하여 "길이요 진리요 생명"(요 14:6)이신 예수 그리스도를 믿는 믿음이야말로 과학 논리의 굳건한 기반임을 기독교 다음 세대에게 가르쳐야 한다. 또한 유일하신 하나님을 경외하는 것이 근거 없는 진화론에 휩쓸리지 않게 하는 지혜의 근본임을 가르쳐야 한다. 하나님의 창조를 믿는 신학으로 무장된 학문 후속 세대가 진화론의 패러다임을 무너뜨릴 그날을 기대한다.

二   15장을 마무리하며   二

1. 창조론과 진화론 둘 다 믿음을 필요로 한다.

+믿음으로 모든 세계가 하나님의 말씀으로 지어진 줄을 우리가 아나니 보이는 것은 나타난 것으로 말미암아 된 것이 아니니라_히 11:3

+태초에 하나님이 천지를 창조하시니라_창 1:1

2. 적용과 토론

+하나님의 창조를 믿는 기독교인으로서 진화론이 주장하는 기원론에 반
 박하는 질문을 해 본 적이 있는가? 어떤 질문을 해야 정곡을 찌를 수 있겠
 는가?

+돌, 모래, 물 같은 무기물이 오랜 시간이 지나면, 사람이 될 수 있다는 이론
 의 허황됨을 어떻게 무너뜨릴 수 있을까?

3. 기도

+창조주이시며 만물의 주관자이신 하나님 아버지를 진정으로 믿고 인정하
 는 믿음을 갖기 원합니다. 겸손히 하나님을 예배하고 순종하게 하옵소서.

이는 하나님을 알 만한 것이 그들 속에 보임이라

하나님께서 이를 그들에게 보이셨느니라

_롬 1:19

내 정신에는 오래된 한 가지 의견이 새겨져 있다.

즉 모든 것을 할 수 있고, 또 지금 내 모습대로 나

를 창조했을 신이 존재한다는 의견이다.

_르네 데카르트(René Descartes), 프랑스 철학자, 근대 철학의 아버지

1933년, 존 듀이를 비롯한 34명의 인본주의자들이 〈인본주의자 선언 I〉을 발표했다. 그들은 "우주는 그 자체로 존재할 뿐 창조되지 않았다"고 주장하며 유신론의 시대는 갔다고 선포했다. 그로부터 40년이 지난 1973년에 발표된 〈인본주의자 선언 II〉와 2000년에 개정된 〈인본주의자 선언 III〉에서도 "초자연의 존재를 믿기에는 증거가 불충분하다. 초자연은 인류의 생존과 완성에 어떤 의미도 없다. 유신론자가 아닌 우리는 신이 아닌 자연으로부터 출발한다"고 천명하며 존재론과 기원론에 관한 그들의 근거를 분명히 규정하였다. 그런 까닭에 무신론자들은 "신의 존재를 어떻게 알 수 있는가?"라는 질문 자체를 부정한다.

그렇다면 신의 존재를 긍정하는 유신론적 세계관에서는 신이 존재하는 것을 어떻게 알 수 있을까? 일신론을 바탕으로 한 각 종교는 그들의 경전이 있고, 그 경전에는 신의 존재 여부와 그것을 어떻게 알 수 있는지에 대한 설명이 있다. 신학은 그 경전을 연구하여 신이 존재함을 어떻게 알 수 있으며, 신의 특징은 무엇이고, 그 신이 우리 삶과 어떤 관계가 있는지 등의 질문에 대해 답을 찾아가는 학문이다.

세상에 많은 종교가 있지만, 신학이 발달한 종교는 그리 많지 않다. 범신론에 해당하는 불교와 힌두교, 그리고 그 가르침을 서구적으로 해석한 뉴에이지는 신에 대해 연구하는 신학이 필요 없다. 모든 것에 신성이 있다고 믿으며 심지어 자기 자신도 신이라고 믿을 정도로 다양한 신을 인정하므로 정형화된 신에 대한 신학은 의미가 없을 수밖에 없다. 이슬람은 일신론적 종교이나 '전능하신 알라'에 대해 깊이 알려고 하거나, 연구하여 구체화하려는 모든 노력을 신성모독으로 여기기 때문에 신학이 발달할 여지가 없다. 그저 최고 권위자인 무함마드가 해석한 것을 따를 뿐이다.

초월적인 신의 존재를 믿지 않는 뉴에이지는 모든 개인이 신이고 신은 모든 개인이므로 모든 것은 결국 하나라고 주장한다. 〈스타워즈〉 같은 뉴에이지 영화에서는 신을 에너지로 생각한다. 따라서 이들은 모든 종교는 궁극적으로 하나의 신을 경배하는 것이라 생각한다. 신을 믿는 자들은 궁극적으로 신이 있는 산의 정상을 향해 나아가는데, 정상은 하나이며 신도 동일하지만, 그곳으로 가는 데는 여러 경로가 있고 종교마다 각기 다른 경로를 설명하고 있다고 믿는 것이다. 따라서 뉴에이지는 절대 진리를 거부하며 '너도 옳고 나도 옳다'는 상대주의와 모든 종교는 나름의 진리를 가지고 있다는 종교 다원주의의 태도를 취한다.

이에 반해 유일신을 믿는 일신론은 절대 진리가 있으며 신에 이르는 길은 하나뿐이라고 주장한다. 일신론을 믿는 이슬람의 알라는 천지를 창조하고 인간을 창조했지만, 개개인의 삶에는 관여하지 않는다는 이신론적 특성을 보인다. 알라는 착한 천사와 악한 천사를 보내어 인간의 행위를 평가하고 기록하며 인간은 알라가 창조한 세상을 다스리는 권한을 받았으나 알라의 종으로서 자신의 역할을 다하여 복종할 뿐이다. 모든 인간은 죽을 때 알라 앞에 서게 되며 그 앞에서 자신의 행위에 대해 평가받고 해명해야 한다.

기독교는 구약 성경에 예언된 바 있으며 이 땅에 직접 오셨던 예수 그리스도와 성령에 의해 교회가 탄생하고 박해 속에 성장해 나가는 과정에서 일찌감치 신학이 발달하였다. 기독교 신학은 하나님이 계시(스스로를 드러내어 보여 주심)하셨기 때문에 우리가 하나님을 알 수 있다고 말한다.

하나님은 일반계시와 특별계시를 통해 스스로 계시하신다. 일반 계시는 자연 질서를 통해 인간에게 계시하시는 것을 가리킨다. 아름 답고 장엄한 자연의 경관을 통해, 자연을 연구하며 만나는 오묘한 원 리와 법칙을 통해, 태초에 우리 마음속에 심어 두신 양심을 통해 자 신의 존재를 분명히 알리셨으므로 불신자들조차도 하나님의 존재를 부정할 수 없다(참조, 롬 1:19-20). 그에 비해 특별계시는 성경 말씀을 통해 계시하시는 것을 가리킨다. 성경은 하나님이 모세를 비롯한 수 많은 선지자를 통해 계시하신 내용을 40여 명의 저자가 성령의 감동 으로 기록한 책이므로 성경을 통해 스스로 계시하시는 하나님을 구 체적으로 알 수 있다(딤후 3:16).

특별계시 중에서도 가장 특별한 계시는 이 땅에 직접 오신 예수 그리스도를 통한 것이다. 하나님이 사람의 육체로 오시어 우리와 함 께하신 사건이 바로 예수 그리스도의 성육신 사건이다. 그리스도께 서는 십자가 사건을 통해 "의인으로서 불의한 자를 대신"(벧전 3:18)하 심으로써 구속의 복음을 나타내셨으며 사랑과 공의의 하나님을 구체 적으로 드러내셨다. 기독교가 세상의 다른 종교들과 다른 것은 누구 도 생각해 낼 수 없는 유일무이한 구원의 길을 설득력 있게 제시하기 때문이다.

기독교의 하나님은 유일신이지만, 성부, 성자, 성령의 세 위격으로 나타나신다. 인간과 거리를 두는 이슬람의 알라와 달리 하나님은 인 간에게 모습을 드러내시고, 인간과 약속을 맺으시며 인간의 삶에 개 입하신다. 심지어 인간을 위해 죽으실 정도로 인간을 사랑하시며, 인 간 안에 내주하여 동행하시는 인격적인 하나님이다. "세상을 이처럼 사랑하사 독생자를"(요 3:16) 주신 하나님은 타락한 인류와 자신 사이에 인격적인 관계를 허용하셨다.

기독교 신학의 중심에는 예수 그리스도가 있다. 구원은 예수 그리스도라는 복음을 믿음으로써 얻을 수 있다. 무신론자나 타 종교인은 예수 그리스도만이 구원의 유일한 길이라고 믿는 기독교인을 독선적이라며 비난하지만, 예수 그리스도를 모르기 때문에 하는 소리다. 그리스도를 소개하는 것이 전도이고, 그리스도를 지켜 내는 것이 기독교 변증이다.

二　　16장을 마무리하며　　二

1. 하나님을 어떻게 알 수 있는가

+특별계시: 모든 성경은 하나님의 감동으로 된 것으로_딤후 3:16a

+일반계시: 이는 하나님을 알 만한 것이 그들 속에 보임이라 하나님께서 이를 그들에게 보이셨느니라 창세로부터 그의 보이지 아니하는 것들 곧 그의 영원하신 능력과 신성이 그가 만드신 만물에 분명히 보여 알려졌나니 그러므로 그들이 핑계하지 못할지니라_롬 1:19-20

+예수 그리스도: 너희가 나를 알았더라면 내 아버지도 알았으리로다 이제부터는 너희가 그를 알았고 또 보았느니라_요 14:7

2. 적용과 토론

+신의 존재를 믿지 않는 사람들에게 예수 그리스도를 전할 기회가 주어질 때, 말할 것을 준비하자.

+기독교가 편협하다고 주장하는 사람들에게 어떻게 기독교를 변호할 것

인가?

3. 기도

+하나님 아버지, 이 땅에 친히 오신 예수 그리스도를 통하여 사랑과 공의의
하나님을 구체적으로 드러내어 알게 하시고, 구속의 복음을 약속하신 십자
가 사건을 통해 구원의 길을 열어주심에 감사드립니다.

주 하나님이 이르시되 나는 알파와 오메가라

이제도 있고 전에도 있었고 장차 올 자요

전능한 자라 하시더라

_계 1:8

설명될 수 없는 신이나 위험을 만들어 내는 신의

자리를 과학으로 대체하자.

_리처드 도킨스, 영국의 공격적 무신론자

세상의 많은 세계관을 살펴볼 때 기독교 세계관이 아닌 다른 세계관들도 신학을 가지고 있음을 알 수 있다. 뉴에이지나 이슬람은 직접 신을 언급하고 있기 때문에 나름의 신학이 있는 것을 쉽게 알 수 있다. 그렇다면 세속적 인본주의나 마르크스주의 같은 세계관에도 신학이 있는가? 존재론과 기원론과 인식론을 다루다 보면, 모든 세계관에 종교적 선언이 있음을 알게 된다. 기독교와 이슬람은 "태초에 신이 계셨다"고 선언한다. 인본주의, 공산주의, 포스트모더니즘 등은 "태초에 신이 없었다"고 주장하며, 뉴에이지는 "모든 것이 신"이라고 선언한다.

마르크스주의의 관점은 그 외의 몇 가지 요소로 인해 종교적이라 할 수 있다. 마르크스가 주장한 변증법적 유물론은 사물에 신의 속성을 부여한다. 구스타프 베터(Gustav Wetter)는 그의 저서 《변증법적 유물론》에서 다음과 같은 사실을 인정한다.

"마르크스의 변증법적 유물론에서는 지극히 높은 존재를 부인하지 않는다. 세상은 지속적으로 발전하는 과정에 있는데, 그 과정은 무한을 향해 나아간다. 따라서 유물론에서 물질에 가해지는 무한한 변증법적 변화는 물질에 정신적인 속성뿐 아니라 신성마저 부여할 수 있게 된다."

인본주의자 버트런드 러셀(Bertrand Russell)도 마르크스주의의 종교성을 인정하였다.

"우리 시대의 가장 큰 위협은 공산주의라는 새로운 종교로부터 온다. 이들의 삶의 방식은 자신들의 교리(이념)에 근거하고 있고, 자신들의 신적 역사(변증법적 유물론)와 메시아(마르크스), 그리고 사제(공산당원)를 갖추었다. 어떤 교리를 종교로 인정하는 데 그 이상 더 필요하디고는 어기지 않는다."

이들은 독재자처럼 자신들의 이념에 어긋나는 모든 세계관에 대해 적대적인 태도를 취하는데 그중에서도 기독교를 가장 싫어하며 핍박한다. 공산주의의 설계자인 마르크스는 종교(기독교)에 대해 "억압받는 피조물들의 한숨이며, 무자비한 세상의 본질이며, 영혼 없는 상황의 핵심이다. 종교는 인민의 아편이다. 인민에게 환상의 행복(종교)을 폐지해야, 진정한 행복(프롤레타리아 혁명)을 향해 나아갈 것이다"라고 주장했다.

레닌은 마르크스의 이념을 현실에서 실행하여 프롤레타리아 혁명으로 제정 러시아를 무너뜨리고, 공산주의 소비에트 연합(소련)을 설립했다. 레닌은 "하나님이라는 개념은 노동자들이 신화 속에 나오는 천국이라는 '영적 독주'에 취해 당면한 경제적인 가난을 잊게 만든다. 이 독한 술 한 모금만으로도 압제자인 부르주아를 쳐부수려는 혁명적 열의가 낮아진다"고 주장했다. 그의 신학은 한마디로 독단적 무신론이다. 신은 어떤 존재이든 간에 존재하지 않으며, 존재할 수 없고 존재하지도 말아야 한다는 것이 그의 생각이다.

레닌의 뒤를 이어 정권을 잡은 스탈린(Stalin)이나 흐루쇼프(Khrushchyov) 역시 "종교라는 아편의 마술적 능력을 제거하기 위해 할 수 있는 모든 것을 다하고 있다"고 공언했다. 그들은 성직자란 '부르주아의 종'이라고 선언하였다. 교회의 모든 재산은 몰수당했고, 믿음을 지키던 성직자와 신도들이 투옥되거나 사형당했다. 살아남은 자들에게는 배급표가 주어지지 않았고, 그 자녀들의 교육 기회는 박탈당했다.

한때 마르크스주의 이론에서 무신론적인 주장을 약화시키려는 노력이 부분적으로나마 행해진 적이 있었다. 순진한 기독교인이나 다른 종교인들을 해방신학 운동과 같은 친공산주의 활동에 참여시키기 위해서다. 그래서 마르크스주의자들은 '과학적 무신론'이라는 용어를 선호한다. 신을 직접 공격하기보다는 과학을 앞세워 초자연적인 신을 의심하게 만드는 방법을 사용한다. 공산주의 강령이 과학적이며 유물론에 기초를 두고 있음을 선전하고, 무신론적 문화를 확산시키고 있다. 그런데 일부 기독교 단체들은 기독교와 마르크스주의를 혼합시키는 그들의 꼬임에 말려들고 있다. 기독교 좌파로 알려진 일부는 마르크스주의의 특정 신조를 지지한다고 선언했다. 그들 중 어떤 이들은 마르크스를 아모스 선지자에 비교하였다. 또 메리놀 외방전교회 사제들, 해방신학자들, 예수회 수도자들, 자유주의 신학자들이 사회주의 편에서 그들과 협조한 바 있다. 그들 중 대부분은 그들의 통일 전선 전술에 말려들어 이용만 당한 후 제거되었다.

게오르크 루카치(Georg Lukacs)와 안토니오 그람시 등에 의해 주장된 문화 패권, 특히 성 문화 주도를 통한 혁명 이론은 프랑크푸르트학파에 의해 계승되었다. 이 마르크스주의 두뇌 집단은 미국과 유럽에서 상당 기간 큰 영향력을 행사했다. 이들은 초기 마르크스주의 운동의 실패를 비판하며 기독교의 핵심 가치인 성-생명-가정의 윤리를 깨뜨려야 한다고 주장했다. 이를 통해 가정, 교회, 국가의 근본을 뒤흔들 때, 공산주의 혁명이 성공할 수 있다는 투쟁 방향을 제시한 것이다.

성 문화 혁명의 중심 사상은 젠더 이데올로기로 요약될 수 있는데, 개인의 성 정체성을 결정할 권리가 그 자신에게 있다는 주장이다. 이는 신학적으로 하나님이 정해 주신 성을 인간이 스스로 선택하거나 바꿀 수 있다고 생각하는 도발이다. 난자와 정자가 만나 수정되는 순간, XX든 XY든 성염색체의 조합에 의해 결정되는 남녀 성을 인간이 마음대로 바꿀 수 있다거나, 양성 이외의 다른 성을 선택할 수 있다는 생각은 과학에 대한 도전이기도 하다. 무신론이라는 신학에 근거하여 기독교 신학을 무너뜨리려는 것이 젠더 이데올로기인 것이다.

오늘날 전 세계적으로 기독교 무신론을 지지하는 사람들이 늘어나고 있다. 이들은 기독교의 윤리 기준과 예수 그리스도의 가르침을 인정하지만, 하나님의 존재와 그분이 우리 삶에 개입하고 동행하시는 것은 믿지 않는다. 이런 현상은 우리나라에서도 찾아볼 수 있다. 무신론적 학교 교육과 젠더 이데올로기를 통해 세뇌된 우리 자녀들이 기독교 무신론으로 넘어가고 있다. 우리가 자녀와 대화를 하지 않는 동안, 자녀들은 학교를 통해 무신론에 세뇌당하며 동성애 포용과 젠더 선택은 인권의 문제라고 배우고 있다.

그러므로 우리는 자녀의 학교 교육 내용을 면밀히 검토하고, 조금이라도 문제가 있는 부분에 대해서는 적극적으로 의사를 표명해야 한다. 침묵함으로써 놓쳐 버렸던 교육의 방향을 정상화하는 것이 시급한 때다.

1. 하나님의 존재와 개입과 동행

+주 하나님이 이르시되 나는 알파와 오메가라 이제도 있고 전에도 있었고 장
차 올 자요 전능한 자라 하시더라_계 1:8

+보라 처녀가 잉태하여 아들을 낳을 것이요 그의 이름은 임마누엘이라 하리
라 하셨으니 이를 번역한즉 하나님이 우리와 함께 계시다 함이라_마 1:23

+내가 너희에게 분부한 모든 것을 가르쳐 지키게 하라 볼지어다 내가 세상
끝날까지 너희와 항상 함께 있으리라 하시니라_마 28:20

2. 적용과 토론

+내 주변에 기독교 무신론자는 없는지 대화를 통해 진단해 보자.

+리처드 도킨스의 저서 《신, 만들어진 위험》의 원제는 《Outgrowing God》이
다. '너무 커 버린 신'의 존재를 인간이 과학으로 뛰어넘어야 한다는 의미
다. 도킨스의 의도와 목적을 파악해 보라.

3. 기도

+하나님 아버지, 기독교의 윤리 기준과 예수 그리스도의 가르침은 인정하지
만, 하나님의 존재와 우리 삶에 개입하심이나 동행하심을 믿지 않는 어리
석고 가증한 거짓 사상에서 우리 자녀들을 지켜 주옵소서.

누가 철학과 헛된 속임수로 너희를 사로잡을까 주
의하라 이것은 사람의 전통과 세상의 초등 학문을
따름이요 그리스도를 따름이 아니니라

_골 2:8

인식론은 철학의 일부분으로 인식, 지식의 기원,
구조, 범위, 방법 등을 탐구하는 학문이다.

_〈두산백과〉

철학이란 지식의 근원과 지식을 추구하는 방법을 연구하는 학문이다. 오랜 역사를 통해 사람들은 자연과 물질적인 부분에 대해서는 나름의 방법론으로, 비물질적이며 초자연적인 부분에 대해서는 또 다른 방법론으로 지적 탐구를 계속해 왔다. 근대에 접어들어 과학이 발달하면서 자연과 그것을 구성하는 물질에 대해 과학자들이 탐구의 방법론에 대한 주도권을 장악하게 되었다. 이를 근거로 철학자들은 초자연에 대한 지식에까지 과학적 방법론을 적용하여 초자연을 부정하는 자세를 취한다.

사람들은 대개 과학자들의 종교 비판을 이성적이고 논리적인 것으로 생각하는 경향이 있다. 그러나 미국의 분석 철학자 앨빈 플랜팅가(Alvin Plantinga)는 "기독교 믿음의 반대자이든 옹호자이든 모두 그들 견해의 기반을 '증명'할 수는 없다"고 말한다.[6] 우주 혹은 신의 존재나 그 기원에 대해 유신론자와 무신론자는 서로 다른 기반 위에 서 있으므로 상대방 견해의 기반에 대해 비난하지만, 서로를 납득시킬 수 없음을 알고 있다. 따라서 기독교의 믿음이 굳이 맹목적이라고 폄하될 이유가 없으며, 기독교를 반대하는 논리가 반드시 이성적이지도 않음을 알아야 한다.

사실, 기독교는 이성적 믿음을 요구한다. 하나님은 "오라 우리가 서로 변론하자"(사 1:18)고 말씀하신다. 즉 누구의 주장이 맞는지 서로 논리적으로 따져 보자는 말씀이다. 성경을 읽어 보지도 않고, 하나님은 없다고 주장하는 맹목적 무신론이나, 성경책은 덮어 둔 채로 하나님을 믿는다고 말하는 맹목적 믿음 모두를 삼가라는 것이다. 전도할 때도 그들의 질문이나 반문에 대해 대답할 내용을 항상 예비하여 "온유와 두려움으로"(벧전 3:15) 설득할 것을 요구한다.

사도 바울은 "누가 철학과 헛된 속임수로 너희를 사로잡을까 주의하라"(골 2:8)고 충고했다. 여기서 언급된 "철학"은 '사람의 전통과 세상의 초등 학문을 따르면서 그리스도는 모르는 철학'을 가리킨다. 임마누엘 칸트 이후 인간의 이성만을 강조하는 근대 철학이 이에 해당한다. 그러나 그들의 주장이 일리는 있을지라도 결코 진리가 될 수 없음을 명심해야 한다.

프랜시스 베이컨(Francis Bacon)의 말처럼 "가벼운 철학은 인간의 정신을 무신론으로 기울게 하나, 깊이 있는 철학은 인간의 정신을 종교로 향하게 한다."[7] 기독교 철학은 지난 2,000년 동안 끊임없는 비판에 대응해 옴으로써 깊이 있는 고찰을 거친 논리적인 철학의 모범이다. 기독교 세계관은 절대자이신 창조주 하나님의 존재를 믿는 것에서 시작하고, 그분이 피조물 개개인에게 의미 있고 목적이 있는 삶을 선물로 주셨음을 믿는 믿음으로 뼈대가 잡힌다. 이런 철학에 기반한 사람의 삶은 일관성, 합리성, 진실성을 가지면서, 세속주의에 흔들리지 않는 굳건한 세계관을 형성한다.

철학의 인식론은 어떤 대상에 대해 "그 대상의 본질에 대해 어떻게 알 수 있는가?"라는 질문에 답하려는 노력이다. 초자연의 존재에 대한 믿음 유무에 따라 신을 알려고 하는 노력을 시작하기도 하고(유신론), 그런 노력을 포기하기도 한다(무신론). 초자연의 존재를 믿고, 그 믿음을 따라 간 사람과 보이지 않는 세계를 알아가기를 포기한 사람의 차이는 인생을 살아갈수록 더 큰 인식 능력의 차이를 드러낼 것이 분명하다.

한편, "자연 혹은 물질에 대한 지식이 어떻게 가능한가?"라는 질문에 대해서는 모든 세계관이 나름의 답을 내놓을 수 있다. 유신론과 무신론 모두에서 자연 혹은 물질의 존재를 인정하기 때문인데, 이를 통해 각 세계관의 차이를 명확히 비교할 수 있다.

기독교에서는 창조주가 인간에게 인식할 수 있는 능력을 주었으므로 알 수 있다고 말한다. 이것은 "초월적 존재인 신이 있다는 것을 어떻게 알 수 있는가?"에 대한 대답과 동일하다. 하나님이 알려 주셨기 때문에 알 수 있으며, 특히 하나님이 창조하신 자연에 하나님의 질서가 존재할 것을 가정하기 때문에 논리적이고 과학적인 연구가 가능하다고 주장한다.

범신론인 뉴에이지에서는 개인(아트만)이 자연에 대해 명확한 지식을 가질 수 없지만, 자신이 고등한 자아(신 혹은 브라만)와 하나인 것을 깨달을 때, 모든 것을 즉시 알 수 있다고 믿는다. 마치 전기 기구를 전원 콘센트에 플러그인(plug-in)할 때 작동하는 것처럼 깨달음만이 지식으로 가는 유일한 길이라는 것이다. 뉴에이지에서 인식은 실재(reality)를 이해하고 설명하기 위함이 아니라 깨달음에 이르는 도구일 뿐이다.

인본주의는 초자연을 부정한 채 자연주의에만 매달린다. 그래서 과학이 모든 인식의 방법론이 된다고 믿는다. 그들에게는 물리적 우주가 존재하는 모든 것이며, 진화의 결과로 인간에 이르러서야 정신과 이성이 생겨났고, 그 이성을 사용하여 앎이 가능하다고 믿는다. 공산주의 역시 유물론적 자연주의의 관점을 가지고 있다. 이들 모두 과학만이 진리로 접근하는 유일한 길이라 믿으며, 변증법적 유물론이 모든 것의 답을 내포하고 있다고 주장한다.

반면에 포스트모더니즘은 모더니즘 시대의 세계관(인본주의와 공산주의)이 이성 중심, 과학 중심, 논리 중심의 고정된 틀 속에서 개인의 자유로운 생각을 지나치게 억압한다고 생각한 언어학자와 철학자들을 중심으로 개인의 자유를 최대한 확장하기 위해 취해진 행동 양식이다. 포스트모더니즘은 절대 진리를 부정하며 주관적 진리를 주장하고,[8] 메타내러티브가 없기 때문에 세계관이 아니라고 스스로 주장한다. 자기에게 유리한 대로 제멋대로 우기는 포스트모더니즘의 주장은 기독교와 유신론뿐 아니라 다른 무신론에 대해서도 똑같이 파괴적이다.

이처럼 유신론과 무신론에 기반한 세계관들은 물질과 자연을 인식하는 방법론에서 차이를 보이는데, 각기 관점이 판이하게 다르다. 그러므로 기독교 지도자들은 우리 시대의 충돌하는 다른 세계관들을 분별할 수 있어야 한다. 시대를 읽고, 그 시대를 주도하는 이념들의 도전에 맞서 기독교 신학과 철학의 논리성과 타당성을 변호하는 일에 헌신해야 한다. 세상은 지속적인 변화 속에 있으며 그것을 주도하는 이념들도 계속 변화하기에, 이는 끝없는 열심을 요구하는 힘든 작업이다. 말씀과 기도로 늘 깨어서 주님의 인도하심과 도우심을 구해야 한다. 선한 일을 시작하신 하나님이 예수 그리스도께서 재림하시는 그날까지 이 일을 완성해 가실 것이다.

二　　　　　18장을 마무리하며　　　　　二

1. 기독교는 이성적 믿음을 요구한다.

　+여호와께서 말씀하시되 오라 우리가 서로 변론하자_사 1:18a

　+누가 철학과 헛된 속임수로 너희를 사로잡을까 주의하라 이것은 사람의 전

통과 세상의 초등 학문을 따름이요 그리스도를 따름이 아니니라_골 2:8

2. 적용과 토론

+초자연적인 존재를 인정하고, 그에 대해 알고자 하는 노력이 내 삶에 어떤
유익이 되었는가?

+자연 혹은 물질에 대한 지식은 어떻게 얻는가?

3. 기도

+하나님 아버지, "철학과 헛된 속임수로"(골 2:8) 사로잡으려 하는 자가 어디
에나 있음을 알게 하옵소서. 말씀에 귀를 기울이고 예수 그리스도를 따름
으로써 진리 안에서 자유롭게 하옵소서.

철학 2: 철학과 과학

믿음은 바라는 것들의 실상이요 보이지 않는 것들
의 증거니 선진들이 이로써 증거를 얻었느니라

_히 11:1-2

당신이 얻으려는 해답은 당신의 질문에 달려 있다.

_토마스 쿤(Thomas Kuhn), 미국의 과학 철학자

신학과 철학은 존재의 근본과 기원에 대한 지식에서 시작한다. 즉 존재론과 기원론, 인식론에서부터 출발하는 것이다. 이것이 모든 앎의 바탕이 되며, 그 외의 모든 지식은 이 토대 위에 구축된다. 우리는 신의 존재와 기원에 대해 논의하면서, 과학적 방법론이 접근할 수 없는 한계를 발견한 바 있다. 진화론은 '신이 존재하지 않음'을 믿음으로써 시작되었고, 창조론은 '신이 존재함'을 믿음으로써 시작되었다. 지식의 근본이 되는 형이상학적 토대를 과학적 방법론으로는 증명할 수 없기 때문에 모든 지식은 어떤 믿음을 근거로 발전한다.

현대 과학은 세상을 기독교적인 관점에서 바라본 사람들에 의해 그 학문적 체계가 만들어졌다. 프란시스 쉐퍼(Francis Schaeffer)는 "세상이 합리적인 신에 의해 창조되었다는 관점이 있었기 때문에, 과학자들은 관찰자로서 자신과 관찰의 대상 사이에 연관성을 생각하게 되었다. 이런 기반이 없었다면, 현대 서양 과학은 탄생하지 못했을 것"[9]이라고 주장한다.

진화론은 모든 것의 기원에 무수히 많은 다양한 우연을 가정하고 있다. 우연한 대폭발로 우주가 탄생하여 지금과 같이 아름답고 균형 잡히고 질서정연한 우주가 형성되었다는 것이다. 또 무기물로부터 유기물의 탄생, 유기물로부터 단세포 생명체의 탄생, 단세포 생명체로부터 다세포 생명체로의 전환, 그리고 아주 다양한 생명체로의 종 분화 같은 모든 과정이 끝없는 우연의 연속으로 일어난 것으로 가정한다. 하지만 철학적인 관점에서 볼 때, 이것들이 모두 우연에 의해 일어났다고 가정하는 것은 잡동사니로 가득한 고물상이 폭발해서 우연히 우주 왕복선이 만들어질 수 있다고 주장하는 것과 다를 바 없다.

'틈새의 신'(God of the gaps)이라는 개념이 있다. 고대에는 일식, 번개, 우박, 무지개 같은 자연 현상도 신의 섭리로 해석했지만, 현대에 와서는 과학으로 설명될 수 있는 영역이 늘어났다. 이에 신은 계속 밀려나서 지속적으로 후퇴하여 과학이 밝히지 못한 미지의 틈새 영역에만 머물러 있다는 개념이다. 물리학자 리처드 부브(Richard Bube)는 "과학의 발전 때문에 틈새의 신의 입지가 점점 좁아지는 것이 현대의 신앙적 위기를 일으키는 중요한 요소"라고 주장한다. 그러나 디트리히 본회퍼(Dietrich Bonhoeffer)는 "우리는 틈새가 아닌 천지 만물의 모든 현상 가운데서 하나님을 발견할 수 있다"고 말하며 하나님이 천지 만물의 주재이심을 주장했다. 틈새의 신 개념은 자연주의/유물론자들이 가진 인식론의 근본적 문제점을 명확히 드러낸다. 그런데도 과학자들의 주장이 성경의 가르침에 충돌하는 것처럼 보이자 많은 신학자, 목회자, 철학자 등이 백기를 들고 항복하기 시작했다. 이것이 기독교가 직면한 문제다.

고대에는 모든 지적 활동과 그 활동의 방법론이 철학의 이름 아래 행해졌다. 아리스토텔레스(Aristoteles)를 비롯한 그리스 철학자들은 자연과 초자연에 대해 통합적으로 공부하였다. 물론, 그런 학문 활동을 위한 논리, 언어, 심리와 같은 방법론도 포함된다. 근대에 와서 과학의 발달로 자연과 초자연에 대한 지식의 양적 증가와 연구 방법의 분화로 인해 한 사람이 모든 것을 공부하는 것이 불가능해짐에 따라 학문의 분화가 일어났다.

철학자 J. P. 모어랜드(J. P. Moreland)는 두 가지 이유로 과학적 주장을 위해서는 철학이 반드시 필요하다고 주장한다.[10] 첫째, 철학의 자율성이다. 철학의 대상이 되어 왔던 자연과 초자연 중에서 과학이 물질과 자연에 대한 부분에 집중한다면, 초자연과 연관되는 부분은 철학만의 영역이다. 이 부문은 과학의 간섭 없이 철학이 자율성을 보일 부분이다. 예를 들면, "의식과 영혼의 본성은 무엇이며 존재하는가?"라는 질문은 과학적 방법론 밖의 영역이고, 과학은 탐구를 포기하였지만, 철학은 연구를 지속해 온 영역이다. 즉 "의식과 영혼은 존재하는가?", "자신의 정신과 타인의 정신에 대해 어떻게 알 수 있는가?"와 같은 질문은 온전히 철학의 영역이지만, 과학자들도 대답을 시도하고 있다. 그리고 "진화론이 과학인가?" 혹은 "지적 설계가 과학인가?"처럼 과학의 본질에 대한 질문은 과학자들이 할 수 있는 대답이 아니다. 이들 질문은 "순수한 자연주의적 방법론만을 사용해야 과학인가?"라는 철학적 질문으로 귀결되는데, 이런 부분은 과학 철학자나 역사학자가 담당해야 할 몫이다. 따라서 이런 분야에 대해서는 철학이 과학에 대해 자율성을 가진다고 할 수 있다.

둘째, 철학과 과학이 함께 탐구하는 영역에서는 철학의 권위가 더 높다. 과학적이고 철학적인 중요한 문제들에 대해 함께 답을 제시한다고 할 때, 과학이 자신의 원리에 따라 제시할 수 있는 근거가 철학이 자신의 원리에 따라 제시할 수 있는 근거만큼 강한 경우가 드물다. 즉 과학과 철학의 답이 서로 충돌한다면, 대개 철학의 권위가 더 강하다고 말할 수 있다.[11] 예를 들면, '시간의 본성에 대한 논쟁'이나 '관찰될 수 없는 이론적 대상들의 존재 여부에 대한 논쟁' 또는 '생명의 기원에 대한 논쟁' 같은 것들이 그 예다. 스티븐 호킹(Stephen Hawking)은 《시간의 역사》에서 우주의 시작을 설명할 때, "비경계" 모형을 전개하여 허수의 시간을 사용하면서 우주론적 시작점을 회피한다. 이것은 스스로 도구주의자이며 반실재론자임을 인정하는 것이다. 도구주의나 바실재론 같은 개념은 과학이 아닌 철학의 개념들이라 기초 이론을 철학에 의존할 수밖에 없다.

그러므로 J. P. 모어랜드는 전통적 기독교를 방어하는 논리 제시를 위해 철학자와 신학자와 과학자가 함께 작업할 것을 제안한다. 이를 방어할 수 있는 학자의 집단은 그 수가 결코 적지 않음에도 불구하고, 각자 지식의 한계 속에서 공격적 무신론의 집중포화에 절망하고 있다. 세속적 무신론의 실체는 거짓을 근거로 거짓 이념을 만들어 내어 사람들을 미혹시키는 데 있다. 이에 대항할 영적 전쟁에 힘을 합칠 각 분야의 전문가들이 일어나 뭉쳐야 한다.

> 우리의 싸우는 무기는 육신에 속한 것이 아니요 오직 어떤 견고한 진도 무너뜨리는 하나님의 능력이라 모든 이론을 무너뜨리며 하나님 아는 것을 대적하여 높아진 것을 다 무너뜨리고 모든 생각을 사로잡아 그리스도에게 복종하게 하니_고후 10:4-5

二 　　 19장을 마무리하며 　　 二

1. 어떤 하나님을 믿는가?

　+믿음은 바라는 것들의 실상이요 보이지 않는 것들의 증거니 선진들이 이로써 증거를 얻었느니라_히 11:1-2

　+천지의 주재이신 하나님 : 우주와 그 가운데 있는 만물을 지으신 하나님께서는 천지의 주재시니 손으로 지은 전에 계시지 아니하시고_행 17:24

+틈새의 신(God of the gaps): 신의 섭리로 해석되었던 것이 현대에 와서는 과학으로 설명될 수 있는 영역으로 확장되었다. 이에 신은 계속 밀려나서 지속적으로 후퇴하여 과학이 밝히지 못한 미지의 틈새 영역에만 머물게 되었다는 개념이다.

2. 토론과 적용

+이 시대의 영적 전쟁을 위해 힘을 합칠 때, 내가 참여할 분야와 나의 준비된 무기는 무엇인가?

+'틈새의 신'이라는 개념에 대해 나는 어떻게 반박할 수 있는가?

3. 기도

+하나님 아버지, "믿음은 바라는 것들의 실상이요 보이지 않는 것들의 증거"(히 11:1)입니다. 전통적 기독교를 방어하는 논리 제시를 위해 철학자와 신학자와 과학자가 함께 작업하도록 이끌어 주옵소서.

이는 그들이 하나님의 진리를 거짓 것으로 바꾸어
피조물을 조물주보다 더 경배하고 섬김이라 주는
곧 영원히 찬송할 이시로다 아멘

_롬 1:25

기독교인은 적대자들에게 감사해야 한다. 도발은
실로 고통스럽지만, 진지한 찬성보다 더 유익하기
때문이다.

_카를 야스퍼스(Karl Jaspers), 독일의 실존 철학자

진리란 존재자의 발견이다.

_마르틴 하이데거(Martin Heidegger), 독일의 실존 철학자

철학은 진리가 무엇이며 그것을 어떻게 얻을 수 있는가를 연구하는 학문이다. 학교의 기능은 진리의 탐구에 있다고 이야기한다. 많은 대학의 교훈이나 건립 이념에 '진리'라는 단어가 포함되어 있는 것도 그런 이유에서일 것이다. 그렇다면 진리란 무엇인가? 세속 학문과 각 세계관이 말하는 진리의 정의를 비교해 봄으로써 각 세계관의 차이를 비교할 수 있겠다.

진리를 정의할 때는 넓은 의미의 진리와 좁은 의미의 진리로 나눌 수 있다. 넓은 의미의 진리는 어떤 명제가 옳으면, 참 혹은 진리, 옳지 않으면 거짓 혹은 비진리라고 구분할 때의 진리다. 학교 시험에서 "다음 문장 중 옳은 것은 T(true), 옳지 않은 것은 F(false)를 표시하라"와 같이 진위를 가리는 문제의 답을 고르는 것과 같다. "현재 대한민국의 수도는 서울이다"라는 명제는 넓은 의미의 참이라고 할 수 있다.

반면에 좁은 의미의 진리는 단순히 참일 뿐만 아니라, 보편적이고 절대적이며 영원토록 참인 동시에 어떤 중대한 의미를 담고 있는 명제를 뜻한다. 그런 면에서 "현재 대한민국의 수도는 서울이다"라는 명제는 참이라고 할 수 있지만, "과연 영원히 참인가?" 혹은 "중대한 의미를 함유하는가?"라는 측면에서 좁은 의미의 진리에 포함되기는 어렵다. 각 종교나 세계관이 말하는 진리는 이 범주에 속해야 할 것이다. 좁은 의미의 진리를 대하는 태도에 따라 절대적인 진리가 있다고 인정하는 절대주의, 절대적인 진리를 부정하는 상대주의, 절대적인 진리가 있는지 없는지 모르겠다고 하는 불가지론으로 나눌 수 있다. 세계관마다 좁은 의미 혹은 진정한 의미의 진리를 대하는 태도는 확연히 다르다.

일신론의 종교에서는 절대 주권을 가진 하나님을 믿기 때문에 모든 지식의 근원이나 믿음의 근원이 한 분 하나님으로 수렴된다. 절대자를 믿으며 그로부터 나오는 절대적인 가치인 절대 진리를 인정하는 것이다. 반면에 다신론의 종교에서는 다양한 신들 사이의 절대성을 비교하기가 힘들기 때문에 절대적인 진리를 인정하기 힘들다. 범신론에 이르면 세상의 모든 것이 신적인 존재이기 때문에 진리의 절대성은 더욱 약해진다. 불교나 뉴에이지에서 상대주의를 택하는 것은 이런 범신론적 세계관 때문이다.

무신론의 세계관에서는 절대자인 신의 존재를 부정함으로써 절대 진리를 주장하기 힘들다. 인본주의는 이성을 가진 인간이 신의 자리를 차지할 수 있다고 생각한다. 그리고 인간의 집단 이성이 합의를 통해 절대 진리와 비슷한 것을 세우려는 시도를 한 적이 있다. 마르크스주의자는 프롤레타리아 계급의 필요성을 채우는 것이 진리라고 주장한다. 그러나 다양한 인간들 사이에서 진리에 대한 합의가 불가능하다는 것과 어떤 것을 절대화하기 위해서는 파시즘이나 공산당의 수용소와 같은 독재와 강요가 불가피함을 경험하게 되었다. 포스트모더니즘은 이러한 경험을 한 인본주의자와 마르크스주의자들이 개인의 자유를 최대한 보장하기 위해 고안한 세계관으로 진리에 대해 극단적 상대주의의 태도를 취한다.

우리의 근대적인 공교육에 영향을 미친 일본과 미국의 공교육은 진리를 추구하는 것과는 거리가 멀다. 일본의 공교육은 메이지 유신(明治維新) 이래 국가에 충성하고 천황에게 충성할 것을 교육하는 '황국 신민 교육'이라고 할 수 있다. 미국의 공교육 역시 1930년대부터 존 듀이와 같은 인본주의 교육 철학자들의 주도로 국가 유지에 필요한 국민을 양성하는 데 초점을 맞추어 왔다. 일본과 미국의 영향을 받은 우리 공교육 역시 나라에 충성하는 국민 교육과 자기 정파의 지지 기반을 확대하기 위한 이념 교육이 목표이지 진리의 추구와는 거리가 있다.

이런 이유로 우리가 공교육을 통해서 배우는 것은 국가에 필요한 국민, 직업인 혹은 전문가가 되기 위한 상식과 정보에 불과하다. 이는 사회를 살아가고, 직업을 얻는 데 도움은 되겠지만 진리에 이르는 길을 찾는 것과는 거리가 멀다. 즉 학교에서 배우는 내용의 대부분은 부분적으로 이치에 닿는 일리(一理) 있는 정보들에 불과하다.

그러므로 처음 접하는 정보를 나의 세계관에 편입시키기 전에 그것을 평가하는 노력이 필요하다. 먼저, 그 정보에 대해 찬성과 반대의 주장을 충분히 비교 검토하여 정보를 지식의 수준으로 끌어올릴 수 있어야 한다. 또 그 지식이 진리의 지위를 획득하려면, 성경의 통전적 메시지에 어긋나지 않아야 할 것이다. 기독교 세계관의 틀은 이런 검증 과정을 충분히 거친 진리로만 구성되어야 한다.

우리는 학교에서 세속 학문을 공부하면서 '진리를 탐구한다'고 말한다. 이런 이유로 존경받는 선생님의 말이나 위인이나 대학자 등 권위자의 가르침을 진리로 너무 쉽게 받아들이는 경향이 있다. 그 때문에 유명인이 하는 말이나 SNS에서 떠도는 말까지 진리로 쉽게 받아들이게 된다. 거기에는 넓은 의미와 좁은 의미의 진리를 구분하지 못하는 것도 한몫하는 것 같다.

예수님은 "내가 곧 길이요 진리요 생명이니 나로 말미암지 않고는 아버지께로 올 자가 없느니라"(요 14:6)라고 말씀하심으로써 자신이 하나님 아버지와의 관계를 회복할 수 있는 유일한 진리이자 영원한 생명의 구원에 이르는 유일한 길임을 선언하셨다. 기독교에서 정의

하는 진리는 정보나 지식의 수준이 아닌 우리 존재의 목적과 삶의 방향을 명확하게 제시하는 삼위일체 하나님으로부터 오는 것이다. 눈앞의 예수님을 보면서도 "진리가 무엇이냐"(요 18:38)고 반문했던 빌라도처럼 되지 않으려면, 진리를 향한 눈을 항상 열어 두어야 할 것이다. 예수 외에 "다른 이로써는 구원을 받을 수 없나니 천하 사람 중에 구원을 받을 만한 다른 이름을 우리에게 주신 일이"(행 4:12) 없기 때문이다.

二　　　　　20장을 마무리하며　　　　　二

1. 진리 vs 정보

+이는 그들이 하나님의 진리를 거짓 것으로 바꾸어 피조물을 조물주보다 더 경배하고 섬김이라 주는 곧 영원히 찬송할 이시로다 아멘_롬 1:25

+임마누엘 칸트 이후 대부분의 유명 서양 철학자는 인간 이성 중심의 무신론적 철학자들임을 명심하여, 그들이 주장하는 바를 잘 파악해야 한다.

2. 적용과 토론

+기독교는 너무 독선적이라는 세상의 비난에 대한 나의 변론은?

+칸트와 헤겔은 신의 개념을 배제하고, 인간 이성의 품 안으로 진리를 돌아오게 한 보모로 지칭된다. 칸트 이후의 서양 철학이 이성을 앞세우며 하나님을 부정하고 있다는 사실을 알고 있는가?

+그들의 이해하지 못할 주장들이 하나님을 대적하여 스스로 높아진 인간들의 주장임을 알고, 그들에게 지적으로 종속되는 것을 피하자.

3. 기도

+하나님 아버지, 정보나 지식의 수준이 아닌 우리 존재의 목적과 삶의 방
향을 명확하게 제시하고 인도하시는 진리의 예수 그리스도를 따르게
하옵소서.

예수께서 이르시되 네가 어찌하여 나를 선하다 일
컫느냐 하나님 한 분 외에는 선한 이가 없느니라

_막 10:18

선을 행하기 위해 치열한 노력을 기울여 보기 전
까지는 자기가 얼마나 악한 인간인지 깨닫지 못하
는 법이다.

_C. S. 루이스, 《순전한 기독교》, 영국의 기독교 변증가 겸 소설가

윤리학은 "선악의 기준이 무엇이며, 그 기준이 어떻게 정립되는 가"에 대한 답을 구하는 학문이다. 진리에 대해서와 마찬가지로 선악의 기준에 대해서도 절대주의와 상대주의가 서로 충돌한다. 기독교와 이슬람 같이 일신론적 세계관을 가진 사람들은 절대적인 도덕률이 있다고 믿는다. 절대자인 신에서 유래한 변치 않고 명확한 기준이 있다고 믿는 것이다. 반면에 범신론 혹은 다신론적 세계관은 상대주의를 주장하고, 무신론은 절대적 윤리 기준의 근거가 없기 때문에 필요에 따라 기준을 제시하고자 노력한다.

예수님은 자신을 향해 "선한 선생님이여"라고 부르는 사람에게 "네가 어찌하여 나를 선하다 일컫느냐 하나님 한 분 외에는 선한 이가 없느니라"라고 답하심으로써 하나님이 윤리의 절대적인 기준이 되심을 분명히 하셨다(눅 18:18-19). "변함도 없으시고 회전하는 그림자도"(약 1:17) 없으신 하나님이 선함의 기준이므로 기독교의 도덕률은 절대적이며 변함이 없다고 할 수 있다.

반면에 이슬람은 알라가 선한 것이 아니라 알라가 선하다고 인정하는 것이 '선'이라고 규정한다. 코란에서 알라가 선하다고 인정한 것과 무함마드의 행전인 순나에서 드러난 그와 그의 동료들의 행위 역시 알라에게 인정받았기 때문에 선하다고 규정된다. 문제는 순나에 기록된 무함마드의 행위가 일반적인 선과는 거리가 있고, 심지어는 부도덕하거나 잔인하기까지 하다는 것이다. 또한 코란의 규정과 순나의 규정이 서로 충돌하는 경우가 많은데, 무엇이 우선이 될 것인지가 해석하는 권위자에 따라 다르기 때문에 절대적 기준이라 주장하기 힘들다. 선지자라고는 하지만 신이 아닌 인간 무함마드를 선악의 기준으로 삼은 것이 문제의 근원이다. 이슬람에서는 무조건 복종이라는 권위주의적 방식을 통해 종교나 정치 지도자들이 결정한 선의 규정을 강제하고 있다.

우리는 세상의 교육을 통해 시대가 변하면 윤리의 기준도 변한다고 교육받아 왔다. 그러나 도덕률에는 시대와 국가를 초월한 공통점이 있다. 살인, 도둑질, 거짓말, 간음, 탐욕, 불효, 비겁함은 거의 언제 어디서나 규탄의 대상이 되어 왔다. 이 같은 도덕률 자체의 보편성과 유사성은 우연과 진화에 의존하는 자연주의로는 설명할 수 없는 인류 공통의 도덕적 유산이 있음을 분명히 한다. 이 공통의 도덕적 유산을 누가 어떻게 정의하든 상관없이 우리는 우리 밖에 어떤 완전한 도덕적 잣대가 존재한다는 사실을 인식하고 있다. 우리는 이 완전하고도 보편적인 도덕 규범에 우리 행동을 재어 보는 버릇이 있으며, 그에 어긋나는 행동을 할 때에는 자기도 모르게 지키지 못한 이유에 대해 변명을 늘어놓게 된다. 사람들은 그 규범을 인간 본성의 법칙 혹은 자연법(Law of Nature)이라 부른다.[12]

절대적인 기준 없이 정의는 존재할 수 없으며, 절대적인 윤리의 기준이 없다면 도덕성은 존재할 수 없다. 기독교 도덕성은 우리 밖에 절대적인 도덕률이 존재한다고 하는 믿음 위에, 또 그 절대적 도덕률이 우리 존재 속에도 새겨져 있다는 믿음 위에 세워져 있다. 이는 창조주의 본성에서 흘러나와 피조물의 본성을 통해 흐르는 도덕성이며 인간 스스로가 만들어 낸 것이 아니다. 이것이 모든 사람 앞에 스스로 드러내신 하나님의 일반계시다.[13] 이것은 사도 요한이 말한 "참 빛 곧 세상에 와서 각 사람에게 비추는 빛이 있었나니"(요 1:9)에서 "빛"을 의미한다. 또 사도 바울이 말한 "율법 없는 이방인이 … 자기가 자기에게 율법이" 되는 "그 양심"을 뜻하는 것이다(롬 2:14-15). 즉 인간 본성의 법칙, 자연법, 각 사람에게 비추는 빛 혹은 양심으로 표현되는 것은 모든 사람에게 스스로 자신을 나타내신 하나님, 곧 절대선의 정체인 것이다.

한편, 십계명이라는 구체적 기준을 통해, 산상수훈 같은 구체적인 가르침을 통해, 그리고 예수 그리스도의 삶 전체를 통해 성경을 믿음으로 읽는 사람들에게만 특별히 보여 주시는 하나님의 절대적인 기준, 즉 특별계시가 있다. 우리는 일반계시와 특별계시를 통해 변하지 않고, 절대적인 도덕의 기준을 구체화할 수 있다.

절대자인 하나님을 부정하는 무신론적 세계관에서는 도덕성의 근원을 찾을 수 없기 때문에 이성을 가진 자기 자신이 그 근원이 될 수밖에 없다. 하지만 개개인의 선악에 대한 판단이 사회 전체의 도덕적 표준을 제공하지는 못한다. 만일 개개인의 선악의 판단 너머 어떤 절대적인 것이 없다면, 개인과 개인, 개인과 집단, 그리고 집단과 집단 간의 갈등에서 누구의 도덕적 기준을 선택할 것인지를 판단할 최후의 수단이 없게 된다. 그저 서로 갈등하는 상태로 남겨질 뿐이며 결국 해결은 그 기준을 정할 "힘을 누가 가졌느냐"로 귀결된다. 이것이 도덕적 상대주의의 치명적 약점이다.

우리는 하나님이 드러내신 일반계시와 특별계시를 통해 절대적인 도덕률의 기준을 가지고 있다. 그러나 교회 밖을 나가면, 이 무시할 수 없는 절대적인 도덕률에 대해 눈감고 귀를 막은 채, 그런 기준은 없다고 주장하는 이웃들을 만나게 된다. 그때 기독교인은 어떻게 해야 하는가? 그들을 비난할 것인가? 그들에게 도덕률을 가르칠 것인가? 아니면 누구의 기준이 옳은가를 놓고 다툴 것인가?

C. S. 루이스가 《순전한 기독교》에서 비유한 것처럼, 기독교는 적

이 점령한 지역에 변장한 채 상륙해서 그 지역을 해방시키는 작전을 수행하고 있는 합법적인 왕과 같으며, 우리는 이 작전에 부름 받았다. 전쟁을 지휘하는 왕은 우리에게 절대적인 도덕률을 제시하고, 그것을 지킴으로써 자기를 따르라고 명령한다. 그의 법이 지켜지는 땅이 그의 나라다. 그 법을 모르는 이웃들이 어떠하든 간에 그 법이 시행되는 구역을 넓혀 가는 것이 우리 임무가 아니겠는가? 베드로가 부활하신 예수님에게 요한은 어떻게 되겠느냐고 물었을 때(요 21:21), 예수님이 대답하신 것처럼 우리에게도 똑같은 말씀을 하시지 않을까?

"이 사람들이 절대적인 도덕률을 지키든 지키지 않든 네게 무슨 상관이냐 너는 나를 따르라."

☰ 21장을 마무리하며 ☰

1. 선악의 기준: 절대주의와 상대주의

+절대적 도덕률: 예수께서 이르시되 네가 어찌하여 나를 선하다 일컫느냐 하나님 한 분 외에는 선한 이가 없느니라_막 10:18

+예수께서 이르시되 내가 올 때까지 그를 머물게 하고자 할지라도 네게 무슨 상관이냐 너는 나를 따르라 하시더라_요 21:22

2. 적용과 토론

+성에 대한 성경의 도덕률을 지금 이 시대에도 그대로 따라야 한다고 생각하는가?

+C. S. 루이스는 "악은 자유 의지의 남용에서 비롯된다"고 말했다. 악을 가능하게 하는 자유 의지를 사용하는 내 삶의 영역은 어떤 부분인가?

3. 기도

+사랑하는 주님, 우리가 얼마나 악한 인간인지 깨달아 알게 하옵소서. 세상이 변했으니 윤리의 기준도 변해야 한다는 세상의 소리에 흔들리지 않고, 절대적 윤리의 기준이신 예수님을 따르는 삶을 살도록 우리를 인도해 주옵소서.

윤리학 2: 상대적 도덕률의 문제점

오직 너희를 부르신 거룩한 이처럼 너희도 모든
행실에 거룩한 자가 되라

_벧전 1:15

인간의 이념 위에 절대적인 것이 없다면, 개인과
집단 사이에 도덕적 판단의 갈등이 생길 때, 최종
적 판단을 호소할 곳이 없다. 서로 갈등하는 의견
만 가진 채 남겨질 뿐이다.

_프란시스 쉐퍼, 미국의 기독교 철학자, '라브리 공동체'의 설립자

윤리학의 가장 근본적인 질문은 "누가 도덕률을 만드는가"다. 신의 자리를 차지한 인간인가? 유신론은 신이, 무신론은 인간이 만든다고 할 것이다. 유신론과 무신론의 가장 큰 차이는 도덕률의 근원을 누구에게 의존하느냐다.

인본주의자는 기독교가 제시하는 절대적 도덕률을 거부한다. 초자연적 존재가 제시하는 십계명과 같은 도덕률은 인간의 원초적 욕구를 너무 억압한다는 것이다. 그러면서도 1933년, 1973년 그리고 2000년 세 번에 걸쳐 발표된 〈인본주의자 선언 I, II, III〉을 통해 그들은 인본주의가 윤리적이라고 주장하였다. 절대적인 도덕률의 기반이 없는 도덕성이 과연 가능할까? 인본주의자들은 그럴 수 있다고 생각하지만,《인본주의자의 윤리》[14]라는 책에서 그들은 절대자 없이 보편적 도덕성을 정의하려 할 때 겪는 어려움을 보여 준다.

"개인의 이익이 선악의 기준인가 혹은 다수의 이익이 그 기준인가? 선과 악은 마음의 표현인가 아니면 머리의 표현인가? 도덕성을 판단할 때, 그 기준은 행위의 의도인가 혹은 결과인가? 인간에게 자유 의지가 있는가?"

이들 질문에 대해서는 인본주의자 사이에서도 의견이 분분하다. 도덕률에서 '꼭 지켜야 하는 것'이 있을 때에는 왜 꼭 지켜야 하는지, 그 이유를 반드시 설명할 수 있어야 한다. 신이 없다고 믿는 그들은 절대적 도덕률의 근원을 제시할 수 없기에 상대주의를 선택할 수밖에 없다.

대부분의 인본주의자는 상대적 도덕률 아래에서 선악을 판단하기 위해 이성을 사용한다고 주장한다. 이성은 진화의 과정에서 최고의 경지에 이른 인간에게만 생겨난 것이며, 인간이 지속적으로 진화하고 있기 때문에 윤리적으로도 개선되고 있다는 것이다. 그러나 생존 경쟁과 적자생존이 원리인 진화론과 윤리학이 결합해야만 하는 난 관에 봉착한다. 심지어 "투쟁이나 전쟁은 생물학적 필요이며 더 나은 상태로 우리를 이끈다"고 하는 진화론적 결론이 윤리와 결합해야 할 상황이 되면, 이성이 도덕률의 근원이라는 가정은 힘을 잃고 만다.

이처럼 기댈 근원을 상실한 상대주의 윤리는 주어진 상황마다 그 기준을 논의, 검토, 선택해야 하는 상황 윤리로 흘러가게 된다. 인본 주의의 아버지라 불리는 폴 커츠는 심지어 "도덕적 원칙들은 실용적 가치를 실험해 보고, 그 결과에 따라 선택할지 말지를 판단할 가설로 취급해야 한다"[15]고까지 주장한다. 그러나 개인의 무제한적인 행복 추구의 욕구는 어떤 도덕률에 의한 제약이나 법적인 처벌 없이는 효 과적으로 제어될 수 없다. 따라서 도덕적 상대주의 때문에 생긴 윤리 적 공백은 결국 힘을 가진 개인의 감정적 충동에 의해 좌우될 수밖에 없다.

범신론적 세계관을 가진 뉴에이지는 모든 것에 신성이 있고, 나에 게도 신성이 있기 때문에 인간 스스로가 신의 자리에 앉을 수 있다고 주장한다. 세속적 인본주의에서 인간이 하나님의 자리에 앉듯이, 방 법은 다르지만 인간이 신의 자리에 앉는 것은 동일하다. 그래서 뉴에 이지를 코스믹 휴머니즘이라고도 부른다. 이들은 브라만과 내가 하 나가 되는 것을 방해하는 어떤 윤리적 제한 요소도 불필요한 제약이 라고 믿는다. 그러므로 다른 사람을 평가 혹은 판단하는 일체의 행위 를 멈추고, 모든 다른 관점들을 포용하라고 가르친다.

"네가 옳다고 느끼는 것을 따라 너의 현실을 창조하라"는 것이 뉴 에이지의 신조다. 동성애자, 양성애자, 일부일처제, 일부다처제, 일처

다부제 혹은 다른 어떤 것을 선택하든 그것이 나에게는 옳다고 생각하면 어떤 선택이든 받아들여질 수 있다는 생각이다.[16] 이것은 인간이 스스로 만들어 낸 '상대적 윤리'이며 자기 마음대로 윤리를 디자인하는 것이다. 이같이 개인의 무제한적인 선택의 자유를 보장해야 한다는 것은 모든 방면에 상대주의를 추구하는 뉴에이지에서 유일하게 인정하는 절대적인 권고다.

이 자율성은 가치 판단의 권위를 자기 자신에게 둔다. 개인이 자율권을 획득할 때, 그들의 내적 가치는 상승하고, 그렇게 된 개인은 더 고등한 의식을 탐구할 수 있게 된다는 것이다. 반면에 외부에서 자율권에 대한 제한이 가해지면, 내면의 진실과 접촉하는 개인의 능력이 방해받는다고 믿는다.[17] 그러므로 개인을 성적으로 제한하는 전통적 성 윤리도 완전히 타파되어야 한다고 주장한다.

뉴에이지에는 절대적인 선악은 존재하지 않고, 오직 각 개인이 자율적으로 정한 선악이 있을 뿐이다. 심지어 선과 악이 하나라고 주장하기도 한다. 데이비드 스팽글러(David Spangler)는 "그리스도는 루시퍼와 같은 세력이다. 루시퍼는 그리스도를 경험할 수 있도록 인간을 준비시킨다"고 주장한다. 이처럼 모든 것이 하나일 때, 선악의 기준은 사라져 버린다.[18]

기독교인은 인본주의자들의 도덕적 상대주의의 문제점을 명확히 파악할 수 있어야 한다. 하나님은 윤리의 궁극적인 원천이시고, 우리가 그 자리를 취하는 것은 신성모독이다. 기독교인에게 도덕적 거룩함의 추구는 하나님께 영광을 돌리는 행위다. 기독교인은 도덕적 상대주의와 결코 함께할 수 없다. 절대적 도덕률을 무시하고, 상대주의를 택하는 것은 도덕이란 이름 아래에서 자기가 하고 싶은 대로 마음껏 하려는 핑계에 불과하다. 욥처럼 절대적 도덕률이신 하나님을 직면할 때라야 우리는 비로소 자신의 선함에 대한 주장을 내려놓으며, 자기 정당화를 포기하고, 스스로 죄인임을 철저히 인정하며, 티끌과 재 가운데서 겸손하게 회개하게 된다. "하나님 한 분 외에는 선한 이가"(막 10:18) 없기 때문이다.

二　　　　　　## 22장을 마무리하며　　　　　二

1. 절대적 도덕률과 상대적 도덕률: 무엇을 따를 것인가?

　＋오직 너희를 부르신 거룩한 이처럼 너희도 모든 행실에 거룩한 자가 되라_벧전 1:15

　＋내가 주께 대하여 귀로 듣기만 하였사오나 이제는 눈으로 주를 뵈옵나이다 그러므로 내가 스스로 거두어들이고 티끌과 재 가운데에서 회개하나이다_욥 42:5-6

2. 적용과 토론

　＋'상황에 따른 윤리'라는 주장으로 절대적 기준을 거부하는 것은 도덕이란 깃발 아래 자기가 하고 싶은 것을 마음껏 하려는 핑계에 불과하다. 내 삶에서 도덕적 상대주의의 태도를 취하고 있는 부분은 없는가?

　＋상대주의에 의해 생긴 절대적 윤리 기준의 공백은 권력자들이 힘을 남용할 수 있게 만든다. 이런 상황을 경험한 적이 있는가?

　＋나는 하나님이 주신 절대적 도덕률을 인정하는가? 나의 죄로 인해 그 도덕률을 변경해 보려고 시도해 본 적이 있는가?

3. 기도

+사랑하는 주님, 우리를 부르신 예수 그리스도를 따라 구별된 삶을 살아가는 자가 되기를 원합니다. "모든 행실에 거룩한 자가 되라"(벧전 1:15)고 하신 주님의 명령을 준행하게 하옵소서.

너는 가난한 자의 송사라고 정의를 굽게 하지 말며

_출 23:6

사회적 약자는 신체적·문화적 특징으로 인해 사
회의 주류 집단 구성원에게 차별받으며, 스스로도
차별받는 집단에 속해 있다는 의식을 가진 사람들
이다.

_구정화, 《청소년을 위한 사회학》 대표 필자, 경인교대 교수

보편적인 도덕 원칙은 제거되어야 하며 개인적이
며 문화적인 독특성이 거듭 가르쳐져야 한다.

_아담 필립스(Adam Phillips), 호주의 애니메이션 제작자

마르크스주의자들은 도덕률의 기준 설정에 세속적 인본주의자들만큼 어려움을 겪지 않는다. 모든 분야에 대해 변증법적 유물론과 계급투쟁이라는 통일된 접근 방식을 가졌기 때문이다. 이들은 우리 사회를 포함한 우주의 모든 것은 정과 반의 투쟁을 통해 합을 이루는 변증법적 변화 중에 있다고 믿는다. 이들이 세계관의 가장 근본으로 생각하는 것은 경제 체제다. 자본주의 체제 속의 부르주아(정)와 프롤레타리아(반)의 투쟁을 통한 변증법적 결론인 사회주의(합)를 거쳐 공산주의로 이행하는 것이 변증법적 상향 발전이라는 것이다.

마르크스주의자들은 이와 함께 진화론을 모든 존재의 기본 이념으로 설명한다. 그러므로 도덕성의 기준도 변증법적 변화의 상태 위에서 진화해 가고 있다고 여긴다. 절대적 도덕률을 무시하고, 폭력혁명을 일으킨 공산주의자에게는 도덕성이 없다고 하는 비판에 대해 러시아 공산 혁명을 주도했던 레닌은 다음과 같이 답한다.

"우리는 신의 계명에 근거한 기독교의 윤리를 거부한다. 자본가들이 노동자를 착취하여 자기 이익을 극대화하기 위해 하나님의 이름을 사용한 것이 명백하다. 따라서 우리는 그들의 도덕률을 인정하지 않는다. 투쟁을 통해 이 계급이 무너지면, 기독교 설화를 근거로 한 도덕률도 바뀔 것이다. 따라서 도덕률의 기준은 역사의 맥락 가운데서 설정되고 진화할 것이다."

또한 스탈린을 이어 소련 공산당 서기장을 지낸 흐루쇼프 역시 "사회가 지구 상에 존재하는 한, 삶 속에 절대적인 선과 악은 존재하지 않을 것이다. 부르주아나 제국주의자에게 선한 것은 노동자나 식민지 사람에게는 재난이다. 반면에 노동자에게 선한 것은 부르주아나 제국주의자에게는 악할 수밖에 없다"[19]면서 절대적 도덕률을 부정하였다. 이처럼 계급 간 도덕률의 상대성을 주장하는 것과 모순되게, 프롤레타리아와 공산주의를 지지하는 것은 모든 것이 선하고 그것을 방해하는 것은 어떤 것도 선할 수 없다는 절대성을 주장한다.

이들은 많은 사람에게 가장 큰 이익을 주는 것이 선으로 규정되어야 한다는 공리주의의 태도를 취한다. 다수의 공리를 선으로 정한 경우, 그것을 이루기 위해 어떤 수단과 방법을 사용하더라도 문제가 없다고 여긴다. 결과가 수단을 정당화하기에, 핍박받는 약자인 노동자에게 선한 결과를 가져오는 것은 어떤 악독한 방법이 동원된다 해도 무조건 선하며 절대적인 도덕 기준이 될 수 있다는 것이다.

그러나 그들이 주장한 프롤레타리아 도덕률의 실상은 어떤 모습인가? 조지 오웰(George Orwell)의 소설 《동물농장》은 노동자 개인이 아닌 공산당이 원하는 바가 도덕률이 될 것을 예견하였다. 그리고 실제로 그렇게 되었음을 소련과 동유럽에서 실패로 끝난 공산주의 실험이 잘 보여 주었다. 강제 노동 수용소를 통한 강제적 교화나 이웃 간의 상호 감시 등은 프롤레타리아를 위한 것이 아니라 공산당을 위한 것이었다. 이러한 공산당만을 위한, 사실은 최고 권력자 한 사람만을 위한 도덕률이 중국과 북한에서 여전히 진행되고 있음을 우리는 목격하고 있다.

포스트모더니즘은 좌파 지식인들이 만든 행동 양식이다. 20세기 초에서 중반에 이르는 세계대전과 냉전 시대 동안 전체주의 국가가 개인에게 가했던 압력에서 벗어나기 위해 포스트모더니즘은 개인의 자유를 최고 가치로 둔다. 이들의 목표는 이전의 모더니즘 시대를 관통하던 메타내러티브(절대 진리, 절대 도덕률)를 모두 무시하는 것이다. 장 프랑수아 리오타르는 "우리에게는 무엇이 진리이고, 선인지를 알려 주는 메타내러티브가 없다. 국가 전체 혹은 여러 세대에 모두 적용할 수 있는 메타내러티브란 존재할 수 없다. 우리는 스몰내러티브로 만족한다"고 말한다. 그래서 각각의 사회마다 자기들만의 필요를 충족시킬 '작은 규칙'들을 개발해야 한다. 이것이 바로 문화적·도덕적 상대주의다.

포스트모더니즘에서 선은 비주류, 소외받는 사람, 여성, 유색 인종, 가난한 자, 성 소수자 등을 억압으로부터 해방시키는 것이다. 이를 위해서는 수단과 방법을 가리지 않고 자신들을 억압하는 기존 사회질서를 파괴하는 시도를 하며, 자신들의 행동은 늘 '정치적으로 올바르다'(PC)라고 주장한다. 마르크스주의자들이 억압받는 프롤레타리아를 규합하려 한 것처럼 포스트모더니스트들은 다양한 분야의 소수자들을 규합하여 국가, 직장, 교회, 가정의 기본 질서를 뒤흔들고 있다. 특히 그들은 기독교가 지켜 온 전통적 가치들을 집중적으로 공격하고 있다.

포스트모더니즘 네오마르크시스트들은 지난 70여 년 동안 서구 사회의 성적인 영역을 집중 공격해 왔다. 성적 타락은 가정을 파괴하고, 이혼을 촉진하며, 혼외 자녀를 양산한다. 그들은 혼전 성관계와 동거를 장려하면서 낙태와 비혼 유지를 위해 법과 제도를 바꾸려 한다. 이 모든 것은 결혼을 통해 "생육하고 번성하여 땅에 충만하라, 땅을 정복하라, 바다의 물고기와 하늘의 새와 땅에 움직이는 모든 생물을 다스리라"(창 1:28)고 하신 하나님의 생육 및 문화 명령에 어긋나는 일이다. 성적 타락은 하나님이 만드신 가정과 교회를 허물고, 거룩한 성과 가정의 수호라는 보수적 가치를 허물어뜨리는 일이다. 동성애, 동성혼 허용을 요구하는 법이나 차별금지법은 기독교가 지켜 내려는 보수적 가치를 파괴하려는 입법인 것이다.

인권을 내세우며, 약자와 소외된 자의 권리를 보호하는 것을 도덕률의 기본으로 내세우는 공산주의와 포스트모더니즘의 주장은 관대하고 정의로운 것처럼 보인다. 나그네, 고아, 과부, 가난한 자 같은 4대 취약 계층에 대해 형제로서 책임을 지라는 하나님의 명령과도 일치하는 것처럼 보인다. 그러나 이들이 내세우는 인권과 약자 보호의 목적은 규합된 힘을 이용한 권력과 이익의 쟁취임이 분명하다. 또한 하나님은 가난한 자나 세력 있는 자라고 해서 편들거나 두둔하지 말고 공의로 재판하라고 우리에게 명령하셨다. 우리는 인간이 만든 선악의 기준을 항상 하나님의 진리의 다림줄에 견주어 재평가해야 한다.

二   23장을 마무리하며   二

1. 하나님의 공의 vs 공리주의

+ 만군의 여호와가 이같이 말하여 이르시기를 너희는 진실한 재판을 행하며 서로 인애와 긍휼을 베풀며 과부와 고아와 나그네와 궁핍한 자를 압제하지 말며 서로 해하려고 마음에 도모하지 말라 하였으나_슥 7:9-10

+ 너희는 재판할 때에 불의를 행하지 말며 가난한 자의 편을 들지 말며 세력 있는 자라고 두둔하지 말고 공의로 사람을 재판할지며_레 19:15

+ 공리주의: 윤리적 행위의 목적은 '최대 다수의 최대 행복'의 실현이다._공산 주의와 사회주의 윤리와 정의의 방향

2. 적용과 토론

+약자 혹은 소수자 보호가 최우선이 되는 도덕률의 문제점은 무엇인가?

+그것이 나에게 유리하다는 이유로 절대적·보편적 질서를 무시할 때 드러나는 파괴적 결과의 실제 사례를 자신과 주변에서 찾아보고 서로 나누어 보라.

3. 기도

+사랑하는 주님, 이 시간 우리의 영적 눈을 열어 주셔서 우리가 쌓은 담 곁에 주께서 손에 다림줄을 잡고 서 계신 것을 보게 하소서. 오직 예수 그리스도께 합당한 것만 무너지지 않음을 알게 하옵소서. 반석 위에 집을 짓는 지혜로운 사람이 되기를 원합니다.

> 하나님이 큰 바다짐승들과 물에서 번성하여 움직
> 이는 모든 생물을 그 종류대로, 날개 있는 모든 새
> 를 그 종류대로 창조하시니 하나님이 보시기에 좋
> 았더라
>
> _창 1:21

> 우주가 논리적인 것은 논리적인 신에 의해 창조되
> 었기 때문이라는 기독교적 전제가 없었다면, 현대
> 과학의 출현은 불가능했을 것이다.
>
> _리 캠벨(Lee Campbell), 미국의 과학 교수

> 종교 없는 과학은 절름발이이며 과학 없는 종교는
> 장님이다.
>
> _알버트 아인슈타인(Albert Einstein), 독일 태생의 이론물리학자 [20]

진화론은 천지를 만드신 창조주 하나님을 부인할 수 있는 근거를 제공한다. 진화론 때문에 사람들이 하나님으로부터 멀어지기도 하고, 하나님을 떠나고 싶어서 진화론을 믿기도 한다. 진화론은 무신론자들이 하나님 없이 생명의 기원을 설명할 수 있는 이론이라 생각하여 적극적으로 지지한 덕분에 발전하였고, 근거가 부족한 허술한 가설 위에 세워진 거짓 증거들에도 불구하고 과학의 패러다임으로 자리 잡았다. 기독교인은 자신의 믿음을 굳건히 하고, 신앙을 변호하기 위해서 진화론이 주장하는 바를 분명히 알아야 한다.

현대 자연주의자들은 과학을 "직접 관찰하거나 실험적 재현을 통해 자연의 원리를 밝혀내는 학문"으로 정의한다. 즉 방법론적 자연주의에 의해 증명할 수 있는 것만이 과학적이라는 주장이다. 이 정의에 합당한 것을 우리는 '실험 과학'(operational science)이라 부른다. 이에 반해, 과거에 신학이나 철학이 다루어 왔던 우주와 생명의 기원은 현재 시점에서 다시 관찰할 수도 없고, 실험적으로 재현할 수도 없기에 이를 설명하기 위해 '역사 과학'(historical science)이라는 이름으로 다루고 있다. 진화론과 같은 역사 과학은 방법론적 자연주의에 의해 직접 관찰이나 실험적 재현으로 증명할 수 없기 때문에 과학이 아니라 존재의 기원을 다루는 형이상학임이 분명하다.

현대 인본주의 사회에서 진화론은 패러다임이 되어 "견고한 진"(고후 10:4)을 구축하고 있다. 진화론은 처음에 다윈의 《종의 기원》에 근거하여 종 분화를 설명하는 생물학 분야에서 시작하였다. 이후 종 분화의 증거라는 화석과 지층의 연구를 위해 지질학과 지구 과학이 개입되었으며, 우주의 기원을 다루는 천체 물리학이 개입되어 뼈대를 이룬 후, 모든 자연 과학으로 확산되어 다학제적인 패러다임을 형성하였다. 이러한 이유로 한 분야의 전문가가 진화론의 문제점을 발견하고, 그에 대해 이의를 제기할지라도 다른 분야에서의 문제 제기가 동시에 일어나지 않으면 그 패러다임은 건재하게 유지된다.

진화의 패러다임 아래에서 진화라는 용어는 다양한 용도로 사용되어 왔다. 예일대학교 생물학 교수인 키스 톰슨(Keith S. Thomson)은 현대 생물학에서 진화라는 용어는 다음 세 가지 중의 하나를 가리킨다고 지적한다.[21]

첫째, 시간의 흐름에 따른 생물의 형태가 변화되는 것을 진화라고 부른다. 이것은 털을 더 많이 만드는 양이나 젖을 더 많이 내는 양처럼 같은 종 안에서의 특정 형질이 강화되는 것으로 다윈이 《종의 기원》에서 관찰했던 사실이며 종을 넘어서는 분화와 구분하기 위해 이를 소진화라 부른다. 이것은 실제로는 종 분화와 연관을 시키지 못하면서, 진화의 증거인 것처럼 보이게 하는 허상에 불과하다. 또 요즘은 진화 심리학, 진화 경제학, 사회 진화론, 정치의 진화 등 생물학과 전혀 무관한 곳에서도 진화라는 단어를 즐겨 사용한다. 이런 의미로 사용되는 '진화'는 '변화'로 바꿔도 전혀 문제될 게 없어 보이는데, 진화라는 상투어를 사용하는 것은 패러다임화된 진화론의 헛된 권위에 편승하려는 얄팍한 술수에 불과하다. 같은 종 내에서의 다양성이 나타나는 것은 유전과 후성 유전으로 충분히 설명할 수 있다.

둘째, 공통 조상으로부터 서로 다른 종으로의 분화를 의미하는 진화다. 생물학은 암수 교배를 통해 생식 가능한 후손을 낳을 수 있는 생명체를 같은 '종'으로 규정한다. 우리는 다윈이 관찰했던 같은 종 안에서의 시간에 따른 형태의 변화를 의미하는 소진화(진정한 의미의 진화가 아님)와 종의 장벽을 넘어서는 대진화를 구분할 수 있어야 한다. 우유를 많이 내는 품종이 나온다 해도 소는 여전히 소이며, 양은 여전히 양인 것이다. 양에서 소로, 원숭이에서 사람으로의 대진화는 관찰된 적도, 증거도 없다. 다윈 스스로도 《종의 기원》 6장에서 점진적 이행의 변종이 없거나 드문 것의 문제에 대해, 9장 지질학적으로 종의 장벽을 뛰어넘는 대진화의 점진적 변화를 단계별로 보여 주는 화석 증거가 없는 것에 대해 기록하면서, 앞으로 이런 증거들이 발견되지 않으면 자신의 이론이 타격받을 것을 인정하였다.[22]

이후 대진화의 증거로서 시조새 같은 조류와 파충류의 중간 화석으로 처음에 발표된 것마저도 결국 조류로 판명되었고, 다윈 이후 이 부분의 증거가 더 이상 밝혀지지 않고 있다. 시조새를 중간 화석으로 인정하려면 중간 화석이 그처럼 한 종류만 있어서는 안 되고, 진화의 추이를 나타내는 중간 화석들이 종류별로 다 나타나야 한다. 이것 때문에 1980년 시카고의 필드자연사박물관(Field Museum of Natural History)에서 각국 대표들이 모인 대진화에 대한 국제회의에서 다윈의 점진적 진화 이론을 폐기하고, 아무 근거 없는 급격한 대진화 이론인 단속평형이론을 앞으로 내세울 수밖에 없었다.[23]

셋째, 생물에 변화를 일으키는 자연의 메커니즘을 진화라고 말하는 경우인데, 돌연변이와 적응에 의해 새로운 종이 생성될 수 있다는 개념으로, 이것은 신다윈주의적 주장이다. 이는 유전학자 허먼 뮬러(Hermann Muller)가 1930년대에 초파리 알에 X선을 쏘아 수많은 돌연변이종을 얻은 실험을 보고한 뒤에 진화의 방법으로서 설득력을 얻은 설명이다. 급격한 환경의 변화로 발생한 유전자의 돌연변이로 인해 생명체의 종 분화가 급격히 일어날 수 있다는 주장이다. 이것은 레닌이 폭력 혁명에 의한 사회 변화를 생물학적으로 설명할 수 있는 모델로서 요구했었던 주장이다. 그러나 어떤 종 분화도 돌연변이에 의해 일어날 수 있는 범위를 훨씬 벗어난 큰 변화가 필요하다. 또한 돌연 변이는 거의 모든 경우에 생존에 불리한 질병을 유발하며 살아남기에 유리하게 되는 경우는 거의 없다.

그뿐만 아니라 진화론은 생명체의 기원을 설명하는 데에도 큰 어려움을 겪고 있다. 다윈은 모든 생명의 근원이 되는 첫 생명체는 창조주에 의지할 수밖에 없다는 생각을 가지고 있었다. 그러나 신의 존재를 부정하는 소련 과학원과 인본주의 영국의 학자들이 서로 공명하면서 생명이 무생물로부터 저절로 만들어졌다는 자연 발생설을 주장했다. 세포 분열을 통해 자가 증식이 가능하면서 살아있으려면, 지구 상의 가장 단순한 생명체라도 525개의 유전자가 있어야 한다. 세포 분열을 위해 DNA 정보를 2배로 복제하려면 단백질 효소의 도움이 필수적인데, 단백질은 DNA에 기록된 유전 정보로부터 만들어질 수 있다. 무엇이 먼저 있어야 하는가? 효소 역할을 하는 단백질인가 아니면 그 정보를 가지고 있는 DNA인가? 이것은 닭이 먼저냐 달걀이 먼저냐 라는 질문과 같은 문제이며, 생명을 위해서는 모든 것이 동시에 존재해야 한다.

프란시스 크릭(Francis Crick)이 제시한 분자 생물학의 중심 원리 (Central Dogma of Molecular Biology)[24]가 보여 주는 바에 따르면, 생명 현상이 일어나기 위해서는 최소한 500개의 단백질과 그 DNA 정보가 세포라는 구조물 속에 동시에 존재해야 한다. 진화론자들이 자연 발생설의 근거로 제시하는 '밀러와 유리의 실험'에서는 생명체에는 없는 D-형 아미노산이 몇 개 생성되었을 뿐이다. 이것은 벌판에서 발견한 벽돌 한 장으로 그곳에 있었던 궁전의 모양과 그 궁전에 살았던 사람들과 궁전의 운영방식까지 모두 유추하는 것과 같다. 이런 가정과 유추를 믿는 것은 전능하신 하나님이 동물과 식물을 "그 종류대로"(창 1:25) 창조하셨다는 것을 믿는 것보다 훨씬 더 큰 믿음을 필요로 한다. 결국, 진화론은 과학이 아니라 과학의 언어를 사용한 형이상학적인 이론에 대한 맹목적인 믿음인 것이다.

二　24장을 마무리하며　二

1. 창조 vs 대진화

+창조: 하나님이 큰 바다짐승들과 물에서 번성하여 움직이는 모든 생물을 그 종류대로, 날개 있는 모든 새를 그 종류대로 창조하시니 하나님이 보시기에 좋았더라_창 1:21

+대진화: 종의 장벽을 넘어서는 진화

2. 적용과 토론

+기독교인으로서 진화라는 용어를 사용하는 데 갈등이 없는가?

+우리가 일상에서 사용하고 있는 '진화'를 찾아보고 분별해 보라.

3. 기도

+사랑하는 주님, 진화론이 천지를 만드신 창조주 하나님을 부인할 수 있는 근거임을 알게 하시니 감사합니다. 과학이란 가면을 쓴 진화론의 거짓을 알게 하시고, 빈번하게 사용되는 진화라는 단어에 현혹되지 않고, 잘 분별할 수 있는 지혜와 명철을 주옵소서.

하늘에 계신 이가 웃으심이여 주께서 그들을 비웃

으시리로다

_시 2:4

우리의 우주에 대한 진화론적 개념 안에 창조주

혹은 지배자, 둘 다를 위한 자리는 전혀 없다.

_엥겔스, 공산주의를 창시한 마르크스의 동료, 후원자

다윈은 1859년에 출간한 《종의 기원》을 통해 진화의 가설을 제안했다. 시간의 흐름에 따라 생존 경쟁과 자연 선택에 의해 종(種)이 분화한다는 가설이다. 종은 생물 분류표에서 형태에 따른 '계-문-강-목-과-속-종'의 분류에서 가장 모양이 비슷하며 교배했을 때 생식이 가능한 후손을 낳을 수 있는 것들의 집합이다.

생물 분류표는 1735년 스웨덴의 생물학자 칼 폰 린네(Carl von Linne)가 형태만을 기준으로 동물과 식물을 분류한 것인데, 다윈 시대뿐 아니라 과학이 발달한 현재에도 그대로 사용하고 있다. 즉 애초에 종 분류에는 유전 정보가 전혀 관계가 없었고, 염기 서열 분석이 발달된 최근에 와서야 종간 유전자 서열을 비교할 수 있게 된 것이다. 멘델(Gregor Johann Mendel)의 유전 법칙이 1866년 발표되었으나 유전이라는 개념이 실제로 받아들여진 것은 진화론이 유럽에서 정착되고 난 1900년 이후였다. 20세기에 와서야 밝혀진 유전자나 염색체의 개념을 전혀 모르던 상태에서 진화론이 탄생한 것이다. 만약 유전의 원리를 미리 알았더라면, 진화론은 수용되기 힘들었을 것이다.

다윈이 주장한 점진적 진화가 일어나기 위해서는 오랜 시간이 필요한데, 그 근거를 제공한 것이 1872년 찰스 라이엘(Charles Lyell)이 제안했던 '지질 계통표'다. 당시 라이엘은 다윈의 《종의 기원》에 감명을 받은 상태였다. 그는 이미 사용되고 있던 베르너(Werner)의 지질 계통표를 더 세분하여 '고생대, 중생대, 신생대'로 구분했다. 그런데 방사성 동위 원소를 이용한 지층 연대 측정법이 없던 그때에 벌써 지구의 나이를 수억-수십억 년으로 간주해 버렸다. 그 당시 영국에서 발견된 지층의 아래쪽에서 발굴된 화석의 연대를 실제보다 더 오래된 것으로 간주했으며, 또 지층이 일정한 속도로 퇴적되어 형성되었을 것으로 가정하여 그 두께에 따라 지층의 연대를 배정하였다. 그리고 그 지층에서 나온 화석을 표준 화석으로 지정하여 연대의 표준으로 삼았다. 그러나 다른 지역에서 발견된 지층에서는 각 지층의 두께가 다르거나 화석의 분포가 역전되어 나타나는 경우가 많아, 지질 계통표의 지층 분류와 표준 화석의 연대는 근거가 부실하기 그지없다.

20세기 중엽 방사성 동위 원소를 이용한 암석의 연대 측정법이 개발되었다. 그러나 측정의 오차가 크고, 그 지층을 형성하는 암석의 초기 동위 원소 비율을 알 수 없었으므로 연대 측정에 적용하기는 힘들었다. 진화론자들은 지질 계통표로 정해진 표준 화석의 나이와 비슷한 연대 측정이 나올 때까지 주변 암석의 방사성 동위 원소 측정을 반복하거나 아니면 정직한 자료를 제출했다가 학계에서 퇴출당할 수밖에 없었다. 이런 과정을 통해 1872년에 지질 계통표에서 지층의 두께에 따라 설정한 표준 화석의 연대가 거의 그대로 해당 지층 암석의 방사성 동위 원소 측정 연대로 탈바꿈하였다. 또 그 지층의 연대는 표준 화석의 연대를 지지하는 근거로 다시 사용되는 순환논리가 반복되고 있다.

화석이 존재하는 지층은 퇴적암층이기 때문에 화석 주변의 암석 연대를 측정하는 것은 의미가 없다. 왜냐하면 퇴적암을 구성하는 암석 성분이 얼마나 오래전에 만들어졌고, 어떤 퇴적 과정을 통해 그곳에 유입되었는지를 알 수 없기 때문이다. 가장 좋은 방법은 화석을 구성하는 유기물의 탄소 동위 원소를 측정하는 것이다. 탄소는 안정한 ^{12}C와 불안정한 ^{14}C의 동위 원소로 존재한다. 불안정한 ^{14}C가 ^{14}N 질소 기체로 변환되어 날아가서 1/2만 남는 반감기가 5,730년이다. 이 반감기가 10번, 즉 57,300년이 지나면 ^{14}C은 약 1/1,000만 남아 측정하기가 어렵게 된다. 진화론자들은 이것이 가장 정확한 연대 측정 법임을 알지만, 화석의 탄소 동위 원소를 측정하지는 않는다. 왜냐하면 그들의 진화 패러다임에서 화석은 수억-수백만 년 전의 것이어야 하기 때문에 반감기 5,000여 년의 탄소 동위 원소로는 측정할 수 없다고 믿고 있기 때문이다. 그러나 실제로 화석의 탄소 동위 원소를 측정해 보면, 대부분 ^{14}C은 남아 있고 그 연대는 10,000년 이하로 측정된다. 하지만 진화의 패러다임에 빠진 진화론자들은 그것을 인정하려 하지 않는다.

생명의 기원과 우주의 탄생을 연계시키려는 진화론자들의 노력은 대폭발로 생긴 무기물로부터 유기물이 만들어지고, 그 유기물로부터 생명체가 만들어졌다는 가설을 세운다. 1920년대 소련 과학자 알렉산드르 오파린은 '화학 진화론'을 내세웠다. 초기 지구에는 유기물이 높은 농도로 축적된 원시 수프가 가득 찬 시궁창이 있었는데, 그 속의 유기물들이 조합을 이루어 세포가 생겨났을 것이라는 주장이다. 당시 화학자들이 작은 무기물 분자들을 원료로 아미노산이나 핵산이 만들어지기는 힘들다고 비판했다. 이에 대해 1953년 밀러(Miller)와 유리(Urey)는 시험관에서 고압의 전류를 가해 아미노산이 합성됨을 주장하면서, 그것으로 화학 진화론에 근거한 생명 탄생을 증명했다고 주장하였다. 그 시대에는 세포를 단순한 물주머니(cell)로 상상하였고, 유기물이 농도가 높으면 세포가 저절로 생길 것이라는 가설이 통하였다.

그러나 이후 생명력이 있는 세포는 굉장히 복잡한 구조물과 많은 유전자를 필요로 함이 밝혀졌다. 단백질인 효소의 도움 없이 유기물을 만들어 낸다는 것은 거의 불가능한 일이다. 게다가 현재의 지구와 같이 산소가 많은 환경에서는 아미노산이나 핵산이 어렵게 만들어지더라도 곧 산화되어 금방 분해되고 만다.

오파린이 주장한 유기물 농도가 짙은 시궁창 같은 원시 수프 가설은 듣는 사람에게 생명이 막 탄생할 것 같은 가능성을 암시해 준다. 그러나 시궁창은 이미 많은 미생물과 식물과 곤충들이 살면서 그들이 합성한 유기물이 축적된 곳이며 그 생명체들 없이는 원시 수프는 만들어질 수 없다. 더구나 유기물 단량체들이 고분자의 세포막, DNA, RNA, 단백질 같은 물질이 되어 정교한 생명체인 세포로 조성된다는 것은 앞서 말했듯이 고물상이 폭발하여 우주 왕복선이 만들어지는 기적보다 더 일어나기 힘든 것이다.

RNA가 효소와 같은 역할을 할 수 있다는 보고가 발표되자 진화론자들은 RNA를 가장 먼저 만들어진 고분자 물질로 추정하면서, RNA는 유전 정보도 포함하면서 효소와 유사한 역할을 한다고 주장한다. 그러나 DNA, RNA, 단백질을 구성하는 단량체인 핵산이나 아미노산을 합성하는 것도 불가능한데, 멀쩡하게 조합되어 작동하는 RNA는 어디서 가져온단 말인가?

二   25장을 마무리하며   二

1. 진화론: 가설과 추정

+하늘에 계신 이가 웃으심이여 주께서 그들을 비웃으시리로다_시 2:4

+나는 알파와 오메가요 처음과 마지막이요 시작과 마침이라_계 22:13

2. 적용과 토론

+지금까지 진화론이 과학적으로 완벽하게 증명된 사실로 알아왔다면, 그 이
  유는 무엇인가?

+가설과 추론으로 가득한 진화론이 창조론보다 더 큰 믿음을 필요로 한다는
  사실을 누군가에게 전해 보라.

3. 기도

+사랑하는 주님, 하나님의 자녀들이 인간의 입맛에 맞는 시대적 사조와 유행
  의 거대한 거짓 홍수에 휩쓸려 떠내려가지 않도록 진리의 빛을 비추어 주
  옵소서. 예수 그리스도를 믿는 믿음 위에 더욱 굳게 서게 하옵소서.

생물학 3: 최신 과학은 진화론의 증거를 부정한다

만물이 그에게서 창조되되 하늘과 땅에서 보이는
것들과 보이지 않는 것들과 혹은 왕권들이나 주권
들이나 통치자들이나 권세들이나 만물이 다 그로
말미암고 그를 위하여 창조되었고

_골 1:16

현재로선 어떤 생화학적 혹은 세포 시스템의 진화
에 대한 상세한 다윈주의적 설명은 없고, 다양한
소망적 추정만 있을 뿐임을 인정해야 한다.

_프랭클린 해럴드(Franklin Herold), 미국의 진화생화학자

기독교는 반증이 가능하다. 증거가 없어도 믿어야
하는 것이 아니라 반증이 가능하기 때문에 믿는
것이다.

_존 C. 레녹스(John C. Lennox), 영국의 과학자, 기독교 변증가

진화론을 주장하는 사람들은 형이상학적 믿음을 과학적 사실로 둔갑시켜 그들 주장의 근거로 삼는다. 많은 가설과 추정을 사실인 것처럼 포장하여 자신들의 설명이 과학적이라고 주장하는 것이다. 다윈이 주장한 공통 조상으로부터의 진화는 어디에서도 증거를 찾아볼수 없다. 처음부터 린네가 형태에 따라 분류를 하였기에 같은 계통에 있는 것들은 닮은 형태를 가지고 있을 뿐이다. 공통 조상의 증거로 제시되었던 헤켈(Haeckel)의 배아 발생도[25,26], 시조새[27], 유인원의 화석들[28]은 모두 진화론을 뒷받침하기 위해 조작된 증거임이 밝혀졌다.

신다윈주의의 단속평형이론[29]은 유전자의 돌연변이와 적응이 급격한 진화를 일으킨다는 주장이다. 이는 자연주의적 증거를 제시하지 않아서 반증 가능한 주장이 아니기에 과학적 주장이 아니다. 따라서 반대할 가치가 없기 때문에 창조론자들이 언급하지 않음에도 불구하고, 진화론 진영에서는 이를 근거로 진화를 설명한다. 이제까지 발견된 어떤 돌연변이도 생존에 유리한 경우가 거의 없었다는 것은 과학계에서 잘 알려진 사실이다. 이와 같이 다윈주의와 신다윈주의에서 진화론을 지지하기 위해 만든 각각의 가설은 채택될 수 없는 거짓 증거밖에 없음을 보여 준다. 그뿐만 아니라 최신의 생물학적 발견은 진화론을 지지하기 위해 제시된 많은 증거들을 오히려 부정하고 있기에 그 예들을 제시하고자 한다.

첫째로, 분자 생물학의 중심 원리[30]가 있다. DNA 구조를 발견하여 노벨상을 수상한 프랜시스 크릭은 생명 현상을 설명하기 위한 핵심적 유전 정보의 흐름을 제시하였다. 모세포가 자신과 똑같은 2개의 딸세포로 분열되기 위해서는 자신의 DNA를 똑같이 복제해 그 생명의 청사진을 나누어 가져야 한다. 그렇기 때문에 "콩 심은 데 콩 나고 팥 심은 데 팥 난다"는 속담이 성립될 수 있다. DNA 속의 생명 현상 정보는 RNA로 전사되고, 그것이 단백질로 합성된다. 이렇게 만들어진 단백질이 세포를 구성하는 구조 단백질과 세포의 기능을 유지하는 효소, 전사 인자, 수용체 같은 기능성 단백질을 만들어 낼 수 있는데, 생명 현상이 일어나기 위해서는 DNA, RNA, 단백질과 세포막이 한꺼번에 존재해야 한다. 어느 하나라도 없을 경우에는 생명 현상이 일어나지 않는다.

DNA는 세포핵 안에서 단백질과 결합하여 염색질의 형태로 흩어져 있다가 세포 분열을 위해 자신의 DNA를 2배로 증폭한다. 그것을 두 개의 딸세포로 균등하게 나누어 갖기 위해 염색체라는 특별한 구조를 가지게 된다. 사람은 22쌍의 상염색체(autosome)와 한 쌍의 성염색체(sex chromosome), 총 46개의 염색체를 가진다. 염색체는 어머니의 난자와 아버지의 정자에서 각각 23개씩 받아서 23쌍을 가지게 되는데, 세포 분열 과정의 실수로 염색체 중 하나가 한 쌍이 아닌 3개가 되면 다운증후군 같은 유전 질환이 발생하게 된다. 부모로부터 한 쌍의 대립 유전자를 받을 때, 개수가 부족한 1개만 있는 것도 문제지만 3개가 있는 것 역시 심각한 질환을 유발한다. 침팬지, 고릴라, 오랑우탄 같은 대형 영장류는 24쌍의 염색체를, 일반 원숭이는 21쌍의 염색체를 가진다.

염색체의 개수가 다르고, 염색체 속에서 유전자의 배열이 다른 생명체는 공통 조상을 가지는 것이 애초에 불가능하다. 유전자 배열과 개수가 다른 개체의 교배에는 대립 유전자가 하나뿐이거나 3개인 경우가 허다하게 발생하므로 살아남기가 힘들다. 애초부터 서로 다른 조상으로부터 유래했다고 주장하는 것이 더 논리적일 것이다.

신다원주의에서 주장하는 돌연변이는 DNA상의 염기 서열(AGCT)이 다른 것으로 바뀌거나, 상실되거나 추가되어 서열의 변경이 발생하는 것을 말한다. 이러한 서열의 변경은 방사선이나 자외선을 쬐었을 경우에 빈번히 발생한다. 이러한 돌연변이가 생식 세포에서 발생하면 유전 질환이, 체세포에서 발생하면 암이 생길 수 있다. 다윈이 주장하지는 않았지만, 진화론자들이 진화의 증거로 주장하는 갈라파고스 핀치새의 부리 모양의 변화와 영국의 공장 도시 맨체스터에서 심한 공해로 인해 후추나방의 날개 색깔이 짙어진 현상은 반론을 견디지 못했다. 최근에는 핀치새와 후추나방의 환경에 따른 변화를 후성 유전으로 설명할 수 있다는 논문들이 제시되고 있다.

예컨대 핀치새의 유전자 염기 서열은 변하지 않았지만, BMP4라는 유전자의 발현량과 발현 타이밍에 의해 부리의 길이와 굵기와 폭이 결정된다는 보고가 있다.[31] 또 쥐의 털에서 멜라닌 신호 조절을 통해 털 색깔을 노란색 혹은 진한 갈색이 되도록 결정하는 아구티(Agouti) 유전자가 있다. DNA 메틸화를 조절하는 사료를 통해 이 유전자의 발현을 조절하면, 똑같은 유전자 서열을 가진 쥐가 노란색의 비만한 쥐 혹은 진한 갈색의 날씬한 쥐가 된다.[32] 이들 쥐의 유전자는 동일하지만, 식이에 의해 털 색깔과 비만도가 달라지는 후성 유전적 변화를 나타내는데, 후추나방의 색깔도 동일한 원리로 조절될 수 있다고 보는 것이다. 이것은 신다원주의가 주장하는 돌연변이에 의한 진화가 아니며, 환경 변화에 따른 대부분의 적응은 후성 유전적 변화로 설명될 수 있다.

사실, 대부분의 의학-생물학적 연구에서는 진화의 개념을 언급할 필요가 없다. 생명의 기원과 연관된 연구 혹은 동물과 식물의 종간 유전적 비교 같은 연구에서나 언급할 필요가 있을 뿐이고, 그런 부분은 현대 생명 과학에서 극히 일부에 해당한다. 그러나 많은 생명 과학자들이 별로 언급할 필요도 없는 진화론적 기원과 연관된 해석을 늘어놓는 이유는 무엇일까?

나는 그 이유가 진화론 카르텔 때문이라고 생각한다. 왜 생물학자들은 진화론 카르텔을 형성하여 진화 논리를 강화하려는 것일까? 첫째, 중세시대 종교에 지배당했던 과학이 영역 주권을 회복한 것이 진화론을 통해서였기 때문이다. 더 나아가 신학, 철학, 윤리학 등 형이상학에 대해 과학이 우위에 설 수 있는 기반을 진화론이 제공한다고 생각하기 때문이다. 둘째, 과학 철학자 칼 포퍼(Karl Popper)의 주장처럼 진화론은 과학이 아니라 형이상학적 주장이기 때문에 반론이 불가능하다. 이런 주장은 고급 저널의 엄격한 반증 요구를 피할 수 있는 방법이 되기도 한다. 물론, 과학 엘리트의 90% 이상이 진화론자이고, 고급 저널 심사위원들도 그 카르텔의 일원이기 때문에 자신의 논문 속에 진화론을 도입하는 것은 학문적 성공에 도움이 되기도 할 것이다. 또 지식을 통해 쟁취한 권력을 놓지 않으려는 과학자들의 영역 이기주의가 카르텔의 결속력 유지의 중요한 요소가 될 것이다.

결론적으로, 진화론의 가장 큰 문제는 하나님이 창조하신 자연의 원리를 알아가는 과학의 발견을 해석함에 있어 끊임없이 진화론적 편견으로 해석하게 함으로써 과학적 발견이 진리로 접근하는 길을 왜곡하는 데 있다. 기독교는 이성적인 논의를 통해 끊임없이 진리를 향해 가야 한다. 과학적 진리가 아닌 것을 진리로 믿으라는 진화론뿐만 아니라, 성경의 기준이 아닌 것을 덮어놓고 믿으라고 하는 사이비 이단의 교리 역시 이성적 판단으로 분별할 수 있어야 한다.

二 26장을 마무리하며 二

1. 창조 vs 소진화

+ 만물이 그에게서 창조되되 하늘과 땅에서 보이는 것들과 보이지 않는 것들과 혹은 왕권들이나 주권들이나 통치자들이나 권세들이나 만물이 다 그로 말미암고 그를 위하여 창조되었고_골 1:16

+ 소진화: 같은 종 내에서의 변화인 소진화는 후성 유전적 변화로 잘 설명할 수 있다.

2. 적용과 토론

+ 다수의 유명 과학자들이 주장한다는 이유로 검증을 위한 별다른 노력 없이 진화론을 수용하고 있지는 않은가? 초·중·고 과학 교과서의 진화론 내용을 자녀와 함께 살펴보고 비판해 보자.

+ 헤켈의 배아 발생도가 생물학에서 큰 사기임을 설명할 자료를 살펴보자.

+ 다윈의 핀치새가 진화의 증거라는 것을 비판할 자료를 모아 보자.

+ 후추나방이 진화의 증거라는 것을 비판할 자료를 모아 보자.

+ 분자 생물학의 중심 원리로 생명의 자연 발생설을 깨뜨리는 논리를 펼쳐 보라.

3. 기도

+ 사랑하는 주님, 우리에게 지식과 지혜를 주셔서 이 시대에 혼잡하게 사용되는 진화론이란 단어를 잘 분별하게 하옵소서. 그리스도인이 진화라는 단어를 무분별하게 사용하지 않도록 우리 생각과 입술을 지켜 주시옵소서.

한 사람이 순종하지 아니함으로 많은 사람이 죄인

된 것 같이 한 사람이 순종하심으로 많은 사람이

의인이 되리라

_롬 5:19

많은 과학자가 신을 믿을수록 신의 뜻을 알기 위

해 연구에 더 매진할 것이다.

_알리스터 맥그래스(Alister McGrath), 북아일랜드 성공회 사제, 신학자

지난 한 세기 동안 생명의 기원에 대한 질문만큼 기독교인들을 고심하게 했던 주제는 없을 것이다. 많은 과학자와 교육자들이 진화를 과학적 사실로 인정하기 때문이다. 공교육을 받은 기독교인들은 성경의 신앙과 학교에서 배운 과학적 정보들 사이에서 고민해 왔다.

성경은 태초에 하나님이 천지를 창조하시고, 식물과 동물들을 "그 종류대로"(창 1:25) 창조하셨다고 말한다. 또한 첫 사람 아담을 하나님의 형상대로 창조하셨고, 그 배필인 하와를 창조하셨으며, 그들에게 가정을 허락하시고 다른 생명체들과는 구별되게 생육, 번성, 충만, 정복, 다스림의 생육 및 문화 명령을 내리셨다고 분명하게 선언한다.

반면에 진화론은 150억 년에 이르는 오래된 우주와 45억 년 이상의 지구를 가정한다. 그리고 하나의 단세포 생명체가 우연히 탄생했고, 장구한 시간 동안 진화라는 과정을 통해 다세포 생명체를 거쳐 어류-양서류-파충류-조류-포유류로 다양하게 종 분화가 이루어졌다고 가정한다. 또 원숭이들 중에서 어떤 개체가 우연히 인간으로 진화되어 나왔다고 주장한다. 이 주장을 따르게 되면, 창세기의 앞부분은 신화 속 이야기로 전락할 수밖에 없다. 이처럼 생명의 기원에 대한 창조와 진화의 설명이 상극을 이루고 있기 때문에 양자 간에 조화라는 것은 불가능한 것처럼 보인다. 지난 한 세기 동안 진화론자들이 과학과 교육계를 장악하고, 모든 교육 기관을 통해 진화의 패러다임을 가르쳐 왔다. 그렇기 때문에 학교의 교육 내용에 의문을 제기하며 진화론의 진위를 밝히는 수고를 하지 않는 한, 진화론의 패러다임에서 벗어날 수 없다. 그런 까닭에 기독교인들 중에서도 많은 사람이 창조와 진화 사이에서 고민하고 있다.

이러한 과정 중에 몇몇 기독교인들이 중간 지대를 개발했는데, 이것을 '유신 진화론'이라 부른다. 그 주장을 요약하면, "첫 생명체가 만들어질 환경은 하나님이 창조하셨지만, 이후 모든 과정은 진화라는 방법을 통해 진행되었다"는 것이다. 이런 중간 지대를 찾는 이유는 사람마다 다르겠지만 첫째, 주류 과학계의 강력한 진화 패러다임에서 배제되지 않기 위해서 타협하는 것이거나, 둘째, 진화론에 의해 점점 내몰리고 있는 기독교를 과학과 화해시키려는 목적이 있겠다.

유신 진화론을 주장하는 대표적인 사람이 프랜시스 콜린스(Francis Collins)다. 의사이자 유전학자인 그는 낭포성 섬유증을 비롯한 여러 유전 질환의 원인 유전자와 그 돌연변이의 정확한 부위를 밝혀내는 업적을 이루었다. 또 미국 국립보건원(NIH)의 수장으로서 인간 게놈 프로젝트를 이끌어 2002년에는 인간 유전체의 첫 편집본을 발표하였다. 2006년에는 인간 유전체의 유전 정보를 밝혀 가는 과정을 기독교인의 입장으로 간증한 《신의 언어》(The Language of God)"[33]를 출판하였다. 이 업적들로 유명해진 그는 기독교와 과학이 서로 대화할 수 있는 장을 만들겠다는 의도로 2009년 바이오로고스(BioLogos) 재단[34]을 설립하였다. 자신이 밝혀낸 인간 유전체 속에 내재된 정보의 의미를 자신의 재단 이름과 책 제목에 담음으로써 기독교와 과학의 타협점을 찾으려는 노력을 보여 주고 있다. 많은 기독교인 과학자와 신학자들이 이 중간 지대를 하나의 해결책으로 선택하고 있다.

그러나 유신 진화론을 크게 우려하는 견해가 있다. 성경학자 웨인 그루뎀(Wayne Grudem)은 바이오로고스 재단이 주장하는 유신 진화론을 다음과 같이 요약한다.[35]

"우주는 140억 년 전에 아무것도 없는 무(無)에서 대폭발에 의해 탄생했다. 우주의 모든 속성들은 생명이 탄생할 수 있게 잘 조정되어 있는 것처럼 보인다. 지구에 있는 생명의 기원에 대해서는 전혀 알려지지 않았지만, 일단 생겨난 단세포 생명체는 진화와 자연 선택을 통해 오랜 시간에 걸쳐 다양성과 복잡성을 가지게 되었다. 진화가 시작되고 난 후에는 어떤 초자연적 간섭이 필요하지 않았다. 인간도 이런 과정의 일부분이며 대형 유인원들과 조상을 공유한다. 인간의 독특성은 진화론으로는 설명할 수 없는데, 그것은 선악을 구별해 주는 존재인 하나님을 발견한 인간의 문화 때문이다."

이들이 주장하는 유신 진화론도 결국에는 진화론이며 그들은 창세기의 창조주 하나님의 역할을 수정하였다.

오스 기니스(Os Guinness)는 "유신 진화론을 수용함으로써 교회가 자기 무덤을 스스로 파고 있다"고 비판했다. 보통 선한 의도로 어떤 견해나 행동 양식을 수용하지만, 그것들이 기독교가 결코 포기할 수 없는 복음을 무너뜨리는 요인이 될 수 있다고 주장한다. J. P. 모어랜드[36]는 "유신 진화론의 수용은 이 시대의 교회가 스스로를 무너뜨리는 주된 요인"이라고 주장한다. "전도할 때, 하나님의 창조를 믿되 진화론을 거부하라고 강요하지만 않는다면 더 많은 사람이 회심할 것이라 생각할 수 있다. 물론, 단기적으로는 그럴 수도 있겠지만, 장기적으로는 기독교 지식의 원천을 부정하는 행동을 통해 기독교를 이성 없는 종교로 만들어 버릴 것이다"라고 주장했다. 받아들이는 첫 의도와는 상관없이 유신 진화론은 진화 과정에서 첫 사람 아담을 특정할 수 없게 만들어 버리고, 인간 원죄의 책임 소재나 존재 여부도 불분명하게 만들어 버린다. 원죄의 교리가 희미해지는 순간, 예수 그리스도를 통한 구원의 복음 역시 그 필요성을 잃어버린다. 그뿐만 아니라 우리가 유신 진화론을 취하는 순간, 과학주의가 우위를 차지하면서 신학과 성경의 가르침은 과학의 검열을 받아야 하는 위치로 전락하게 된다. 또 과학의 검열에 의해 성경의 첫 부분에 대한 해석을 수정해 본 이 경험은, 이후 과학으로부터 압력이 올 때마다 그 해석을 쉽게 수정하게끔 만들 수 있다. 쉽게 수정될 수 있는 성경의 해석을 누가 굳게 믿을 수 있겠는가? 이에 데이비드 노에벨은 "진화론을 너무나 확신한 나머지 창조론에 대해서는 아예 들으려고도 하지 않는 기독교인들이 너무나 많다"[37]고 탄식한다.

앞에서 살펴본 바와 같이 진화론은 명백한 과학이 아닌 160여 년 전 그 시대의 과학 수준에서 그럴 법하다고 생각한 가설에 대한 형이상학적 믿음일 뿐이다. 이 믿음의 세계관을 통해 재생산된 거짓 지식들이 과학적 발견으로 둔갑하여 진화론의 패러다임을 굳건히 지지하고 있다. 이런 진화론적 환경에서 교육받은 사람이라도 예수 그리스도를 영접하고 회심하는 순간, 새로운 피조물이 되는 것을 경험한다. 그러나 그전에 배우고 익혔던 자신의 전공 지식과 세상의 이념은 이전 세계관의 해석을 그대로 유지하고 있는 경우가 대부분이다. 이것이 소위 말하는 "견고한 진"(고후 10:4)일 수 있고, 바울이 갈라디아 교회에 경고했던 "다른 복음"(갈 1:7)일 수도 있다. 바울이 전한 그리스도의 십자가 복음을 믿는 것이 구원의 필요충분조건인 것에 대해 할례로 대표되는 율법 준수의 의무를 복음에 추가한 "다른 복음"을 주장한 사람들이 있었던 것이다. 유신 진화론을 받아들이는 각 분야의 전문가들은 이 부분을 숙고해 볼 필요가 있다. 이전에 내가 가졌던 모든 이론을 무너뜨리고, "하나님 아는 것을 대적하여 높아진 것을 다 무너뜨리고 모든 생각을 사로잡아 그리스도에게 복종하게"(고후 10:5)하는 과정이 거듭난 기독교인에게 꼭 필요하다. 이것은 육신에 속한 싸움이 아니고 나의 경험과 지식을 사용하는 것도 아니다. 이것은 예수 그리스도와 성경을 믿는 믿음에 근거하여 어떠한 견고한 진도 무너뜨리는 하나님의 능력을 따라가는 영적 전쟁이기 때문이다.

二 27장을 마무리하며 二

1. 유신 진화론은 무엇을 부정하는가?

+ 한 사람이 순종하지 아니함으로 많은 사람이 죄인 된 것 같이 한 사람이 순종하심으로 많은 사람이 의인이 되리라_롬 5:19

+ 다른 복음은 없나니 다만 어떤 사람들이 너희를 교란하여 그리스도의 복음을 변하게 하려 함이라_갈 1:7

2. 적용과 토론

+ 유신 진화론을 선택한 기독교인은 원죄를 인정하는가?

+ 최초의 인간 아담과 원죄를 인정하지 않는다면, 죄와 예수 그리스도의 십자가 구속의 성경적 교리들은 무너지게 된다(참조, 롬 5:12-19). 그런데도 유신 진화론을 인정할 수 있는가?

3. 기도

+ 사랑하는 주님, 하나님의 말씀에 더하거나 제하여 버리거나 왜곡하려는 모든 사탄의 유혹에서 우리를 지켜 주옵소서. 때로 광명한 천사의 모습으로 우리에게 다가올 때 미혹당하거나 타협하지 않는 정금 같은 믿음으로 이길 수 있도록 우리 생각과 마음을 주님이 온전히 다스려 주옵소서.

하나님의 말씀은 살아 있고 활력이 있어 좌우에
날선 어떤 검보다도 예리하여 혼과 영과 및 관절
과 골수를 찔러 쪼개기까지 하며 또 마음의 생각
과 뜻을 판단하나니

_히 4:12

종교의 진수는 인간의 정신과 영혼을 바로잡는 것
이다. 치유는 하나님의 물리적, 정신적, 영적 법칙
에 대해 사람이 올바른 관계로 서도록 만드는 것
이다.

_찰스 L. 앨런(Charles L. Allen), 미국 감리교 목회자, 작가

인간은 물질적 차원인 육체와 초자연적 차원인 영과 혼으로 구성된 다차원적인 존재다. 물리-화학-생물학적 차원이 물질적 차원이라면, 심리-윤리-종교적 차원은 정신적 또는 영적 차원이라고 할 수 있다. 무신론자들은 정신적, 영적 차원의 초자연적 부분을 무시함으로써 인간 존재의 상당 부분에 대한 이해를 포기해 버린다.

심리학(psychology)의 그리스어 어원은 '영혼'을 뜻하는 프쉬케(psyche)와 '말씀 또는 이치'를 뜻하는 로고스(logos)에서 파생되어 '학문'의 접미사로 사용되는 올로지(-ology)가 합쳐진 단어다. 이것이 뜻하는 것처럼 심리학은 영혼을 탐구하는 학문으로 19세기 후반에 등장한 인간의 행동과 심리 과정을 연구하는 경험 과학의 한 분야다. 기독교는 다른 어떤 세계관보다 영적인 측면과 심리학에 대해 더 깊은 관심을 가지고 있다. 그러나 인본주의, 공산주의, 포스트모더니즘의 이론들을 포함하는 현대 심리학을 검토해 보면, 세속 심리학과 기독교 사이에 심각한 충돌이 있음을 깨닫게 된다. 그것은 세속 심리학의 뼈대를 세운 프로이트, 스키너, 파블로프, 매슬로우, 라캉 등이 모두 무신론적인 세계관에 기반하고 있으며 이들이 현대 심리학의 주류를 형성하고 있기 때문이다.

무신론적 세계관은 초자연을 완전히 부정하지만, 세속적 심리학자들은 자기 자신에게 정신(情神)이 있음을 부정할 수 없다. 이들은 "이 무시할 수 없는 초자연인 정신이 육체와 독립적인가? 혹은 육체에 종속적인가?"라는 질문에 대하여 심신 일원론을 주장한다. 정신과 몸은 하나의 근본적 실체이며, 정신은 육체적 뇌 활동의 부수 현상(epiphenomenon)이라는 것이다. 인간의 생명 신호(vital signs)가 꺼지면, 인간에 속하는 초자연적 현상인 자아, 의식, 마음 등도 자취 없이 사라져 버린다. 인간이 죽으면 끝이므로, 죽음 이후를 걱정할 필요가 없는 것이다. 무신론자들이 전통적 윤리를 무시하고 파괴하는 배경에는 이런 심리학이 자리 잡고 있다. 이러한 생각은 인간을 주어진 상황에서 어떤 자극에 대해 한 가지 방식으로만 반응하는 기계처럼 생각하는 스키너의 전통적 행동주의 심리학에서 영향을 받았다. 오직 유물론적 자연주의로만 인간의 행동을 설명하고 싶어 하는 무신론자들의 필요를 충족시키기 때문이다.

유교는 무신론이지만 영혼과 귀신의 존재를 인정한다. 주역에서 귀신(鬼神)은 각각 음양의 영험한 기운이기 때문에 공경하지만 멀리해야 한다고 가르친다. 앞서 말했듯 기가 모이면 생명이고, 기가 흩어지면 죽음이라 설명한다. 양의 영이 모이면 혼(영혼)이, 음의 영이 모이면 백(육체)이 되어 혼백이 합쳐져 생명이 된다. 반대로 혼백이 흩어지면 죽음이 되고, 혼은 흩어져서 하늘로, 백은 흩어져서 흙으로 돌아간다고 생각한다. 심신의 독립적 존재와 근원은 인정하면서, 생명 현상이 유지될 때는 심신이 합쳐져 있고, 생명 현상이 끝나면 심신이 흩어지는 것은 유신론과 같다. 그러나 죽음의 결과로 영혼이 소멸하는 것은 심신 일원론과 같다. 결국, 모든 무신론은 생명이 있을 때는 심신의 일체화를, 생명이 없어지면 영혼은 자취 없이 사라지는 것을 지지한다.

기독교와 이슬람과 같은 유일신 종교는 정신과 육체를 근본적으로 구별하는 심신 이원론을 주장한다. 그러나 영지주의에서 말하는 "육은 악하고 영혼은 선하다"는 의미의 이분법은 아니다. "내 영혼아 여호와를 송축하라"(시 103:1)의 영혼은 육체까지 포함한 개인의 모든 정체성을 포함하지만, "혼과 영과 및 관절과 골수"(히 4:12)의 영혼은 육체인 관절과 골수와는 분명히 분리된 초자연을 뜻하는 것이다. 기독교 심리학에서 말하는 심신 이원론 혹은 영(spirit), 혼(soul), 육(body) 삼원론은 육체와는 분명히 구별되는 후자를 의미한다.

　신경과 신경 사이의 연접부인 시냅스의 구조와 신호의 전달에 대한 발견으로 노벨 의학상을 수상한 신경 생리학자 존 에클스 경(Sir. John Eccles)은 심신 이원론이 인간 의식의 여러 현상들을 설명할 수 있는 유일한 방법이라고 믿는다. 그가 과학자로서 이 결론에 도달한 이유는 '개인 정체성의 일관성 유지' 때문이다. 인간의 육체, 특히 뇌를 구성하고 있는 모든 분자들은 지속적으로 새로운 것으로 교체되고 있다. 그렇지만 인간의 정체성은 수십 년 전의 자신과 본질적으로 같다.[38] 뇌의 내용물이 지속적으로 변화하고 있으므로 의식이 물리적 뇌에 완전히 의존하고 있는 상태라면, 이러한 정체성의 통일성과 통합성은 존재할 수 없다. 인간의 기억 역시 단일한 정체성의 또 다른 측면인데, 어떤 특정한 기억과 그것이 기록되어 있다고 여겨지는 신경 세포 혹은 그 속의 물질 사이에 정확한 일대일의 관계를 찾을 수 없는 것이 사실이다.[39]

　물리적 뇌보다 더 우월한 초자연적인 무언가의 존재, 즉 '육체에 종속되지 않는 영혼'이라는 개념 없이는 인간의 정체성과 기억의 통일성을 무신론자들이 설명하기 힘들다. 최근 뇌 과학과 분자 유전학의 발달로 특정 유전자의 기능을 없애 버리는 실험이 가능해지면서 기억과 연관된다고 주장하는 많은 유전자가 제안되고 있다. 그러나 대부분의 경우, 첫 발견자들의 희망 가득한 해석에 불과하며 앞서 제기된 영-육 간의 관계를 설명하지 못하는 것에는 변함이 없다.

　전통적 행동주의를 비롯한 여러 세속적 심리학 분파에서는 인간의 자유 의지를 부정하다. 유물론적인 물질로만 인간을 바라볼 때, 모든 인간은 같은 자극에 대해 비슷한 반응을 나타내는 기계와 같다고 간주한다. 인간의 선택은 정해진 환경에 따라 자동적으로 나타나는 반응이기에 인간의 죄성을 그 환경을 조성한 창조주의 탓으로 돌리거나, 개인이 아닌 환경 혹은 개인을 둘러싼 사회로 전가하게 된다.

반면에 기독교 심리학은 아담 이래로 타락한 인간의 영혼 문제를 제기한다. 프란시스 쉐퍼는 인간 심리의 근본적 문제는 "스스로 피조물이고자 하는 의지가 없는 대신 신이 되고자 하는 의지가 너무 강한 것"이라 규정한다.[40] 하나님은 인간에게 자유 의지를 부여하시고, 그 의지를 사용하여 자발적으로 하나님과의 관계를 이루어 가기를 원하셨다. 하지만 인간이 그 의지를 사용하여 불순종을 선택한 것이다. 성경은 "만물보다 거짓되고 심히 부패한 것"(렘 17:9)이 바로 인간의 마음이며 "하나님이 없다"(시 14:1)며 하나님의 존재를 부정하는 것이 인간의 마음이라고 말한다. 기독교 심리학만이 인간의 영혼과 마음과 의지를 하나님과의 관계 안에서 깨닫게 할 수 있다.

二　　　　　28장을 마무리하며　　　　　二

1. 영(spirit), 혼(soul), 육(body)

+하나님의 말씀은 살아 있고 활력이 있어 좌우에 날 선 어떤 검보다도 예리하여 혼과 영과 및 관절과 골수를 찔러 쪼개기까지 하며 또 마음의 생각과 뜻을 판단하나니_히 4:12

+평강의 하나님이 친히 너희를 온전히 거룩하게 하시고 또 너희의 온 영과 혼과 몸이 우리 주 예수 그리스도께서 강림하실 때에 흠 없게 보전되기를 원하노라_살전 5:23

+사랑하는 자여 네 영혼이 잘됨 같이 네가 범사에 잘되고 강건하기를 내가 간구하노라_요삼 1:2

2. 적용과 토론

+"정신은 뇌의 생화학 작용의 부산물이며 뇌 활동의 결과일 뿐이고, 생명이 다하면 완전히 사라진다"는 주장에 대한 당신의 생각은?

+"인간은 기계와 같다"와 같은 환원주의적 생각에 대한 당신의 의견은?

3. 기도

+사랑하는 주님, 이 시간 간절히 기도합니다. 우리 영혼이 주님 안에서 강건할 때, 모든 일이 잘되고 강건할 수 있는 영적 질서와 원리를 성령 안에서 온전히 깨닫는 시간이 되게 하옵소서.

우리가 아직 죄인 되었을 때에 그리스도께서 우리
를 위하여 죽으심으로 하나님께서 우리에 대한 자
기의 사랑을 확증하셨느니라

_롬 5:8

원죄 교리와 인간 자유 의지의 존재를 인정하는
것의 가장 큰 장점은 죄에 대하여 우리 자신에게
책임을 묻고, 우리 상태에 의미를 부여하고, 변화
의 방향성에 대한 책임을 우리 자신에게 도입하는
것이다.

_폴 비츠(Paul C. Vitz), 미국의 심리학자

기독교 심리학은 창세기 3장의 선악과 사건을 통해, 하나님이 인간에게 부여하신 자유 의지로 불순종을 선택한 인간의 마음에 실존하는 객관적인 죄를 보여 준다. 또한 그로 인한 하나님과의 관계, 다른 인간과의 관계, 자연과의 관계가 뒤틀리는 인간의 원죄를 인정한다. 우리는 자신의 내부 정보를 통해 하나님과 그분이 정한 도덕률에 반발하려는 경향이 자신에게 있음을 알 수 있다. 미국의 심리학자 폴 비츠는 "원죄 교리와 인간 자유 의지의 존재를 인정하는 것의 가장 큰 장점은 죄에 대하여 우리 자신에게 책임을 묻고, 우리 상태에 의미를 부여하고, 변화의 방향성에 대한 책임을 우리 자신에게 도입하는 것"이라고 주장한다.[41]

반면에 세속적 심리학은 세속적 신학, 철학, 과학의 가설들에 영향을 받고 있다. 무신론자들은 초자연을 부인하기 때문에 인간의 정신에 대해서도 물질적인 방법으로밖에 연구할 수 없다는 심신 일원론의 입장을 취하고 있다. 이런 무신론적 심신 일원론에 가장 합당한 심리학의 분파는 행동주의다. 이것은 눈으로 관찰 가능한 행동만으로 심리를 연구할 수 있다는 주장인데, 무신론자들은 논리적으로 행동주의 심리학을 택해야 마땅하다. 그러나 실제로 무신론자들 중에 행동주의를 취하는 사람은 극히 드물다. 왜냐하면 인간의 자유 의지를 전혀 인정하지 않는 단순한 기계로 취급하는 어처구니없는 이론이기 때문이다. 따라서 대부분의 무신론 심리학자들은 제3세력 심리학에 속해 있다.[42] 이것은 인간의 자유를 부정하는 스키너의 행동주의 심리학(제2세력), 사회와의 관계는 도외시하고 개인의 내면에만 집중하는 프로이트의 임상 심리학(제1세력)에 대한 반동으로 형성된 것이다.

이러한 인본주의 심리학은 원죄를 부정하고, 하나님이 제시하셨지만 인간이 지키기는 너무 힘든 도덕률 탓에 기독교인들에게 '심리적 죄책감'이 생겼다고 주장한다. 원래 인간은 죄 없이 태어나지만, 가정이나 교회나 국가와 같은 잘못된 사회 기관의 악한 문화로 인해 자신이 책임지지 않아도 될 죄에 대하여 심리적 죄책감만 느낄 뿐이라는 것이다. 그러나 인본주의 심리학자 롤로 메이(Rollo May)는 "개인의 악한 행동의 근원이 문화의 영향이라는 주장은 문화를 적으로 만들어 버린다. 그리고 당신이나 나 같은 사람들이 아니면 누가 문화를 형성하는가"[43]라고 질문하며 그 주장에 반대한다. 우리 개개인 안에 악으로 향하는 무엇인가가 존재하지 않는다면, 어떻게 문화나 사회가 악해질 수 있겠는가?

개인이 가진 죄와 그에 대한 죄책감은 인간을 고통스럽게 만들고, 심한 경우에는 병증으로 나타나기도 한다. 따라서 각 심리학의 분파들은 인간을 짓누르는 죄책감을 어떻게 해소할 것인가에 대한 나름의 대답을 제시하고 있다.

무신론적 인본주의에서는 인간 내면의 죄 자체를 부정하는 것을 방법으로 제시한다. 인간은 선하여 완전을 이룰 수 있는데, 사회 제도의 문제로 죄를 범할 수 있다. 그리고 이로 인한 죄책감으로부터의 회복은 인간 내면의 선한 자아와 접촉함으로써 가능하다는 것이다. 이들이 주장하는 인간에게 내재한 선한 자아라는 개념은 성경이 의미하는 절대적인 선이 아닌 상대적인 선이다. 대부분의 인간들이 절대적 기준이 존재하지 않는다고 생각하며, 스스로가 선하게 평가받을 수 있는 기준을 만드는 것이 보통이다. 그러나 이러한 태도는 앞서 제기한 롤로 메이의 질문에 대답할 말이 없다.

조이스 밀턴(Joyce Milton)은 《The Road to Malpsychia》[44], 번역하면 '정신 이상으로 가는 길'이라는 책에서 세속적 인본주의 심리학의 선구자들과 정신과 의사들이 제시한 학문적 주장과 그들의 삶을 비교하였다. 그리고 그들의 주장이 어떻게 현실 적용에 실패했는지를 적나라하게 고발한다. 예를 들어, 하버드대학교의 티모시 리어리(Timothy Leary)라는 심리학자는 환자들과 성관계를 가지고, 환각제를 복용하고, 학생들에게 마약을 권장하는 등 너무나 많은 문제를 야기했다. 이처럼 인본주의 심리학은 어떤 것도 해결하지 못하며 심지어 없던 새로운 질병을 만들어 내고 있으며, 그들의 치료가 바로 질병이라는 비난까지 받고 있다.

뉴에이지는 소위 브라만(신, 큰 나, 고등한 의식)과 아트만(작은 나)이 하나가 될 때 모든 것을 지적으로 깨달을 수 있고, 자신의 문제에 대해서도 해결책을 찾을 수 있다고 말한다. 불교에서 말하는 큰 깨달음, 혹은 해탈의 경지에 이르는 것이다. 그러나 개개인이 이러한 경지에 이르기는 힘들 뿐만 아니라, 그들이 해결책으로 제시한 방법이 명상, 요가, 참선, 최면, 불 속을 걷기, 영혼과의 교류 등이며 심지어 마약 복용까지 권한다니 실망하지 않을 수 없다.

포스트모더니즘의 경우, 개인의 자유가 최고의 미덕이기 때문에 선과 악, 정상과 비정상의 경계가 불분명하다. 또한 이들은 '지킬 박사와 하이드'처럼 시간과 장소에 따라 다른 정체성을 나타내는 다중인격의 인간을 허용한다. 그렇기 때문에 범죄를 저지른 후에 "그건 나의 다른 자아였어. 지금의 내가 아니야"라고 책임을 회피할 수 있게 만드는 파괴적인 심리학이다.

우리 자신이 어둠 속에 있을 때에는 세속 심리학자들의 달콤한 설명에 넘어가 자신의 죄를 눈감고 지나갈 수 있다. 그러나 참 빛이 나에게 비춰 올 때, 그 빛 가운데 나의 모든 죄가 드러난다. 그리고 어떤 사람이 어떤 말로 나를 위로하더라도 그 죄의 존재와 그로 인한 죄책감을 부인할 수 없다. C. S. 루이스는 "내 죄가 밝은 그 빛 속에서 드러나 버린 낭패스러운 상황에서, 자신의 죄를 인정할 수밖에 없을 때에야 비로소 예수 그리스도의 십자가 대속이 나에게 복음으로 다가온다"고 주장했다.[45]

기독교 심리학에서 인간을 괴롭히는 죄책감을 해결하는 것은 각 개인에게 실존하는 원죄와 죄로 향하는 속성을 인정하는 것에서 시작한다. 그로 인해 발생한 죄책감과 고통과 질병은 십자가를 바라보게 만드는 동력이 된다. 십자가의 복음만이 나와 하나님, 나와 이웃, 나와 자연환경이 화해할 수 있는 길을 제시한다. 그리고 회복된 개인에게 부여하시는 도덕적 책임감을 통해 개인과 사회가 개선될 수 있다.

二　　　　　29장을 마무리하며　　　　　二

1. 회개 vs 죄책감

+하나님의 뜻대로 하는 근심은 후회할 것이 없는 구원에 이르게 하는 회개를 이루는 것이요 세상 근심은 사망을 이루는 것이니라_고후 7:10

+하나님이 세상을 이처럼 사랑하사 독생자를 주셨으니 이는 그를 믿는 자마다 멸망하지 않고 영생을 얻게 하심이라_요 3:16

+우리가 아직 죄인 되었을 때에 그리스도께서 우리를 위하여 죽으심으로 하

나님께서 우리에 대한 자기의 사랑을 확증하셨느니라_롬 5:8

2. 적용과 토론

+지금 나를 괴롭히는 죄책감이 있는가? 그것을 어떻게 해결하는가?

+기질적 문제가 없는 정신적 문제를 다루는 첫 단계는 우리가 죄로부터 돌아
서는 데 필요한 모든 힘을 성령님이 제공하실 것을 믿고, 그분이 책임을 지
게 하는 것이다.

+기독교적 치유의 핵심은 죄의 고백이다. 그리스도를 통한 죄의 용서, 하나
님과의 화해, 그리고 성화의 과정이다.

3. 기도

+사랑하는 주님, 사망을 이루는 세상 근심에 사로잡힌 자가 되지 않게 하시
고, 구원에 이르는 참된 회개를 할 수 있도록 성령님이 이 시간 충만한 임재
로 우리를 밝히 조명하시고 인도하여 주옵소서.

그들은 잠시 자기의 뜻대로 우리를 징계하였거니
와 오직 하나님은 우리의 유익을 위하여 그의 거
룩하심에 참여하게 하시느니라

_히 12:10

하나님은 쾌락 속에서 속삭이시고, 양심 속에서
말씀하시며, 고통 속에서 소리치신다. 고통은 귀먹
은 세상을 불러 깨우는 하나님의 메가폰이다.

_C. S. 루이스

모든 인간의 삶에는 고통이 있다. 불교는 인생을 "고통이 가득한 바다"로 표현한다. 기독교와 다른 세계관들도 인생에 존재하는 고통을 부인하지 않는다. 고통은 육체적인 것과 정신적 것으로 나눌 수 있다. 심리학에서 말하는 고통은 당연히 정신적인 고통을 말할 것이다.

세속적 무신론 세계관을 가진 사람들은 고통의 문제를 제기하며, 기독교가 말하는 하나님이 존재하지 않는다고 주장한다. 전능하시고 사랑 자체이신 하나님이 어떻게 아이들을 선천적 질병을 가지고 태어나게 하거나 자신과 관계없는 전쟁으로 인해 죽어 가게 버려두신단 말인가? 전능하지 않거나, 인간을 사랑하지 않거나, 전능하지도 사랑하지도 않는 하나님이든지 차라리 존재하지 않는다고 생각하는 편이 논리적이라는 주장이다. 그래서 그들은 고통의 원인을 잘못된 사회 제도와 문화 때문으로 생각한다. 반면에 기독교는 첫 사람 아담의 선악과 사건으로 인한 하나님과의 관계 단절, 인간 사이의 관계의 뒤틀림, 자연과의 관계의 파괴 등으로 생성된 인간의 원죄가 모든 고통의 원인이라고 말한다.

고통의 원인을 다르게 해석하기 때문에 고통을 해결하려는 방법도 세계관마다 다를 수밖에 없다. 무신론 심리학에서는 개인의 고통이 사회로 인해 발생한 것이기에 사회 제도와 문화를 개선하는 것이 근본적인 해결책이라 제시한다. 이것은 개인의 노력으로 이루기 힘들기 때문에 개인이 당면한 고통의 존재 자체를 부정하거나 무시함으로써 고통을 완화하려고 시도한다. 그러나 이런 시도로 실존하는 고통을 없앨 수 없으며, 인생의 상당 부분에서 직면하는 고통을 무시하는 것은 자기 삶을 스스로 무시하는 것으로 연결된다.

반면에 기독교 심리학에서는 하나님이 사랑하는 자와의 관계를 회복하기 위한 방법으로 고통을 사용하실 수 있다고 믿는다. 하나님은 그 고통을 통해 하나님과 단절된 관계를, 인간 간에 뒤틀린 관계를, 자연과의 파괴된 관계를 되돌아볼 수 있는 기회를 주시고, 예수 그리스도의 복음을 통해 관계를 회복할 방법을 제시하신다. 킬패트릭(Kirk Kilpatrick)은 "어떤 세계관의 진정성을 평가하는 잣대는 그 세계관의 방법이 고통을 없앨 수 있느냐의 여부가 아니다. 없앨 수 없는 그 고통이 무엇을 의미하는지 알려 주느냐는 것이다. 이 부분에서 우리는 세속 심리학에 실망하게 되고, 기독교에서 희망을 찾게 된다. 세속 심리학에서는 고통이 아무런 의미도 없지만, 기독교에서는 중대한 의미가 있기 때문이다"라고 주장한다.[46]

C. S. 루이스는 그의 저서 《고통의 문제》에서 인간의 원죄를 다음과 같이 비유한다.

"피조물이 자기 마음대로 하려는 것은 본분을 벗어나는 행위로서 '타락'이라 할 수 있는 심각한 죄다. 그 선택 이후 인간의 영혼은 자기의 본성을 스스로 다스릴 힘을 잃었을 뿐만 아니라 악에 의해 지배받는 형편이 되었다. 이 상태는 유전으로 후손에게 전달되었는데, 생물학자들이 말하는 단순한 한두 가지 형질의 획득에 불과한 것이 아니었다. 새로운 종류의 인간 출현을 의미했다."

인간에게 이 잘못된 본성에 대한 치료가 고통스러울 수밖에 없는 까닭은 너무나 오랫동안 자기 것으로 주장해 온 의지를 하나님에게 반환하는 일이기 때문이다. 이 일은 언제 어디에서 어떤 식으로 이루어지든 간에 인간에게는 가혹한 고통이 될 수밖에 없다. 루이스는 고통이란 관계 회복을 원하시는 하나님의 신호라고 주장한다.

프로이트로부터 시작한 제1세대 심리학은 정신 질환을 일으키는 인간의 심리적 문제를 찾아 그것을 제거하는 데 집중하였다. 이후 1990년대부터 마틴 셀리그만(Martin Seligman)을 필두로 인간을 행복하게 만드는 요소를 찾아 그것을 강화하려는 '긍정의 심리학'이 주류를 이루고 있다. 2005년 〈타임〉지의 '특수 심신 문제'를 다룬 기획 조사에서는 종교적인 사람이 무신론자보다 더 행복감을 느끼는데, 그 이유는 종교가 다른 분야에서 생각하기 어려운 통합적 서사를 제공하기 때문이라고 분석하였다. 기독교에서 금지하는 도둑질, 간음, 속임수, 술, 담배, 마약 등은 중독적 특성이 강한 것들로 그 규칙을 지키는 사람들의 삶을 단순하게 안정시킴으로써 행복감을 느끼게 할 수 있다.[47]

하버드대학교 성인발달연구소는 75년간 724명의 인생을 추적하여 무엇이 인간을 행복하게 하는가를 연구한 결과를 《행복의 조건》이라는 책으로 발표하였다. 그 결과, 행복은 부, 명예, 성취에 있지 않음이 알려졌다. 관계적 연결이 좋고 많은 사람이 육체적, 정신적으로 건강하고, 더 오래 살며 행복감을 느낀다. 또 육체적 질병 중에도 행복감을 느끼며 나이가 들어서도 더 나은 기억력을 유지한다.[48] 예일대학교 로리 산토스(Laurie Santos) 교수도 〈심리학과 좋은 삶〉이란 강의[49]에서 "감사할 줄 알고, 작은 것에서 기쁨을 찾으며 이웃을 돌아보는 삶에서 행복감을 느낀다"고 주장한다.

기독교인은 성경을 통해 인간의 본성을 알 수 있고, 고통의 근원을 알 수 있으며, 그 해결책을 알 수 있다. 세속 심리학에서 행복의 조건으로 제안하는 좋은 관계, 감사, 마음의 여유 같은 것을 얻는 방법은 예수님의 산상수훈이나 바울의 서신에서 끊임없이 들어 온 조언이다. 그리고 그 무엇보다 모든 고통의 문제에 답이 되시는 예수 그리스도의 십자가 복음이 우리에게 거저 주어지지 않았던가. 기독교 심리학과 세속 심리학의 조언 중에서 무엇을 선택할 것인가의 문제는 아담과 하와에게 주어진 선택의 문제와 같다. 하나님을 믿을 것인가, 네가 신이 될 수 있다는 뱀의 말을 믿을 것인가의 선택이라는 뜻이다.

二　　　　　 ## 30장을 마무리하며　　　　 二

1. 고통의 문제와 회복

+그들은 잠시 자기의 뜻대로 우리를 징계하였거니와 오직 하나님은 우리의 유익을 위하여 그의 거룩하심에 참여하게 하시느니라_히 12:10

+무릇 징계가 당시에는 즐거워 보이지 않고 슬퍼 보이나 후에 그로 말미암아 연단 받은 자들은 의와 평강의 열매를 맺느니라_히 12:11

2. 적용과 토론

+개인적인 문제로 마음의 고통이 생길 때, 어떻게 해결하는가?

+"무릇 징계가 당시에는 즐거워 보이지 않고 슬퍼 보이나 후에 그로 말미암아 연단 받은 자들은 의와 평강의 열매를 맺느니라"(히 12:11)는 말씀에 대한 개인적인 경험을 나누어 보자.

+행복의 조건의 가장 중요한 요소가 친밀하고 튼튼한 관계라고 한다. 당신이 이런 관계를 얻을 수 있는 곳은 어디인가?

3. 기도

+하나님 아버지, 십자가의 사랑으로 우리를 기다리시는 하나님께로 진정 돌이키기 원합니다. 상처를 싸매어 낫게 하시고, 우리를 살리시며 일으키시는 완전한 회복의 주님께로 나아갑니다. 고통 중에도 하나님의 음성에 귀기울이며 믿음으로 순종하여 의와 평강의 열매를 맺게 하옵소서.

그러므로 사람이 부모를 떠나 그의 아내와 합하여
그 둘이 한 육체가 될지니

_엡 5:31

결혼과 가정생활은 오늘날까지 지속되고 있으며
불안정한 신경증적 풍조에 원인을 제공한다. 이
풍조야말로 더 건강한 삶의 방식을 받아들이는 것
을 어렵게 만든다.

_로렌스 캐슬러(Lawrence Casler), 인본주의자

기독교는 모든 죄의 근원이 하나님과 관계가 단절된 인간의 영혼과 악으로 향하는 영혼의 자유 의지에 있다고 규정한다. 죄에 대한 책임과 회복의 책임은 사회 전체보다는 개인에게 있다. 반면에 무신론자들은 우리를 둘러싸고 있는 사회 문화가 개인의 의식과 행동을 결정짓는다고 주장한다. 그러므로 죄의 근원을 잘못된 사회와 그 문화에서 찾는다. 대부분의 사회학자가 가족이나 교회나 국가와 같은 사회 기관을 인정하기에 각 세계관이 이런 사회 기관들을 사회의 죄악과 연관하여 어떻게 규정하고 있는지를 알아 둘 필요가 있다.

성경에서 결혼은 하나님이 최초로 제정하신 제도(창 2:24)이며 가정은 사회의 기반을 이루는 최소 단위이자 하나님의 기업을 나누어 받는 단위다(수 13:15). 특히 고대 이스라엘의 가정은 율법의 근원이자 신앙의 대상이신 여호와 하나님의 유일성에 대한 신앙고백(쉐마)을 자녀에게 가르쳐 양육하는 기관의 역할을 했다(신 6:4-9). 하나님이 원래 고안하신 결혼 형태는 일부일처제다(창 2:24; 딤전 3:2, 12; 딛 1:6). 아브라함의 아내 사라와 몸종 하갈의 갈등(창 16장)이나 야곱의 두 아내 라헬과 레아의 갈등(창 30장)은 일부다처제에서 생기는 문제점들을 보여 준다. 성경에서 말하는 부부란 예수 그리스도와 교회처럼 서로 사랑하고 존경하는 관계다(엡 5:23). 이처럼 기독교는 결혼과 가정 제도에 명확히 지켜야 할 기준이 있음을 우리에게 가르쳐 준다.

그에 반해 이슬람은 일부다처제를 허용하는데 기본적으로 남녀 불평등의 법률을 가지고 있다. 남편은 외도해도 되고, 아내가 마음에 안 들면 때리거나 이혼할 수도 있는데, 그 반대는 허용되지 않는다. 간음의 경우에도 남성보다 여성에게 훨씬 더 심한 벌이 적용된다. 무슬림 가정은 가부장적이며 여성들은 아들을 낳아야 하는 상황에 몰

리게 된다. 알라보다는 무함마드의 전통에 더 의존하는 가부장적 권위주의가 억압적인 문화를 형성했다.[50]

인본주의는 기독교의 이성애적 일부일처제를 실패한 사회 제도로 규정하는데, 인간의 성장 가능성을 제한하는 제도로 여기기 때문이다. 특히 극단적 페미니스트들은 전통적 가정은 남성이 여성을 지배하도록 만든 사회 구조에 지나지 않는다고 주장한다. 여성이 남편의 하녀이자 가정부로서 역할을 하고, 아이를 낳아 양육하는 역할을 하게 함으로써 노동 시장의 희생자로 만들었다는 것이다. 인본주의자들은 전통적 결혼 제도 대신에 개방 결혼, 3인 결혼, 결혼 조합, 집단 결혼, 배우자 교환, 동거 등 다양한 방법을 제시한다. 그러나 성적인 결합의 결과인 임신에 대해서는 피임과 낙태를 허용하고, 태어난 자녀에 대해서는 국가가 양육을 책임지는 공공 양육 제도를 제안하기도 한다.

마르크스주의 사회에서 전통적 가족 제도는 부르주아들이 프롤레타리아를 지배하기 위한 제도로 폄하된다. 노동자들에게 가족이란 혁명 의식이 결여되도록 만드는 걸림돌이며 제거되어야 할 대상이다. 엥겔스는 프롤레타리아 혁명 이후의 사회에 대해 가정이 사회의 산업으로 변화할 것으로 예측했다. 학교가 가정의 역할을 담당할 것이며, 아이들의 양육이나 교육은 국가가 맡아야 할 공적인 일이 될 것으로 내다봤다. 자유로운 성관계가 증가하면서 간음은 의미가 없어지며 태어나는 아이가 적자인지 서자인지도 의미가 없게 될 것이라고 주장하였다.[51]

뉴에이지에서 전통적인 가정은 미개한 기관이다. 뉴에이지는 어떤 실패든지 의미 있게 보기 때문에 가정은 미개한 기관이지만, 깨달음을 위해서는 나름의 의미가 있다고 말한다. 성적인 자유는 진보의 일부로서 성행위는 육적으로든 영적으로든 스스로 탐험하는 것이다. 따라서 성적 취향을 선악으로 판단해서는 안 되며 상호 간에 나누는 육적-영적 대화로 인정해야 한다고 주장한다. 즉 성행위와 결혼은 큰 깨달음을 향해 나아가는 과정 중의 일부로서 선악의 판단 기준 밖의 일이며, 반드시 지켜야 할 가치도 아닌 것이다.

포스트모더니즘은 결혼을 가장 큰 악으로 여긴다. 사랑, 성, 결혼의 전통적인 개념을 혐오한다. 모든 방면에서 개인의 자유를 최대한 보장하는 것을 가장 우선시하기 때문에 어떤 절대적인 기준이 있다는 것을 참지 못한다. 그래서 동성애, 양성애, 성전환, 성 정체성의 혼란 등 성 정체성의 자발적 선택에 무한한 자유를 부여한다. 또 성관계의 형태에 있어서도 결혼으로 맺어진 부부 관계를 비롯하여 생식기적 관계, 동거, 공동생활 등 다양한 형태의 성적 실험을 자유롭게 추구한다.

이처럼 기독교와 이슬람을 제외한 대부분의 세계관은 전통적인 성-결혼-가정의 가치를 파괴하고 있다. 프로이트는 정신 질환의 원인이 기독교 도덕률에 의한 성적인 억압에 있다고 주장하였다. 이후 빌헬름 라이히(Wilhelm Reich)의 성 혁명 필요성의 주장과 루카치와 그람시에 의해 기독교 문화를 뒤엎어 버릴 문화 혁명으로서의 성 해방의 이념이 세워졌다.[52] 그 이념에 따라 알프레드 킨제이(Alfred Kinsey)는 거짓 통계 자료로 도배된 〈킨제이 보고서〉[53]를 생산했고, 소위 68운동을 통해 그동안 성을 억압해 왔던 모든 성적 규제를 타파하자는 주장이 일어났고, 현재 실행되고 있다.

조지 길더(George Gilder)가 주장한 바와 같이 사회 구성원들의 결혼과 가정의 상태는 사회 전체의 상태를 나타낸다. 결국, 가정의 문제는 사회의 문제인 것이다.[54] 성경에서 하나님은 남자와 여자를 창조하시고, 그들에게 복을 주시며 생육-번성-충만-정복-다스림의 생육 및 문화 명령을 부여하셨다. 또 "그러므로 사람이 그 부모를 떠나서 아내에게 합하여 그 둘이 한 몸이 될지니라 … 그런즉 이제 둘이 아니요 한 몸이니 그러므로 하나님이 짝지어 주신 것을 사람이 나누지 못할지니라"(마 19:5-6)라는 말씀을 통해 남녀 한 쌍의 친밀하고도 안정적인 부부 관계를 바탕으로 흔들림 없는 가정을 세울 것을 명령하셨다.

우리는 성적 타락을 유도함으로써 결혼 제도와 가정을 약화시키려는 다른 세속 세계관들의 공격으로부터 가정을 지켜야 한다. 특히 차별 금지법, 생활동반자법, 낙태죄 폐지 등 입법 및 폐지를 통해 가정을 조직적으로 와해시키려는 세력으로부터 눈을 부릅뜨고 가정을 지켜야 한다. 하나님의 명령은 시대나 문화의 변화와 관계없이 지켜져야 하기 때문이다.

二   31장을 마무리하며   二

1. 결혼과 가정의 목적: 거룩 vs 행복

+오직 너희를 부르신 거룩한 이처럼 너희도 모든 행실에 거룩한 자가 되라

_벧전 1:15

+자기 앞에 영광스러운 교회로 세우사 티나 주름 잡힌 것이나 이런 것들이 없이 거룩하고 흠이 없게 하려 하심이라_엡 5:27

+그러므로 사람이 부모를 떠나 그의 아내와 합하여 그 둘이 한 육체가 될지
니_엡 5:31

2. 적용과 토론

+불행한 가정에서 자라는 것보다는 시설에서 자라는 편이 낫다는 주장을 어
떻게 생각하는가?

+깨어진 가정이 사회에 미치는 여러 부작용에 관해 서로 나누어 보자.

+깨어진 가정을 만드는 것보다 결혼하지 않는 편이 낫다는 주장을 어떻게 생
각하는가?

3. 기도

+하나님 아버지, 결혼과 가정의 목적이 행복을 넘어 주님 앞에 영광스러운
교회로 세워져 거룩하고 흠이 없게 되는 것임을 믿음으로 인정하게 하옵소
서. 결혼과 가정을 공격하는 사탄의 전략을 알게 하시고, 주 안에서 사랑과
진리로 하나 되게 하옵소서.

그는 몸인 교회의 머리시라 그가 근본이시요 죽은
자들 가운데서 먼저 나신 이시니 이는 친히 만물의
으뜸이 되려 하심이요

_골 1:18

가르치는 행위는 교실보다 훨씬 멀리까지 미치는
정치적 영향력이 있다.

_패트리샤 힐 콜린스(Patricia Hill Collins), 미국의 사회학자, 페미니스트

교실에서 어떤 과목을 가르치고 있든 간에 인본주
의적 가치를 전달하게끔 사용하라.

_ 존 J. 던피(John J. Dunphy), 미국의 인본주의 작가

각 종교에는 그 종교의 교리가 선포되는 모임과 그것을 전파하려는 사람들로 구성되는 집단이 존재한다. 기독교의 교회, 이슬람의 모스크, 불교의 절처럼 다른 종교들도 그들의 회합이 있다. 그런데 이 시대의 종교라고 할 수 있는 인본주의나 마르크스-레닌주의나 포스트모더니즘 같은 무신론은 교실을 통해 전파되고 있다.

기독교에서 교회란 복음을 통해 세상으로부터 부름을 받아 예수 그리스도를 머리로 모인 사람들의 집단을 가리킨다. 교회는 죄에 대한 회개와 구원에 대한 진리를 선포함으로써 개인과 사회를 하나님 앞으로 돌려놓는 역할을 담당하고 있다. 또한 교회는 하나님을 사랑하고 이웃을 사랑하는 것이 어떤 의미인지를 세상에 제시하는 참된 공동체의 모범을 보여 줄 의무가 있다. 성경은 그리스도와 교회의 관계를 부부의 관계로 비유하며, 사랑과 존경의 공동체가 되기를 촉구한다.

이 공동체의 가장 기반이 되는 것이 가정이다. 가정은 그 자체로 교회여야 하며, 믿음의 가정들이 연합하여 지역 교회를, 또 그 울타리를 넘어 전체 교회로 연합하여 그리스도의 사랑을 전하는 임무를 맡았다. 교회는 국가 속에 존재하지만, 국가와 구별되는 독자적인 임무가 있으며, 가정과 교회는 안전하고 안정된 사회를 유지하려는 국가의 질서를 따라야 한다.

이슬람에서는 가정, 교회, 국가 등과 같은 사회적 기관 사이에 구분이 없다. 가정이나 국가는 그들의 사원인 모스크만큼 종교적이어야 한다. 이슬람은 종교이면서 정부이기도 하다. 이슬람이 복종을 의미하는 만큼 그들의 가정, 모스크, 국가 모두 권위에 무조건 복종해야 한다. 가정에서는 가장의 가부장적 권위에, 모스크에서는 이슬람 율법을 해석해 주는 이맘의 권위에, 국가에서는 권력자에게 복종하는 것이 무슬림이 따라야 할 원칙이다. 이슬람은 신의 계시인 코란을 연구하는 것조차 신성모독으로 여기기 때문에 신학이 발달할 수 없다. 제기되는 모든 의문은 지역 모스크에서 이맘의 해석으로 해결되며 반복적인 질문은 도전으로 간주된다.

무신론인 인본주의와 공산주의에서는 가정과 교회의 역할을 교실로 이전하고 있다. 공립학교의 교실은 무신론 신앙을 퍼뜨리기 위한 사원으로서의 역할을 하고 있다. 인본주의자들은 가르치는 것이 교실보다 훨씬 멀리까지 정치적 영향력을 미친다고 말한다.[55] 그래서 존 J. 던피는 〈휴머니스트〉라는 인본주의 잡지에 발표한 "새 시대를 위한 종교"라는 글에서 학교 교사들을 일종의 성직자로 묘사했다.[56] 존 듀이는 그의 저서 《A Common Faith》에서 인본주의를 종교에 빗댔다. 공립학교가 인본주의 교과 과정을 채택하기 때문에 교사는 자신도 모르는 사이에 교실을 인본주의의 가치를 전달하는 사원으로 사용하고 있다. 인본주의자들은 〈인본주의자 선언 III〉[57]에서 "종교와 국가는 분리해야 하며 국가는 종교에 중립적이어야 한다"고 주장했다. 그러나 실제로는 다른 모든 종교를 배제하고, '무신론'이라는 종교를 주입하고 있는 것이다.

마르크스-레닌주의에서 가정은 프롤레타리아가 혁명에 나서는 것을 저해하는 기관이다. 교회는 노동자들에게 혁명을 통한 사회 개혁이라는 근본적인 치료 대신에 통증만 달래 주는 '인민의 아편'이며 타파되어야 할 구시대의 기관으로 규정짓는다. 프롤레타리아 혁명 전 가정과 교회는 자본주의의 악덕을 전수하는 장소였다. 그러나 혁명 이후 교실은 가정을 대신하여 아이들을 양육하고, 마르크스주의 철학을 주입하여 공산 사회에 부합하는 노동자를 양성하는 기관으로 전환된다. 그 교육의 내용은 무신론과 유물론적 과학이 될 것이며, 교실을 통해 기존의 부르주아 문화는 혁명적으로 삭제되고, 새로운 문화로 교체될 것이다.

뉴에이지 역시 교실을 '새 시대를 이루기 위한 전당'으로 본다. 전 인류의 미래를 건 전투가 교실에서 수행되고 있으며 승리는 새로운 신앙의 전도자로서 사명감을 정확히 자각하고 있는 교사들에 의해서 이루어질 것으로 보고 있다. 마릴린 퍼거슨(Marilyn Ferguson)은 뉴에이지 전문직 종사자 중에서 교육자가 가장 많으며[58] 그들이 뉴에이지를 이룰 새로운 세대를 양성할 수 있을 것으로 기대했다. 공립학교 교육에서 가치의 명료화나 도덕적 상대주의가 정착되어 가는 것을 보면, 뉴에이지 교사들이 그 새로운 종교의 기반을 교육 속에 형성했다고 평가할 수 있다.[59]

포스트모더니즘은 전통적 교실에서 가르치던 주류 의견만 강조할 것이 아니라 소외된 소수, 즉 유색 인종, 여성, 성 소수자, 가난한 자 등의 의견에 귀 기울여야 함을 주장한다. 이런 특성은 대학 교육에서 더욱 두드러지는데, 학교에서 제공되는 과목들도 전통적 과목은 사라지고, 인종, 성별, 인권 같은 주제에 집중하는 경향을 보인다. 이들 소외된 소수에 대한 억압을 해소하는 것이 정의이며 진리이자 정치적 올바름이라고 가르친다.

이처럼 무신론의 신앙이 교실이라는 사원을 통해 전파되는 동안, 우리 가정과 교회는 다음 세대를 그들에게 내어 주고 있다는 것을 분명히 인식해야 한다. 우리는 하나님이 우리에게 주신 생육 및 문화 명령(창 1:28)을 더 진지하게 받아들일 필요가 있다. 대도시의 비싼 주거 비용으로 인해 젊은 부부들의 맞벌이는 삶을 영위하기 위한 필수 조건이라고 할 수 있다. 부부가 같이 일하기 위해서는 자녀 양육에 관한 문제를 해결해야 한다. 무신론적 이상주의(인본주의, 공산주의)에서는 그 일을 정부나 당이 맡아서 해야 한다고 선전한다.

앞서 말한 바와 같이 영-유아기는 각 개인의 세계관 선글라스에 바탕색이 칠해지는 시간이다. 기독교 가정의 부모들은 하나님이 어떤 분이신지를 자녀들에게 알릴 수 있는 이 독점적 기회의 시기를 헛되이 보낼 수 없다. 자녀 교육은 부모에게 맡겨진 가장 큰 의무이고, 그 방법을 쉐마로 분명히 알려 주셨다(신 6:4-9). 지역 교회와 가정은 각자의 형편에 따라 어떻게 하면 복음의 진리를 사랑으로 전할 수 있는가에 관해 심각하게 고민해야 한다.

二 　　32장을 마무리하며 　　二

1. 교회, 교실, 가정

　+그는 몸인 교회의 머리시라 그가 근본이시요 죽은 자들 가운데서 먼저 나신 이시니 이는 친히 만물의 으뜸이 되려 하심이요_골 1:18

　+여호와를 경외하는 것이 지혜의 근본이요 거룩하신 자를 아는 것이 명철이니라_잠 9:10

　+네 모든 자녀는 여호와의 교훈을 받을 것이니 네 자녀에게는 큰 평안이 있을 것이며_사 54:13

2. 적용과 토론

+교실이 무신론의 전당이라는 말을 어떻게 받아들이는가?

+국가가 자녀 양육을 책임지겠다는 선전을 어떻게 생각하는가?

+어떻게 하면 우리 자녀들이 받고 있는 공교육의 내용에 영향을 줄 수 있을
지 토의해 보자.

3. 기도

+하나님 아버지, 무신론의 신앙이 교실이라는 사원을 통해 전파되는 동안에
우리 가정과 교회는 다음 세대를 그들에게 내어 주고 있었음을 회개합니
다. 기독교 가정의 부모들이 자녀들에게 하나님을 알릴 수 있는 시간을 헛
되이 보내지 않도록 지혜를 주시고 도와주시옵소서.

세계가 다 내게 속하였나니 너희가 내 말을 잘 듣
고 내 언약을 지키면 너희는 모든 민족 중에서 내
소유가 되겠고

_출 19:5

우리 시대의 가장 큰 질문은 공산주의 대 개인주
의, 유럽 대 미국, 동양 대 서양도 아니다. 그 질문
은 바로 인간이 신 없이 살 수 있느냐의 문제다.

_윌 듀런트(Will Durant), 인본주의 철학자

하나님은 이스라엘을 이집트로부터 해방시키실 때 모세라는 지도자를 세우셨지만, 실제로는 모든 결정을 친히 하셨다. 이스라엘은 광야 생활 40년 동안 하나님이 가라 하시면 가고, 서라 하시면 서는 훈련을 받았다. 모세의 후계자인 여호수아를 따라 요단강을 건너 가나안에 입성했지만, 이스라엘의 통수권자는 여전히 여호와 하나님이셨다. 그러나 사사기를 지나면서 주변의 강한 이방 민족들로부터 핍박을 당하자 그들은 우리에게도 왕을 달라고 하나님께 조르기 시작했다. 하나님은 마지막 사사인 사무엘 선지자를 통해 이스라엘에 사울이라는 왕을 처음 허락하셨다. 사무엘은 하나님이 친히 다스리시는 나라에서 왕이 다스리는 나라로 바뀌면, 그들의 재물과 재능과 시간의 상당 부분을 왕에게 위임해야 하며 그에 따른 위험을 감수해야 함을 경고했지만,[60] 그들은 개의치 않았다.

하나님은 국가가 해야 할 일을 구체적으로 규정하시지는 않았지만, 성경 말씀으로 유추해 보면, 국가 지도자는 외적으로부터 백성을 보호하고, 나라 안에서 공의를 실현해야 한다. 또한 하나님이 국가의 질서를 유지하기 위한 율법을 주셨기에 율법의 준수는 필수였다. 이스라엘 왕조를 평가할 때, 율법을 하나님의 뜻에 합당하게 얼마나 지켰느냐가 지표가 되는 것만 봐도 알 수 있다.

이슬람은 처음부터 그들의 포교를 받아들이지 않는 사람들을 악의 무리로 간주하며 전쟁을 통해 그들에게 무력을 행사해서라도 이슬람을 전파하는 것이 알라의 뜻이라고 주장해 왔다. 그들은 알라가 다스리는 신정 국가를 지향한다. 이슬람 국가들은 코란에 계시되었거나, 무함마드 행전이라고 할 수 있는 하디스와 순나에 나타난 알라의 뜻을 따르는 샤리아(법체계)에 의해 통치된다. 무슬림은 샤리아와 그것을 집행히는 정치 및 종교 지도자들에게 무조건 복종할 의무가 있다. 또 알라에게 복종하듯 정치 및 종교의 권력을 아우르는 칼리프에게 복종할 것을 요구받는다. 이것이 이슬람 국가 국민들의 자유도가 떨어지는 이유이며, 그럼에도 불구하고 반정부 시위가 상대적으로 적은 이유이기도 하다.

무신론적 인본주의는 이상주의 국가의 실현을 목표로 하고 있다. 이들은 기독교에서 소중하게 여기는 가정과 교회 같은 사회 기관들을 악의 근원으로 규정하고, 이를 뜯어고치려면 사회주의적 이념을 가진 힘 있는 국가가 필요하다고 주장한다. 그들은 이상주의 국가를 실현하기 위해서는 국가가 해야 할 일이 많다고 선전하며, 그 임무를 수행하기 위해서는 국민들이 세금을 많이 내야 할 뿐만 아니라 국가에 권력을 더 많이 양도해야 한다고 설득한다. 그러나 실제로 국가가 할 수 있는 일과 가정이나 교회가 할 수 있는 일은 질적으로 매우 달라서 국가가 이들 기관을 대신할 수는 없다.

또 인본주의적 이상주의자들은 전 지구적으로 일어나는 문제에 대해서는 하나의 국가가 감당할 수 없기 때문에 범 세계적인 권력 기구가 필요하다고 주장한다. 그런 목적으로 생긴 것이 '국제 연합'(UN)이다. 그러나 실상은 국제 연합과 그 산하 기관들이 각국으로부터 예산을 받아서 하는 주된 일은 무신론의 이념을 전파하는 것이었다.

공산주의는 국가의 경계가 사라진 전 지구적 공산 사회 건설을 목표로 한다. 온 인류가 능력만큼 일하고 필요한 만큼 사용하는 사회가 이루어지려면, 공산당이 세계의 주도권을 쥐어야 한다. 그러기 위해서는 모든 인민이 일어나 부르주아가 주도하는 국가를 무너뜨리고,

인민으로부터 권한을 이양받은 공산당이 모든 권력을 차지하는 사회가 되어야 한다. 또한 전 지구적 평등이 이루어지기 위해서는 국가 간의 경계가 허물어져야 한다. 자본주의 국가에서는 노동의 가치를 시장이 결정하지만, 사회주의 및 공산주의 국가에서는 노멘클라투라라는 관리가 결정한다. 하지만 그 기준에 대해서는 밝히는 바가 없다. 공산주의가 꿈꾸는 행복한 나라는 다수결로 정의된 행복을 강제로 주입하는 것에 지나지 않는다.

뉴에이지는 국가라는 기관의 행정과 법률은 작은 자아(아트만)가 큰 자아(브라만)와 하나가 되는 것을 방해하기 때문에 가급적 개인에 간섭하지 않는 국가를 선호한다. 포스트모더니즘 역시 개인의 자유를 최고선으로 생각하고, 절대적인 기준이나 도덕률의 필요성을 부정하기 때문에 국가에 의해 강력한 법률이 시행되는 것을 찬성하지 않는다. 그들에게는 소수자와 약자를 보호하는 것이 최고의 가치다. 그래서 그 가치를 실현하기 위해서는 기존의 법질서를 지키지 않더라도 정치적으로 올바르다고 주장한다.

미국의 신학자 라인홀트 니부어(Reinhold Niebuhr)는 그의 저서 《도덕적 인간과 비도덕적 사회》[61]에서 "인간 개개인은 도덕적일 수 있지만, 집단은 비도덕적인 일을 스스럼없이 저지를 수 있으며, 어떤 경우에는 권장하기까지 한다"고 주장했다. 특히 국가라는 집단이 애국심이라는 이름으로 비인간적인 행위를 서슴없이 저질러 왔다는 것은 역사적으로도 잘 알려진 사실이다. 그러나 니부어는 사회 집단이 개인보다 더 부도덕하게 되는 것은 그들 집단에서 새로운 악이 생겨났기 때문이 아니라, 개개인의 악이 집단이 만들어 준 익명의 방어막 뒤에서 고삐가 풀린 채 날뛰기 때문이라고 주장한다.

결론적으로, 사회 집단은 그것을 구성하는 개개인의 축적된 이기적 충동을 억제할 힘이 개인에 비해 크게 떨어진다. 또 개개인의 자정 능력이 발휘된다고 할지라도 집단 이기주의에 부딪혀 변질되기 마련이므로 개선의 가능성이 희박하다. 따라서 국가 권력으로 사회 전체를 개선해 보려는 무신론적 이상주의의 무모한 시도보다는, 구속의 복음을 접한 개인이 자신의 죄를 깨닫고 변화하도록 하는 기독교의 방법이 훨씬 더 실효성이 있다.

주 예수를 믿으라 그리하면 너와 네 집이 구원을 받으리라_행 16:31

二 　　33장을 마무리하며 　　二

1. 누가 당신의 진정한 왕인가?
  + 세계가 다 내게 속하였나니 너희가 내 말을 잘 듣고 내 언약을 지키면 너희는 모든 민족 중에서 내 소유가 되겠고_출 19:5
  + 영원하신 왕 곧 썩지 아니하고 보이지 아니하고 홀로 하나이신 하나님께 존귀와 영광이 영원무궁하도록 있을지어다 아멘_딤전 1:17

2. 적용과 토론
  + 이상 국가 건설을 위한 사회 개혁에 동참하기 위해 더 많은 세금을 내고, 개인의 권리까지 이양할 용의가 있는가?
  + 국가가 제 기능을 하려면 어떤 일들을 해야 하는가? 중요한 순서대로 열거

하고, 토의하라. (예, 국방, 치안 등)

3. 기도

+하나님 아버지, 하나님을 믿는 하나님 나라의 백성이라는 기독교인의 정체
  성이 명확해지길 기도합니다. 국가 권력으로 사회를 개선시키겠다는 무신
  론적 이상주의의 감언이설에 속지 않게 하시고, 하나님 나라의 질서가 저
  로부터 회복되게 하옵소서.

사람아 주께서 선한 것이 무엇임을 네게 보이셨나
니 여호와께서 네게 구하시는 것은 오직 정의를
행하며 인자를 사랑하며 겸손하게 네 하나님과 함
께 행하는 것이 아니냐

_미 6:8

법을 그 윤리적 원천에서부터 차단하는 것은 법의
지배에 끔찍한 타격을 입히는 것이다.

_러셀 커크(Russell Kirk), 미국의 보수주의 정치 이론가

하나님은 우리에게 신법(divine law)을 주셨다. 칼 헨리(Carl Henry)는 역대하 20장 6절과 사도행전 17장 24-31절을 요약하면서, "하나님은 법률의 유일한 제정자이시다. 세상의 통치자와 입법 기관들은 모든 종교적, 윤리적, 법적 의무의 근원이 되시는 하나님 앞에 자신이 행한 일과 입장을 해명할 의무가 있다"고 주장하였다. 그의 말은 우리에게 중요한 점을 일깨워 주는데, 하나님의 주권이 미치는 영역이 법에 국한되지 않고, 삶의 전 분야라는 것이다. 따라서 절대자 하나님을 부정하는 무신론적 세계관이나 상대주의 세계관이 고안해 낸 인간 중심의 법률 체계로 인해 발생하는 문제점들을 살펴볼 때 절대적인 법체계의 중요성을 알 수 있다.

하나님은 인간을 창조하시며 그 마음에 새겨 두신 것, 즉 "창세로부터 그의 보이지 아니하는 것들 곧 그의 영원하신 능력과 신성이 그가 만드신 만물에 분명히 보여"(롬 1:20) 알리셨으므로 모른다고 핑계 댈 수 없는 '양심'이라는 기준을 주셨다(일반계시). 또한 이스라엘 백성과 맺은 언약을 통해 주신 율법이라는 계약법 조문을 통해 율법을 지킬 때의 축복과 지키지 못할 때의 저주를 명확하게 계시하셨다(특별계시).

구약의 모세오경에는 613개의 율법 조항이 실려 있다고 한다. 장 칼뱅(Jean Calvin)이 율법 조항들을 도덕법, 재판법, 의식법으로 분류하였다. 의식법은 제사법과 절기 때에 지켜야 할 정결례에 해당한다. 이것은 예수 그리스도의 십자가 대속으로 말미암아 단번에 영원히 해결되어 더 이상 필요가 없어졌다. 재판법은 시대와 장소가 변하면서 상당 부분 의미가 퇴색되었다. '십계명'을 중심으로 하는 도덕법은 '절대적이고 영속적인 법'이라고 할 수 있다.

예수님은 율법을 폐하려고 온 것이 아니라 율법을 "완전하게"(마 5:17) 하려고 왔다고 말씀하셨다. 이것은 율법을 문자 그대로 지키는 것을 넘어서서 하나님이 율법을 주신 뜻을 깨달아 그 법 정신을 지켜야 한다는 의미일 것이다.

러셀 커크는 "법을 그 윤리의 원천으로부터 분리하는 것은 법 지배에 끔찍한 타격을 입히는 것"이라고 주장했다.[62] 그러나 무신론적 인본주의자들은 절대자 하나님을 부인하기 때문에 그들에게는 절대적인 윤리나 법이 없으며, 시대가 변함에 따라 윤리와 법도 변해야 한다고 생각한다. 따라서 이들에게는 사회 질서를 유지하는 두 축에서 윤리라는 기준, 특히 하나님이 주신 절대적 기준이 완전히 상실되어 버렸다. 이러한 흐름 속에 전통적인 성 윤리의 기준이 되는 기독교와 유교적 윤리의 도덕률이 급격히 약화되었다.

개방적인 성 문화와 피임만 강조하는 성교육은 성호르몬의 분비가 시작되는 사춘기 청소년들의 성적 호기심에 불을 지르는 효과를 가져왔다. 포르노에서 본 것을 그대로 흉내 내다가 성범죄를 저지르는 청소년들이 급격히 증가함에 따라 청소년 성범죄의 증가를 억제하기 위해 처벌 강도가 점점 높아지고 있다. 도덕적으로 높은 기준을 가르쳐 주어 자제하게 함으로써 성범죄를 예방하는 방향 대신에 도덕적 기준을 아예 없애 버리고 마음대로 하도록 내버려 두었다가 죄를 저지르면 무자비하게 처벌하는 방법을 택한 것이다.

도로 교통의 흐름을 원활하면서도 안전하게 유지하기 위해서는 차선과 중앙 분리대나 보호 난간 등이 필요하다. 차선은 도덕에 해당하고, 중앙 분리대나 보호 난간은 법에 해당한다. 법을 어기고 중앙선을 넘어가 반대편에서 오는 차와 부딪치거나 길 밖으로 벗어나 낭

떠러지로 떨어지면 자신뿐 아니라 다른 사람의 생명까지도 위협하게 된다. 이를 방지하기 위해 콘크리트나 강철로 된 중앙 분리대와 보호 난간을 설치하게 되어 있다. 그러나 역주행만 하지 않는다면, 일정 조건하에 차선을 변경할 수 있게 허용함으로써 상황에 따른 유연성을 부여한다.

오늘날 우리 사회는 청소년들에게 성 윤리를 배워 자제하는 법을 가르치지는 않고, 성적 자유를 제한하지 않을 뿐만 아니라 낙태의 자유까지 허용하고 있다. 그러면서도 영아 유기, 영아 살해, 무책임한 육아 등에 대해서는 극도의 분노를 표출하며 강력한 처벌을 촉구하는 모순적인 태도를 보인다. 이것은 마치 차선이 없는 도로(도덕적 기준이 없는 상태)를 자유롭게 달리도록 허용하다가 갑자기 도로 가운데를 콘크리트 분리대(엄격한 법)로 막는 바람에 자유롭게 달리던 자동차들이 우왕좌왕하며 충돌(처벌)을 피할 수 없게 만드는 것이나 다름없다. 즉 범죄를 예방하려는 노력 없이 처벌만 강화하는 것은 법의 지배를 강화하고, 범법자만 양산하는 끔찍한 결과를 초래할 뿐이다. 어려서부터 도덕률을 잘 지키도록 가르쳐서 범죄를 예방하는 것이 훨씬 더 효과적일 것이다.

공격적 무신론자로서 진화론을 전파하던 리처드 도킨스는 2008년부터 2009년까지 런던 시내버스에 "아마 하나님은 없을걸. 그러니 이제 걱정은 그만하고 인생을 즐겨!"라는 외부 광고를 싣는 무신론 캠페인을 펼쳤다. 한마디로 "하나님은 백해무익하다"고 주장한 것이다. 그러던 그가 2019년 영국의 일간지 〈더 타임스〉와의 인터뷰에서 "인간을 바라보는 절대자를 그들의 양심에서 삭제한 결과, 사람들은 나쁜 짓을 더 쉽게 하게 되었다"고 개탄하였다.[63] 절대자와 그가 제시하는 도덕률이 건강한 사회를 유지하는 데 필요하다는 이 무신론자의 고백은 의미가 있다.

"먹을 가까이하는 사람은 검어지고, 인주를 가까이하는 사람은 붉어진다"(近墨者黑 近朱者赤)는 말이 있다. 하나님은 도덕률을 지킴으로써 죄와 거리를 두어 거룩함을 유지하라고 명령하신다. 가까이 다가가면 물들 게 뻔하기 때문이다. 성경은 "여호와께서 네게 구하시는 것은 오직 정의를 행하며 인자를 사랑하며 겸손하게 네 하나님과 함께"(미 6:8) 행하는 것이라고 말한다. 또한 "여호와는 노하기를 더디하시며 권능이 크시며 벌 받을 자를 결코 내버려 두지"(나 1:3) 아니하신다고 말한다. 하나님의 말씀을 읽으면, 정의롭게 행하려는 동기가 생긴다. 비록 우리가 도덕률과 하나님의 법을 수없이 어김에도 불구하고, 구원을 포기하지 않을 수 있는 것은 간음 현장에서 붙잡혀 온 여인에게 말씀하신 그리스도의 사랑과 자비를 의지하기 때문이다.

나도 너를 정죄하지 아니하노니 가서 다시는 죄를 범하지 말라_요 8:11

━━   ## 34장을 마무리하며   ━━

1. 법과 윤리

+사람아 주께서 선한 것이 무엇임을 네게 보이셨나니 여호와께서 네게 구하시는 것은 오직 정의를 행하며 인자를 사랑하며 겸손하게 네 하나님과 함께 행하는 것이 아니냐_미 6:8

+예수께서 일어나사 여자 외에 아무도 없는 것을 보시고 이르시되 여자여 너를 고발하던 그들이 어디 있느냐 너를 정죄한 자가 없느냐 대답하되 주여 없나이다 예수께서 이르시되 나도 너를 정죄하지 아니하노니 가서 다시는 죄를 범하지 말라 하시니라_요8:10-11

+내가 율법이나 선지자를 폐하러 온 줄로 생각하지 말라 폐하러 온 것이 아니요 완전하게 하려 함이라_마5:17

2. 적용과 토론

+윤리와 법 중에서 어떤 것에 의해 규제받기를 택할 것인가?

+구약성경의 십계명은 오늘날 우리 삶에도 적용 가능한가? 아니면 이제는 낡아서 바꾸어야 할 도덕률인가?

+내 자녀가 성범죄의 가해자일 경우와 피해자일 경우에 똑같이 적용할 수 있는 도덕률과 법을 만들어 보자.

3. 기도

+하나님 아버지, 예수님은 율법을 폐하려고 오신 것이 아니라 오히려 완성시키기 위해 오셨음을 압니다. 우리를 사랑하셔서 참생명을 주시고, 우리를 보호하기 위해 율법을 주신 하나님의 뜻을 깨달아 지킬 수 있도록 도와주옵소서.

여호와께서 그의 언약을 너희에게 반포하시고 너
희에게 지키라 명령하셨으니 곧 십계명이며 두 돌
판에 친히 쓰신 것이라

_신 4:13

성경에서 발견되는 도덕적 원리와 교훈은 모든 국
가의 헌법과 법률의 기본이 되어야 마땅하다. 인
간이 겪는 모든 불행과 악은 성경의 가르침을 경
멸하거나 무시함으로써 일어난다.

_노아 웹스터(Noah Webster), 미국의 영문학자, 역사학자, 〈웹스터 사전〉 편찬

하나님은 일반계시와 특별계시를 통해 하나님의 뜻인 신법을 우리에게 주셨다. 그러나 하나님의 존재를 부인하는 무신론이 주류를 이루는 세상에서는 하나님을 한낱 신화 속의 존재로만 취급하기 때문에 하나님에게서 나온 절대적 기준을 인정하지 않는다. 무신론자들의 세계관은 진화론의 패러다임 위에 세워져 있으므로, 인간은 진화하고, 사회는 변화한다고 믿는다. 그에 따라 법도 변화해야 한다고 믿고 있다. 그들은 기독교의 도덕률이 인간을 너무 억압하고, 특히 성적인 자유를 억압하기 때문에 이 절대적 도덕률을 버려야만 자유롭고 건강한 사회를 이룰 수 있다고 주장한다.

실정법(positive law)은 인간 중심으로 시행되는 법체계로서 무신론자들에 의해 만들어졌다. 무신론자들은 "천하 만물은 끊임없이 변하고, 절대적인 것은 아무것도 없다"고 믿기에 법의 기반이나 구체적인 법률도 지속적으로 변화해야 한다고 생각한다. 무신론 사회에서는 법제정의 궁극적 권위가 국가에 있으며 권력가들이 법을 정하므로 인간 중심의, 특히 집권당이라는 이익 집단 중심의 법체계가 만들어질 수밖에 없다. 더욱이 실정법 체계상 법전이 만들어지기는 하지만, 진화론의 영향으로 가변성이 더욱 커졌다. 즉 법은 일반적 지침일 뿐, 각 사건의 전후 맥락을 고려하여 상황에 따라 탄력적으로 법을 해석하고 집행해야 한다고 믿는 것이다.

미국의 법률가이자 작가인 존 화이트헤드(John Whitehead)[64]는 "법에 영속성이 없고, 절대적 기준이 없을 때는 판사나 행정관이 법을 해석하고 집행하는 대로 될 것이다. 그러나 법에 영속성이 있다면, 어떤 절대적인 판단 기준이 존재해야 한다"[65]고 말한다. 기독교는 절대적 기반 위에 세워진 법률을 제공하기 때문에 사람들의 변덕과 이익에 의해 요동하지 않는 법체계를 제공한다. 그 법은 일정하고 객관적으로 유지되며, 그런 까닭에 공정하다. 그러나 타락한 인간의 본성 위에 만들어지고 집행되는 실정법은 항상 권력을 가진 자에게 유리하게 해석되고 집행될 수밖에 없다.

인간 중심의 실정법 체계는 하나님이 법률 제정자이심을 부인하고, 그분이 주신 신법을 무시한다. 살인, 도둑질, 사기, 강도, 간음 등을 금하는 자연법을 부정하는 사회인 것이다. 자연법칙인 중력의 법칙을 무시하고, 20층에서 뛰어내린다면 어떻게 될 것인가? 같은 맥락에서 자연법을 무시한 채 자기 집단의 이익을 위한 법률을 독단적으로 제정한다면, 사회는 어떻게 될 것인가? 법의 공평성이 사라지고 편파성만 남는다면, 법에 대한 신뢰는 땅에 떨어지고 그것을 지키려는 마음 또한 사라지기 마련이다. 즉 법의 구속력이 축소되어 법이 잘 지켜지지 않는 사회로 변해 간다는 뜻이다. 이것이 바로 절대자이신 하나님은 부정하면서, 세상이 무질서해지고 부도덕하게 변해 가는 것을 한탄하던 도킨스가 간과했던 진리인 것이다.

법의 최고 권위를 국가에 둔 실정법에서는 시민들이 특정 법률에 저항할 경우에 국가가 취할 두 가지 입장이 있다. 첫째, 국가가 만들어 낸 실정법은 절대적인 것이므로 바꿀 수 없다고 주장하며 국민의 요구를 묵살하는 것이다. 이 경우에는 국가가 그 권위를 악용하여 독재를 하거나 정권이 국민의 인권을 억압하는 일이 발생한다. 그들에게 인권은 하나님이 부여한 것이 아니라 국가에서 유래한 것이므로 자연법적 권리라기보다는 헌법적 권리에 해당한다. 국가가 부여한 권리이니만큼 국법에 따라 인권이 유보되거나 취소될 수 있다고 보는 것이다.

둘째, 무한하고 다양한 국민의 욕구에 대해 국가가 급진적 변화를 지속적으로 허용하거나, 국민의 요구를 억압하다가 국민과의 충돌에서 패하는 경우다. 심할 경우에는 국가의 권위가 국민에 의해 휘둘리고, 법 체제와 사회의 안정성이 심각하게 훼손된다. 프랑스 혁명이나 제1차 러시아 혁명에서 보듯 혁명 주동자들이 반대자를 초법적으로 숙청하며 심각한 사회 혼란만 야기하다가 혁명 에너지가 소멸하면 혁명 이전의 구체제로 되돌아가는 일이 벌어진다.

그러나 국민이 국가의 법에 불복종할 가능성보다 더 크고 근본적인 실정법의 문제는 정부가 법과 인권의 근원으로서의 자기 지위를 악용할 가능성이다. 칼 헨리는 "이 세상의 입법, 사법, 행정 기관은 절대적 기준을 만드신 하나님 앞에 자신의 행위를 해명해야 할 의무가 있다"[66]고 주장한다. 만일 기준이 될 만한 객관적이고 절대적인 법 기반을 부정한다면, 아무런 제약을 받지 않는 정부, 또는 국가의 정당성, 도덕성, 합법성 등에 대한 비판을 거부하는 독단적인 정부의 탄생을 초래하게 될 것이다. 인본주의 실정법은 신의 권위를 가진 국가를 창조하고, 그 국가는 모든 권력을 휘두르며 각 개인을 좌지우지하려고 할 것이다.[67]

기독교의 하나님은 모든 인간에게 신법에 복종할 것을 요구하신다. 역사를 돌이켜 보면, 신법에 복종하는 사회에서는 하나님이 부여하신 인권이 보호되고, 국가는 번성하였다. 반면에, 하나님의 법에 불순종하는 사회에서는 하나님이 부여하신 권리 체계가 파괴되고, 인권이 무시되어 왔다. 그런 국가는 건강할 수 없다. 국가 지배자들이 신법을 무시할 때, 악법, 악한 행정, 편파적인 판결, 부패, 공적 자금의 낭비 등 다양한 형태의 악이 횡행하곤 한다. 인간 중심의 법체계에서는 이런 문제들을 개선하기 위해 새로운 법과 새로운 정부와 새로운 재판 제도 등을 고안하지만, 결국 신법에 순종하는 것 외에는 다른 개선 방법이 없다.

윤리와 마찬가지로 법에도 객관적이며 절대적인 기준이 필요하다. 신법과 무관한 실정법을 통한 지배는 이해 당사자 간의 끝없는 충돌에 의한 혼란이나 권력자의 독재로 귀결될 수밖에 없다. 성경의 메타내러티브를 통해, 이스라엘의 역사를 통해, 절대자와의 관계가 단절된 인간과 그들이 세운 국가의 결국을 우리는 명확하게 볼 수 있다.

二　　　　35장을 마무리하며　　　　二

1. 신법 vs 실정법

+ 여호와께서 그의 언약을 너희에게 반포하시고 너희에게 지키라 명령하셨으니 곧 십계명이며 두 돌판에 친히 쓰신 것이라_신 4:13

+ 다스리는 자들은 선한 일에 대하여 두려움이 되지 않고 악한 일에 대하여 되나니 네가 권세를 두려워하지 아니하려느냐 선을 행하라 그리하면 그에게 칭찬을 받으리라_롬 13:3

2. 적용과 토론

+ 절대적 기준이 없는 실정법만으로 질서를 유지하려 할 때의 문제점은 무엇인가?

+ 인간 중심의 실정법은 하나님의 법을 무시하는 법체계다. 기독교인은 국민

으로서 실정법에 대해 어떤 태도를 취해야 하는가?

(예를 들어, 입법의 측면: 신법을 실정법에 반영하려고 노력한다.

법 집행의 측면: 실정법을 신법에 가깝게 해석하여 집행하려고 노력한다.

법 준수의 측면: 신법을 지키듯이 실정법을 지킨다.)

+집권 정부가 신법과 동떨어진 법을 입법하고 시행하려 할 때, 기독교인은 어떻게 행동해야 하는가?

3. 기도

+하나님 아버지, 이 나라를 불쌍히 여기시고 긍휼을 베풀어 주셔서 정부와 국가 지도자들이 법과 인권의 근원으로서의 자기 지위를 악용하지 않고, 하나님을 경외하게 하옵소서.

법학 3: 기독교인과 법

너희는 재판할 때에 불의를 행하지 말며 가난한
자의 편을 들지 말며 세력 있는 자라고 두둔하지
말고 공의로 사람을 재판할지며

_레 19:15

하나님은 창조하신 세상에 너무나 많은 것들이 잘
못되었으며 그것들을 바로잡아야 한다고 매우 큰
소리로 말씀하신다.

_C. S. 루이스

공산주의자들은 하나님의 절대적인 신법을 부정하고, 노동자와 농민을 위한 실정법을 만들어 집행한다고 선전한다. 노동자들이 공산당에 권력을 맡기면 정의롭고 이상적인 사회를 만들어 주겠다고 약속하지만, 그들의 법 집행에는 절대적 기준이 없으므로 그들 입장에 따라 자의적으로 유리하게 편파적으로 해석하기 마련이다. 그러면서 자신들의 법 해석은 유연하여서 진화하는 사회의 요구에 부응하는 법체계라고 주장한다.

포스트모더니즘은 프랑스 좌파 지식인들이 소련의 전체주의적 독재와 강제 노동 수용소를 통한 압제에 진저리를 치며 개인의 자유를 최대한으로 보장하기 위해 만든 것이다. 이념은 마르크스주의에 기반을 두었지만, 파리 부르주아의 삶을 살던 사람들이 만들었으므로 그들의 이념과 삶은 심각한 괴리를 보이는 것이 특징이다. 그들은 기존 법체계에 끊임없이 저항하며 시위와 충돌을 일으키고, 전통적인 질서와 규칙을 무너뜨리려고 시도한다. 사회 비주류를 보호하는 것이 가장 큰 선이며 정의라고 선전한다.

이것은 공산주의가 억압받는 노동자와 농민을 보호하는 것에서 한 걸음 더 나아가 다양한 비주류를 규합하여 자기들의 지지 기반을 넓히기 위한 전략이다. 여기에는 노동자, 농민과 함께 성 혁명의 다양한 지지자들이 포함된다. 이들이 추구하는 법 정의는 억압받는 성소수자의 해방이지만, 그 결과는 창세기 1장의 생육 및 문화 명령을 따를 수 없게 하며 기독교가 중요시하는 결혼 제도와 가정을 약화시키는 것으로 나타난다. 따라서 포스트모더니즘은 기독교의 절대적인 신법뿐 아니라 현대 사회의 실정법에 대해서도 파괴적인 영향을 끼친다.

뉴에이지는 절대적위 기준이 없고, 브라만과 아트만의 합일을 방해할 수 있는 엄격한 법질서에 대해 반대한다. 큰 깨달음에 이르기 위해서는 절대적인 규범이 방해가 될 뿐이라고 생각하기 때문이다. 자신의 내면에 대해 진실하기만 하다면, 어떤 행동도 합법적이라고 주장한다. 따라서 이들 역시 신법뿐 아니라 실정법의 필요성까지 부정하며, 자신이 곧 법(self law)이라고 생각한다.

이슬람은 코란, 수나, 이즈마, 키야스 등 네 개의 근원을 통해 형성된 법(샤리아)이 있다. 샤리아는 그들의 공적인 법일 뿐 아니라 가정, 회당, 경제, 사회 등 생활 분야 전반을 지배하는 유일한 기준이다. 따라서 이슬람의 세계관은 삶의 전 분야에 대해 샤리아를 지키려는 일관성을 가진다. 문제는 그 절대적 기준이 모호하며, 해석의 권리는 극소수의 종교 지도자들과 왕족에게만 있다는 것이다. 이슬람 국가에는 삼권 분립이 없다. 국민은 지도자의 샤리아 해석에 대해 무조건 복종해야 하기 때문에 지도자의 권력은 독재적일 수밖에 없다. 하나님이 제정하신 법 정신을 사랑의 마음으로 지키려는 것이 아니라 문자적인 준수에 머물기 때문에 형식적일 수밖에 없다. 하나님의 사랑을 제대로 이해하지 못한 이스라엘의 율법이나 형식에만 얽매인 유교의 도덕률이나 율법주의적인 기독교처럼 권위적이고 위선적일 수밖에 없다.

이처럼 무신론적 세계관이나 뉴에이지 세계관은 절대적이고 객관적인 기준이 없는 것이 문제이며, 이슬람은 기준은 있으나 그것을 자의적으로 해석하여 사욕을 채울 여지가 있다는 것이 문제다. 기독교인이 주류가 되어 전 국민이 신법을 지키는 국가는 이 세상에 없다. 현대 사회 대부분의 국가에서는 집권 세력의 의도에 맞춘 실정법이 시행되고 있다. 이러한 환경에서 기독교인은 법에 대하여 어떤 태도를 취해야 할까? 기독교인은 세상 속에서 하나님 나라를 확장해 갈 명령을 받은 사람들이다. 하나님의 법이 시행되는 곳이 하나님 나라다. 이 세상의 실정법이 어떠하건 간에, 자신을 통해 하나님의 대계명이 실행되는 영역을 넓혀 가야 한다. 자신으로 말미암아 주변 사람들이 하나님의 법을 따라 지키게 됨으로써 하나님 나라를 확장해 가는 것이 기독교인이 받은 지상 명령인 것이다.

그러므로 국회로부터 지방 의회에 이르기까지 입법에 참여하는 기독교인은 신법 정신을 실정법에 반영해야 하고, 또한 신법에 반하는 내용이 실정법에 반영되는 것을 방지하는 역할을 해야 한다. 시민으로서의 기독교인은 신법 정신이 실정법으로 반영되며, 신법에 반하는 내용이 입법되지 않도록, 또한 국가 예산이 정의롭게 사용될 수 있도록 개인적으로든 사회단체를 통해서든 적극적인 의사 표현을 해야 한다.

판관으로서 사법부에 참여하는 기독교인은 실정법 조문에서 신법 정신을 발견해 내어 하나님의 공의가 사회에서 실현되는 방향으로 판결해야 한다. 하나님의 신법을 준수하는 자를 보호하고, 그것을 어기는 자에게는 법에 명시한 응징을 가하여 법질서가 지켜지게 해야 한다. 법 앞에서는 강한 자나 약한 자나, 부자나 가난한 자나 똑같은 잣대로 공정하게 판단해야 한다. 재판관은 분쟁을 공평하고 신속하게 종결시키고, 법 위반으로 발생한 피해에 대해서는 가해자가 배상하도록 함으로써 하나님의 창조질서가 회복되도록 도와야 한다. 또 어떤 재판이든 진실이 명확히 드러날 때까지는 극히 신중하게 판단해야 한다. 특히 극형에 해당하는 처벌은 공식적인 고소와 심문의 법적 절차를 거쳐, 또 확실한 증거에 의해 명확하게 증명될 때까지 형 집행을 삼가야 한다. 성경은 심증은 있지만 불확실한 경우에는 처벌을 강행하기보다는 오히려 하나님의 심판에 맡길 것을 권한다.

기독교인은 진화론에 기초하여 변화무쌍하게 적용되는 실정법에 하나님의 성품이 반영된 확고하고도 명확한 법 기반을 제공할 의무가 있다. 그 기반을 통해 국가가 아닌 하나님으로부터 유래한 절대적인 인권을 온 국민이 누릴 수 있게 보호할 책임이 있다. 하나님은 우리가 하나님이 주신 법체계로 말미암아 자기 행동에 책임을 지고, 하나님의 질서 회복을 위해 노력하기를 기대하시지만, 신법에 어긋나는 모든 죄를 불법으로 처벌하는 것을 원하지는 않으신다. 오직 정의를 촉진함으로써 사회 질서가 유지되고, 그 안에서 개인이 자유를 누리기를 원하실 뿐이다.

二   36장을 마무리하며   二

1. 기독교인과 법

+ 너희는 재판할 때에 불의를 행하지 말며 가난한 자의 편을 들지 말며 세력 있는 자라고 두둔하지 말고 공의로 사람을 재판할지며_레 19:15

+ 너는 거짓된 풍설을 퍼뜨리지 말며 악인과 연합하여 위증하는 증인이 되지 말며 다수를 따라 악을 행하지 말며 송사에 다수를 따라 부당한 증언을 하지 말며 가난한 자의 송사라고 해서 편벽되이 두둔하지 말지니라_출 23:1-3

+ 너는 뇌물을 받지 말라 뇌물은 밝은 자의 눈을 어둡게 하고 의로운 자의 말을 굽게 하느니라_출 23:8

2. 적용과 토론

+내가 있는 곳에서 하나님 나라를 확장할 구체적인 방안은 무엇인가?

+유권자로서 기독교인이 해야 할 올바른 행동은 무엇인가?

+재판에 참여하는 기독교인이 해야 할 올바른 행동은 무엇인가?

3. 기도

+하나님 아버지, 신법 정신이 실정법에 반영되며 신법에 반하는 내용이 입법되지 않도록 도와주옵소서. 또한 국가 예산이 정의롭게 사용되도록 도우시며 기독교인들이 각자의 자리에서 소임을 다하도록 용기를 주시고 보호하여 주옵소서.

각 사람은 위에 있는 권세들에게 복종하라 권세
는 하나님으로부터 나지 않음이 없나니 모든 권세
는 다 하나님께서 정하신 바라

_롬 13:1

우리가 신에 의해 다스려지지 않는다면, 독재자들
의 지배를 받게 될 것이다.

_윌리엄 펜(William Penn), 영국의 퀘이커교도, 미국 펜실베이니아 지명을 명명함

인간이 천사라면 정부는 소용없을 것이다. 천사가
인간을 다스린다면, 정부에 대한 외부 혹은 내부
의 제어 장치가 필요하지 않을 것이다.

_제임스 메디슨(James Madison), 미국의 제4대 대통령, 미국 헌법의 아버지

기독교는 하나님이 모든 인간에게 누구도 박탈할 수 없는 기본적인 권리, 즉 인권을 부여하셨다고 이해한다. 태초에 하나님은 흙을 빚어 "자기 형상 곧 하나님의 형상대로"(창 1:27) 인간을 만드시고, "생기를 그 코에 불어넣으시니 사람이 생령"(창 2:7)이 되었다. 그리고 하나님을 대신하여 다른 모든 피조물을 다스릴 대리인으로 인간을 지목하셨다. 비록 선악과 사건으로 하나님과의 관계뿐 아니라 다른 피조물들과의 관계까지 뒤틀렸지만, 피조 세계에서 하나님의 대리인으로서의 권한과 율법 아래에서 자유롭고 평등한 삶을 누릴 권리는 앗아 가지 않으셨다. 성육신하신 예수님이 온 인류의 구원을 위해 십자가에서 죽으셨다가 살아나셨다는 사실만으로도 인권의 보편성은 명확해진다. 인권은 변함없는 하나님의 약속에 근거한 것이기에 누구도 빼앗을 수 없다.

현대 무신론은 인권도 정부가 제정한 실정법에서 유래한 것으로 이해하는 경향이 있다. 그렇기 때문에 인권은 정권이나 정당의 유불리에 따라 임의로 추가 혹은 삭제될 수 있는 것으로 인식된다. 심지어 인권의 정의조차 정권의 입맛에 맞게 바뀌곤 한다. 옛 소련과 중국의 공산당 그리고 히틀러의 인본주의적 전체주의에서 그 예를 찾아볼 수 있다.

노아 웹스터[68]는 "성경에서 발견되는 도덕적 원리와 교훈은 모든 국가의 헌법과 법의 기반이 되어야 마땅하다. 이 원리와 교훈들은 불변의 진리를 그 기반으로 하기 때문이다"라고 말했다.[69] 20세기 미국의 대표적인 신학자인 랭던 길키(Langdon Gilkey)는 "법은 타락한 인간의 이기심을 제어하기 위해 만들어졌는데, 단순히 무엇이 옳고 그른지를 추상적으로 말하기 위해 있는 것은 아니다. 이기심을 통제하여 사회를 파괴하는 데 사용하기보다는 창조적으로 이끄는 데 사용하도록 만드는 데 목적이 있다"고 말한다.[70] 이것이 성경에서 하나님이 세속 정부에 요구하시는 정의인 것이다.

칼빈 바이스너(Calvin Beisner)[71]는 "정의는 올바른 기준에 근거하여 각 사람이 받아 마땅한 보응을 선사하는 것이다. 올바른 기준이란 하나님이 주신 도덕률인데, 하나님의 성품 그 자체에 기반을 두고 있다. 즉 규칙을 잘 지키는 자에게는 하나님이 부여하신 인권을 향유할 권리를 주시고, 그 규칙을 범하는 자는 그에 합당하게 응징하심으로써, 악한 자로부터 무고한 시민을 보호하는 것"[72]이라고 말한다. 다시 말해서, 정의란 인간관계 속에서 진리를 행사하는 것이며, 이것이야 말로 국가가 존재하는 첫 번째 이유라고 보는 것이다.

국가가 정의를 바로 세우는 방법은 하나님의 도덕률에 근거한 법이 사회의 각 기관, 즉 가정, 교회, 직장, 국가 등에서 공정하게 집행되도록 하는 것이며, 그럼으로써 각 기관이 자유롭고 안정된 활동을 할 수 있게 하는 것이다. 따라서 정부는 각 사회 기관의 영역을 침범하면 안 된다. 각 기관은 하나님께 부여받은 고유의 기능이 있고, 그 사명을 착하고 충성되게 실행할 청지기의 임무가 있다. 정부가 가정의 영역인 출산, 양육, 교육 등에 관여하거나 회사와 시장에 의해 운영되는 경제를 마음대로 조정하려 하거나 세금으로 특정 종교를 돕거나 방해하는 일은 해서는 안 된다. 정부는 각 사회 기관이 자유롭게 창의적으로 활동할 수 있는 공간을 제공하고, 공정한 규칙을 만들어 활동 과정에서 생기는 충돌을 조정하는 역할에 만족해야 한다.

그러나 하나님을 인정하지 않는 무신론의 세계관에서는 가정, 교회, 직장 등과 같은 전통적 사회 기관들이 이미 그 기능을 상실했으며, 개인에게 악영향을 미치고 있다고 본다. 그래서 정부가 기존의 자기 영역을 넘어서 기능을 상실한 다른 기관들의 영역에까지 강한 영향력을 행사함으로써 이상적인 사회를 만들 수 있다고 주장한다.

그러나 이러한 이상주의 국가가 실현되기를 바라는 사람들은 세속 정부에 훨씬 더 많은 권한을 양도해야 하는 위험을 감수해야 한다. 또한 인간의 구원과 인간 공동체의 회복이 개인의 회개와 구속의 복음에 근거하지 않고, 그 권리를 위임받은 정부에 모든 것을 의존하게 된다. 이는 개인에게는 책임 회피와 권위에의 불순종을 부추기며, 정부에는 재정과 권력을 자의적으로 편향되게 사용하려는 욕구를 부추긴다.

성경은 하나님의 주권을 위임받아 정의를 촉진하려는 정부를 존중하고, 그에 순종하라고 명령한다.[73] 그러나 하나님에게 반기를 드는 지도자들에게도 맹목적으로 순종할 것을 요구하지는 않는다. 오히려 그 정부에 관리나 유권자로서 참여하여, 하나님의 정의를 세우기 위해 여론을 형성하거나, 투표에서 반대 의사를 표현하거나 탄원서에 서명하는 등 여러 가지 방식으로 영향력을 행사할 것을 촉구한다.

이것이 영국의 명예혁명과 미국의 독립혁명을 이루어 낸 성경적인 방법이다. 그와 달리 정부의 권위에 눌려 반대 의사는커녕 다른 대안을 제시하지도 못한 채 있다가 급격하게 폭발하여 정권을 전복시킨 것이 프랑스 혁명과 제1차 러시아 혁명이다. 악한 정부라고 해서 뒤엎는 것이 능사는 아니다. 무신론에 근거한 유혈 혁명은 무정부 상태, 피의 숙청, 과격한 개혁 등으로 이어지지만, 사회에 혼란만 가중하다가 곧 옛 체제로 회귀하곤 했다.

국가의 정의와 하나님의 공의가 대립할 때, 성경은 하나님께 순종할 것을 가르친다. 베드로와 요한이 산헤드린에 의해 복음 전파를 멈추라는 명령을 받았을 때의 대답을 상기해 보라.[74] 프란시스 쉐퍼는 "우리는 어떤 시점에 국가나 국가를 대리하는 상관의 명령에 불복종할 권리뿐 아니라 의무가 있다"[75]고 말한다. 하나님은 악한 세력의 통치하에서 하나님께 순종하는 것은 목숨을 거는 일이 될 수 있음을 다니엘 2장의 다니엘과 세 친구[76], 히브리서 11장의 믿음의 선진들의 고난을 무릅쓴 순종[77]을 통해 우리에게 말씀하신다. 그리고 이런 사람은 세상이 감당하지 못하고, 결국 그들로 인해 정의가 회복될 것을 약속하신다(참조, 히 11:38). 이것은 십자가의 고난을 기꺼이 받으신 예수 그리스도의 방법이며, 하나님은 그런 헌신을 기뻐하신다.

二   **37장을 마무리하며**   二

1. 하나님의 공의와 국가

+각 사람은 위에 있는 권세들에게 복종하라 권세는 하나님으로부터 나지 않음이 없나니 모든 권세는 다 하나님께서 정하신 바라_롬 13:1

+베드로와 요한이 대답하여 이르되 하나님 앞에서 너희의 말을 듣는 것이 하나님의 말씀을 듣는 것보다 옳은가 판단하라_행 4:19

2. 적용과 토론

+하나님의 공의에 부합하지 않는 상급자의 명령에 기독교인은 어떻게 반응해야 하는가?

+다니엘과 세 친구가 하나님의 법이 집행되지 않는 이방 땅에서 어떻게 행하였는지를 참고하여 자신의 직장에서 일어날 수 있는 상황들을 예측하고, 어떻게 행할지 서로 나누어 보자.

3. 기도

+하나님 아버지, 예수 그리스도를 따르는 길에서 맞닥뜨리는 불이익의 상황을 두려워하지 않고, 능히 감당하는 참믿음을 우리에게 주시옵소서. 고난을 무릅쓴 순종과 헌신을 통해 하나님의 정의가 이 땅에 회복하는 데 일조하게 하옵소서.

의인이 많아지면 백성이 즐거워하고 악인이 권세

를 잡으면 백성이 탄식하느니라

_잠 29:2

종교와 도덕심은 정치적 번영으로 이어지는 모든

성향과 습관의 필수적인 지지대다.

_조지 워싱턴(George Washington), 미국의 초대 대통령

프랑스 대혁명 때 구체제를 유지하면서 점진적으로 개혁하자던 지롱드파는 온건한 부르주아 출신이었다. 이들은 대혁명의 국민 회의에서 오른편에 앉았기 때문에 '우파'로 불린다. 반대로 급진적 개혁을 주장하던 자코뱅파는 노동자나 서민을 대변하였는데, 국민회의에서 왼편에 앉았으므로 '좌파'라 불린다. '보수주의자의 아버지'로 불리는 영국의 에드먼드 버크(Edmund Burke)[78]는《프랑스 혁명에 관한 성찰》[79]이라는 책에서 프랑스 혁명의 실패 원인은 너무나도 급진적인 개혁에 있음을 지적하였다. 버크는 1688년 영국의 명예혁명을 1789년 프랑스 혁명과 비교하며 "영국의 혁명과 프랑스의 혁명은 거의 모든 점에서, 그리고 근본정신에서 서로 정반대"라고 말했다. 그는 "개혁을 이루기 위해서는 이를 수용할 수 있는 사회 질서를 지키는 것이 반드시 필요하다"고 주장했다. 버크 주장의 핵심은 사회 질서에 있다. 사회 변화 자체를 반대한 것이 아니라 사회가 견딜 수 없는 급진적이고 파괴적인 변화를 반대한 것이다.[80]

일반적으로 보수는 자유의 가치를, 진보는 평등의 가치를 더 중요시한다고 알려져 있다. 알렉시스 드 토크빌(Alexis de Tocqueville)[81]은 자유와 평등의 측면에서 프랑스 대혁명과 영국의 명예혁명을 비교하였다. 영국은 1640년 청교도 혁명 이후 40여 년에 걸쳐 점진적으로 자유를 목표로 하는 민주 혁명을 달성하려 노력했다. 반면에, 프랑스는 1789년 대혁명을 기점으로 평등을 목표로 하여 즉각적인 민주 혁명을 이루려고 했다. 모든 인간은 자유를 본능적으로 갈구하기에 자유를 지키려 하고, 빼앗길 때는 분노를 느낀다. 그러나 토크빌의 프랑스 대혁명 분석에 따르면, 평등에 대한 갈구는 그 강도가 훨씬 더 높고 열렬하다고 한다. 인간은 자유 속에서 평등을 갈구하다가 찾지 못하면, 자유를 포기하고 예속 상태에서라도 평등을 찾게 된다. 이들은 가난도 참고, 속박도 참고, 무지함도 참지만, 불평등만은 참지 못한다.[82] 이것은 C. S. 루이스가 지적한 "인간의 가장 큰 죄인 교만"과도 맞닿는다.[83] "배고픈 것은 참아도 배 아픈 것은 못 참는다"는 우스갯말도 불평등을 견디지 못하는 원죄를 표현하는 말이라고 본다.

아브라함 카이퍼(Abraham Kuyper)는 《칼뱅주의 강연》에서 다음과 같이 설명한다.

"칼뱅주의는 프랑스의 위그노들로부터 시작되었다. 이들은 네덜란드로 쫓기고, 또 영국으로 쫓기고, 다시 종교의 자유를 위해 미국으로 이동했다. 그들은 자신들이 정착한 네덜란드, 영국, 미국에서 기존 종교와 정치 체제에 저항하여 종교와 정치의 자유를 얻어 내는 혁명을 이루었다. 네덜란드에서는 스페인과 가톨릭에 대항하여 네덜란드의 독립과 종교의 자유를 얻어 냈다. 토크빌이 영국의 명예혁명을 분석한 것처럼 영국의 청교도들은 혁명의 주류 세력은 아니었지만, 오랜 기간 끊임없이 종교의 자유를 위해 투쟁하였다. 그럼에도 불구하고, 완전한 종교의 자유를 얻지 못하자 모든 것을 버리고 신대륙으로 이주하였다. 그리고 결국 미국의 경제와 종교의 자유에 간섭하는 영국의 식민 지배에 대항하여 미국 독립혁명을 완성한다. 그 결과 이들은 창조주께서 주신 양도 불가능한 인권의 수호와 하나님의 의도에 맞는 법질서의 준수를 미국 독립 선언문에 천명한다. 이들 세 나라 혁명의 공통점은 종교의 자유를 향한 끝없는 저항이었다. 그래서 그들을 '프로테스탄트'라 부른다."

미국 건국의 아버지 중 하나인 알렉산더 해밀턴(Alexander Hamilton)은 미국 독립혁명과 프랑스 혁명의 의미를 부여하는 토론에서 "뉴잉글

랜드 청교도 부인과 프랑스 소설에 나오는 부정한 아내가 다르듯 이 둘은 완전히 다르다"고 주장했다. 전자는 하나님을 향하는 자유를 주장한 것이고, 후자는 하나님을 떠난 인간들의 평등을 주장한 것이기 때문이다.

보수와 진보를 대비할 때, 자유 민주주의와 사회 민주주의로 설명하곤 한다. 보수는 자유 시장 경제와 그의 개입을 피하는 작은 정부를, 진보는 시장의 불합리한 부분에 개입하여 문제의 해결을 추구하는 큰 정부를 선호한다. 보수는 성장을 통한 파이 확대에 주안점을 두는 반면에, 진보는 공평한 분배를 우선시한다. 이런 이유로, 보수는 개인의 자유와 이익에 가치를 두지만, 진보는 집단 내에서의 평등과 공리에 가치를 둔다. 변화에 대해 보수는 점진적인 것을, 진보는 급진적인 것을 추구하는 경향이 있다.

대학은 진리를 추구하는 곳이다. 진리란 시간이 흐르고 환경이 변해도 영원히 변하지 않는 절대적 참이며, 우리 삶에 중요한 의미를 부여하는 것이다. 오늘날의 세상은 과학의 발달로 급속히 변해 가고 있고, 새로운 정보의 양은 기하급수적으로 증가하고 있어 무엇이 진리인지 분별하기가 어렵다. 변화하는 세상 속에서 대학은 새로운 것을 추구하는 교수들로 가득 차 있다. 이들은 옳지만 낡은 주장보다는 진위가 불명확하더라도 새로운 것을 추구하는 경향이 있다. 젊은이들은 늘 새로운 것을 추구하고, 스스로 가진 것이 없으므로 기득권에 대해 반발하는 경향이 있다. 그래서 대학은 진보적이며 좌경화되기 쉽다. 이런 젊은이들에게는 새로운 것이 무엇인지보다 불변하는 진리가 무엇인지를 먼저 알려 주는 것이 중요하다.

꼭 지켜야 할 가치를 지켜 내려는 것을 '보수'라 한다. 프로테스탄트의 혁명이 정착한 국가에서 보수가 지키려는 가치는 성경의 절대적인 기준이다. 반면에 진보는 보수가 주장하는 것의 가치가 이제 사라졌으니 빨리 기준을 바꾸자고 주장한다. 오늘날 가장 첨예하게 부딪치는 기준은 동성애, 성전환, 낙태, 동거 등의 성 혁명 이슈들이다.

기독교인은 어떤 정파가 추구하는 가치가 무엇이며, 성경이 가리키는 가치와 어떤 차이가 있는지를 명확히 분별해야 한다. 정치 문제는 정의의 문제이며, 결국 절대적 기준의 문제이기에 반드시 종교와 윤리로 귀결된다. 개인의 자유를 지키기 위해서는 권위와 질서 아래의 안정이 필요하다. 사회는 바뀌어야 하지만, 신중한 변화만이 사회의 안정을 지켜 낼 수 있다는 러셀 커크[84]의 주장을 명심할 필요가 있다. 정치의 중요 덕목은 '신중함'이라는 사실을 우리는 현실 속에서 절실히 느끼고 있다.

ニ　　　38장을 마무리하며　　　ニ

1. 진보 vs 보수

+의인이 많아지면 백성이 즐거워하고 악인이 권세를 잡으면 백성이 탄식하느니라_잠 29:2

+평등의 가치와 자유의 가치 중에서 당신은 무엇을 더 중요하게 여기는가?

2. 적용과 토론

+나는 진보와 보수를 어떻게 규정하는가?

+우리나라의 보수 정파가 꼭 지키려는 가치는 무엇인가?

+우리나라의 진보 정파가 변화시키려는 가치는 무엇인가?

+기독교인이 꼭 지켜야 하는 가치는 무엇인가?

3. 기도

+하나님 아버지, 하나님의 백성들이 주 안에서 하나 되기를 간절히 기도합니다. 하나님이 기뻐하시는 것을 기뻐하고 하나님이 미워하는 것을 미워하며 하나님이 가치 있게 여기시는 것을 가치 있게 여기도록 우리 생각을 기경하여 주옵소서.

오직 정의를 물 같이, 공의를 마르지 않는 강 같이
흐르게 할지어다

_암 5:24

사랑과 정의가 입 맞출 때, 관대한 정의가 이루어
진다. 은혜 받은 자만이 정의를 이룰 수 있다.

_팀 켈러

민주당원이자 기독교인인 버락 오바마(Barack Obama)는 2004년 일리노이주 상원 의원으로 출마하며 상대 당 후보로부터 동성애, 낙태에 대해 찬성하는 자는 선량한 기독교인이 아니라는 비난을 받았다. 그는 "다원화 시대에 사는 우리는 자신의 종교적 신념을 다른 사람에게 강요할 수 없다. 나는 상원 의원으로 출마하는 것이지 성직에 출마하는 것이 아니다"라는 자유주의자의 전형적인 답변을 했고, 선거에 이겼다. 2년 뒤 대통령 후보 경선에 나왔을 때, 그는 종교와 윤리의 문제 해결 없이는 정의와 권리의 문제를 제대로 결정할 수 없다는 조금 다른 대답을 준비했다. 비록 낙태를 찬성하는 것은 변하지 않았지만,[85] 그가 진심으로 낙태를 찬성했는지, 진보 진영의 표를 얻기 위해 본심과 다른 선택을 했었는지는 알 수 없다.

미국 대통령 선거에서 낙태 문제, 동성애 문제, 줄기세포 문제 등은 모든 후보에게 항상 주어지는 질문이다. 낙태 문제는 '언제부터 인간인가?'라는 도덕적, 종교적 입장을 정리하지 않고는 답할 수 없고, 누구도 중립을 취할 수는 없다. 왜냐하면 '낙태가 한 인간의 생명을 빼앗는 것인가 아닌가'가 논의의 대상이기 때문이다. 동성혼 논쟁 역시 이 결합이 국가가 보호하려는 혼인의 범주에 들어가는지, 그래서 그 가치를 인정받고 보호받아야 마땅한지가 논쟁거리다. 따라서 그 바탕이 되는 도덕적 문제를 피할 수 없고, 기독교인이라면 그 기준이 성경이어야 할 것이다. 그러나 자유주의 신학, 즉 인본주의 신학은 그 기준을 바꾸어 버린다.

하버드대학교 정치철학과 교수 마이클 샌델(Michael Sandel)은 '정의'에 대한 강의로 유명해졌다. 그 강의를 정리한 책 《정의란 무엇인가》[86]는 우리나라에서도 많은 독자를 낳았다. 그는 사람마다 정의(justice)를 다르게 정의(define)하기 때문에 그 작업을 먼저 수행한다. 세상에서 규정하는 세 가지 정의를 제시하고, 각각의 문제점을 평가한다. 첫째, 공리 혹은 '최대 다수의 최대 행복', 곧 공리를 추구하는 것이 정의라고 보는 관점이 있다. 둘째, 선택의 자유를 최대한 보장하는 것이 정의라고 보는 관점이 있다. 셋째, 미덕을 키우고 공동선을 추구하는 것이 정의라고 보는 관점이 있다. 그는 이 세 가지 정의 모두 불완전하며 부족한 점이 있다고 말한다. 그 자신은 공동선과 미덕의 추구를 정의로 여기는 것 같지만, 자신의 견해를 명확히 밝히지는 않았다.

"철학은 질문을 제기하지만, 질문에 답변을 주지 못하는 반면에, 성경은 철학이 제기한 질문에 답을 제시한다"는 쉐퍼의 말처럼, 팀 켈러는 《정의란 무엇인가》라는 동명의 책[87]에서 성경이 말하는 정의의 의미를 분명하게 제시한다. 그는 "예수님이 이 세상을 다녀가시면서 우리에게 직접 보여 주신 정의가 있는데, 왜 우리는 아직도 정의에 대해 말하는가?"라고 질문한다. 우리가 살고 있는 이 세상은 예수님 시대와 다름없이 여전히 불의, 불법, 불공평이 판치고 있다. 성경은 강자나 약자나 똑같은 잣대로 그의 행위에 대한 합당한 보응, 즉 정의를 실행하라고 명령한다. 그러면서도 정의의 관대한 시행을 명령한다.

성경적 정의는 하나님과의 올바른 관계 속에서 생성된다. 기독교인은 예수 그리스도의 십자가로 구원받아 하나님과의 관계가 회복되었다. 그 은혜로 구원받은 자들이 보여 줄 이웃과의 올바른 관계는 십자가의 사랑이어야 한다. 하나님의 정의는 사랑을 행하는 정의이고, 은혜를 베풂으로 이루는 정의다. 이 시대에 정의를 외치는 사람들이 잃어버린 것은 사랑의 마음이며, 사랑을 외치는 사람들이 잃어

버린 것은 사회 정의다. 어느 한 쪽이라도 포기하면, 사랑과 정의가 온전히 이루어질 수 없다. 하나님의 사랑만이 정의로운 사랑이요, 사랑이 가득한 관대한 정의다.[88]

2021년 부활절 즈음에 췌장암으로 투병 중인 팀 켈러 목사의 《부활을 입다》라는 책이 출간되었다. 이 책에서도 하나님 나라는 정의의 나라로 소개된다. 그는 성경적 정의의 구체적 특징을 다음과 같이 요약한다.[89] 성경적 정의란 첫째, 모든 사람을 법 앞에 평등하게 대우하는 것이다. 성경은 "거류민에게든지 본토인에게든지 그 법을 동일하게 할 것"(레 24:22)[90]을 명령했으며, 가난한 자와 부자를 법 앞에 평등하게 대우하고, 뇌물 때문에 편파적으로 재판하지 못하게[91] 했다.

둘째, 자신의 소유를 아낌없이 베푸는 것이다. 성경은 사유 재산을 인정하고 각자에게 달란트를 다르게 주신 것과 받은 것은 받은 자의 권한임을 인정한다. 그러나 그 주인이 하나님이시고, 각 사람은 그것을 맡은 청지기일 뿐이다. 언젠가 자신의 달란트로 남긴 이유와 그것의 사용 방식에 대해 주인 앞에서 반드시 해명해야 함을 경고한다. 그래서 많이 맡은 자에게 아낌없이 베풀 것을 추천한다.

셋째, 약한 자를 돕는 것이다. 성경은 "너는 말 못 하는 자와 모든 고독한 자의 송사를 위하여 입을 열지니라 너는 입을 열어 공의로 재판하여 곤고한 자와 궁핍한 자를 신원할지니라"(잠 31:8-9)라고 말한다.[92] 또 '고아, 과부, 나그네, 가난한 자' 등 4대 취약 계층을 도우라고[93] 명령한다.

넷째, 공동체와 개인들은 어떤 사람의 행위에 대해 그에 합당한 보응을 할 것을 명령한다.[94] 그리고 창조의 상태를 파괴하여 끼친 손해에 대해서는 원상 복구 혹은 그에 합당한 배상을 명령한다.

이처럼 성경의 정의에는 진보와 보수를 넘나드는 다양한 요소들이 섞여 있으므로 기독교인은 양극화와 혐오를 유발하는 극단적인 패거리 정치를 피해야 한다. 그 대신 우리 중심을 보시는 하나님의 뜻을 깨닫기 위해 매 순간 성령의 인도하심을 구해야 한다. 우리는 스스로 기독교인임을 밝히고, 모든 사람을 협력의 파트너로 받아들이면서 손해를 감수하면서도 우월감을 표하지 말아야 한다. 세계적이며 국가적인 큰 담론도 중요하지만, 지역 사회와 자신의 주변에서 발생하는 작고 구체적 사안에 대해서도 성경적 정의의 실천을 위해 힘을 다해야 한다.

예수님은 공생애를 시작하면서 성전에서 낭독하신 이사야의 글을 통해 밝히신 사명 선언에서 '가난한 자에게 복음을 전하고, 눌린 자를 자유롭게 하는 것'이 곧 정의를 이루는 것이라고 말씀하셨다.[95] "오직 정의를 물 같이, 공의를 마르지 않는 강 같이 흐르게"(암 5:24) 하는 것이 우리가 해야 할 일이다.

═ 39장을 마무리하며 ═

1. 성경적 정의

+주의 성령이 내게 임하셨으니 이는 가난한 자에게 복음을 전하게 하시려고 내게 기름을 부으시고 나를 보내사 포로 된 자에게 자유를, 눈먼 자에게 다시 보게 함을 전파하며 눌린 자를 자유롭게 하고 주의 은혜의 해를 전파하게 하려 하심이라 하였더라_눅 4:18-19

+오직 정의를 물 같이, 공의를 마르지 않는 강 같이 흐르게 할지어다_암 5:24

2. 적용과 토론

+오늘 내 삶의 현장에서 행해야 할 성경적 정의는 무엇인가?

+성경의 정의에서 보이는 보수의 요소와 진보의 요소에 대하여 서로 이야기를 나누어 보자.

3. 기도

+사랑하는 주님, 하나님의 사랑만이 정의로운 사랑이요, 사랑이 가득한 관대한 정의임을 알게 하시니 감사합니다. 하나님의 은혜로 구원받은 자로서 십자가의 사랑으로 이웃을 사랑할 수 있도록, 성령님 우리를 인도하여 주옵소서. 이 땅에 주님의 정의가 물 같이, 공의가 마르지 않는 강같이 흐르기를 간절히 기도합니다.

경제학 1: 성경적 경제 체제

손을 게으르게 놀리는 자는 가난하게 되고 손이
부지런한 자는 부하게 되느니라

_잠 10:4

인간 삶의 다양성과 자유로움을 고려할 때, 어떤
공정하고 자유로운 체제도 균등한 결과를 보장할
수는 없다. 민주적인 체제는 동등한 결과가 아닌
동등한 기회의 개념 위에 정립된다.

_마이클 노박(Michael Novak), 미국 가톨릭 신학자, 외교관

인간의 역사는 생산 양식의 변천에 따라 수렵과 채집의 원시 시대, 노예의 인력으로 왕의 농장을 운영하던 고전 시대, 영주와 농노들로 운영되던 봉건 시대, 대량 생산과 무역으로 운영된 자본주의 시대로 나눌 수 있다. 18-19세기에 이르러 자본주의는 극심한 빈부 격차와 제어할 수 없이 불안한 시장 상황이라는 심각한 폐해를 드러냈다. 그 대안으로 사회주의와 공산주의가 제안되었고, 지난 세기 동안 많은 나라에서 실험적으로 수행되었지만, 또 다른 폐해를 드러낼 뿐이었다. 성경적 경제관이 하나의 경제 체제와 일치하지 않는 것을 전제로 각 체제 속에서 포함된 성경적 경제관을 파악하여 어떻게 조합하여 우리 삶에 실행할 것인가를 고민해야 할 때다.

자본주의는 이윤 창출을 목적으로 생산, 운송 및 판매 수단의 대부분을 개인 혹은 축적된 자본이 소유하고 경영하는 경제 체제다. 사유 재산을 기반으로 그것을 증식하는 것이 경제활동의 목표다. 모든 상품과 노동력에는 가격이 매겨지는데, '보이지 않는 손'[96]인 시장이 주된 가격 결정권자다. 이윤 획득을 위한 자유 경쟁 때문에 개인과 기업은 창의력을 발휘하여 생산성을 향상시킴으로써 사회 전반의 공급이 풍요롭게 된다. 반면에 무계획한 상품 생산은 생산과잉으로 인한 가격 폭락과 생산 부족으로 인한 가격 폭등으로 연결된다. 이런 일이 반복되거나 심화될 경우에는 빈부 격차가 커지고, 경제 공황이 일어날 수도 있다. 능력만큼 일하고 일한 만큼 분배받는데, 개인의 능력과 일의 가치는 시장이 결정한다.

사회주의는 생산 수단을 집단이 소유하고 운영하는 협동 경제와 모든 사람이 노동의 대가로 평등하게 분배받는 사회를 지향한다. 소유권은 국가, 집단 및 협동조합이 전체 혹은 지분의 일부를 소유하는 다양한 형태의 사회주의가 존재할 수 있다. 초기 사회주의는 1826년 로버트 오웬(Robert Owen)이 최초로 용어를 정립했다. 그는 영국에서 섬유 제조업으로 모은 재산을 미국의 소도시들에서 실험적 사회주의 이상향 건설을 위해 투자하였으나, 2-3년 이내에 모두 실패하였다. 이후 유토피아를 꿈꾸는 진보학자들에 의해 자본주의에서 사회주의로의 변화를 촉진하려는 민주 사회주의 분파와 자본주의의 긍정적인 면은 살리고 부정적인 면을 해결하려는 사회 민주주의 분파로 분화되었다. 시장의 자유보다는 조율과 계획을 위한 정부의 간섭이 필요하다고 주장한다. 사회주의의 슬로건은 능력만큼 일하고 공평하게 분배받는 것이며, 능력과 공평의 가치는 컨디셔너(conditioner, 조건을 정하는 자)[97]가 결정한다.

공산주의는 생산 수단을 집단이 소유하고, 모든 사람은 노동에 대해 평등하게 분배받는 사회를 지향한다. 마르크스와 엥겔스에 의해 주창되고 레닌, 마오, 김일성 등에 의해 실험적으로 수행된 경제 체제다. 능력만큼 일하고 필요한 만큼 분배받는데, 능력의 가치와 필요한 양은 컨디셔너가 결정한다. 마르크스는 자본주의가 구체제를 무너뜨리고 생산성을 획기적으로 향상시켜 사회 전반의 부 축적에 기여한 것은 인정하지만, 임금 착취로 인한 빈부 격차의 심화와 제어할 수 없는 시장의 불안 때문에 자본주의 체제는 곧 붕괴할 것으로 예상했다. 그때 사회주의 체제를 거쳐 자연스럽게 공산주의 체제로의 변증법적 상향 발전이 이루어질 것을 예상했다. 20세기 초중반에 독립 국가 혹은 근대 국가로 전환한 많은 나라가 사회주의나 공산주의 경제 체제를 도입하였으나, 소련을 비롯한 중남미, 아시아, 아프리카의 여러 나라가 이 경제 체제의 실험을 통해 처참한 실패를 맛보았다.

어떤 정치 체제도 완벽하지 못한 것처럼, 어떤 경제 체제도 완전하지 않으며, 모든 사람을 만족시킬 수 없음이 분명하다. 우리의 경제 활동은 다른 사회 활동과 마찬가지로 하나님의 생육 및 문화 명령을 따르는 것이다. 경제 활동의 결과가 완전할 수 없는 것은 인간의 타락으로 인해 하나님과 이웃과 주변 세계와의 관계가 뒤틀린 탓일 것이다. 자본주의는 칼뱅의 가르침을 따르던 청교도들의 근면한 직업관에서 유래하였다. 청교도들은 삶의 모든 측면을 성경의 기준에 맞추려는, 즉 성경적 세계관으로 세상을 살아 내려던 실천가들이었다.[98] 그러나 자본주의 체제의 이점이 다른 사람들에게도 전파되어 국가 전체를 움직이는 경제 체제가 되었을 때, 다양한 문제가 발생했다. 타락한 인간은 이익을 극대화하기 위해 여러 가지 악한 방법을 사용하고, 자본과 노동의 투입으로 얻은 이익을 사회나 직원과 나누는 일에는 인색하다. 이런 부작용은 자본이 모여서 커지면 커질수록 익명성의 증가로 인해 그 문제점이 점점 쌓여 가게 된다.

사회주의나 공산주의는 자본주의의 이런 문제점을 개선하고자 제안된 것이지만, 역시 타락한 인간의 본성을 간과하는 실수를 범하였다. 이들은 자본주의 체제의 생산량이 그대로 유지된다는 가정하에 그 과실을 골고루 분배하면 모든 사람이 잘살 수 있게 되리라는 이상주의적 생각을 하였다. 그러나 타락한 인간은 보상 없는 일에는 최선을 다하지 않고, 다른 사람보다 더 편하고 싶은 마음에 생산성은 점점 떨어지게 된다. 반면에 자기 몫을 더 많이 분배받고 싶어 하는 이기심으로 분배 요구는 갈수록 늘어난다. 이런 부조화는 거듭 심화되어 결국 국가부도 사태에까지 이른다. 랭던 길키는《산둥 수용소》[99]에서 수용소라는 환경에서 드러나는 인간의 본성과 욕망과 도덕적 딜레마의 경헌을 서술하는데, 이것은 사회주의나 공산주의 경제 체제가 유발한 공급 부족이라는 압력이 인간의 악함을 어떻게 드러내는지를 예시한다.

정치에서 보수는 자유를, 진보는 평등을 핵심 가치로 여기는 것처럼 자본주의는 경제 활동의 자유를, 사회주의나 공산주의는 분배의 평등을 더 중요한 가치로 여긴다. 성경의 정의가 보수와 진보의 가치를 넘나드는 것처럼, 성경의 경제 정의 역시 특정 경제 체제의 가치에 머물러 있지는 않을 것이다. 라인홀트 니부어가《도덕적 인간과 비도덕적 사회》[100]에서 주장한 것처럼 타락한 개인의 회심은 가능하지만, 집단에게서 도덕성을 기대하기는 힘들다. 따라서 성경적 경제 정의의 실현은 거듭난 개인으로부터 시작되어야 하며, 주변으로 전파되어야 한다.

二　　　　40장을 마무리하며　　　　二

1. 성경적 경제

+손을 게으르게 놀리는 자는 가난하게 되고 손이 부지런한 자는 부하게 되느
니라_잠 10:4

+우리가 너희와 함께 있을 때에도 너희에게 명하기를 누구든지 일하기 싫어
하거든 먹지도 말게 하라 하였더니_살후 3:10

+구제를 좋아하는 자는 풍족하여질 것이요 남을 윤택하게 하는 자는 자기도
윤택하여지리라_잠 11:25

2. 적용과 토론

+ "능력만큼 일하고, 필요한 만큼 분배받는다." 이것은 공산주의의 슬로건으로 아이디어는 대단히 훌륭하지만, 결국 실패하고 말았다. 그 이유는 무엇인가?

+ "능력만큼 일하고, 일한 만큼 분배받는다." 이것은 자본주의의 슬로건이다. 자본주의가 비판받는 부분은 무엇인가?

3. 기도

+ 사랑하는 주님, 게으르지 않고 부지런하며 신실한 주님의 일꾼이 되기를 원합니다. 구제에 인색하지 않고, 이웃을 윤택하게 하는 복된 삶으로 우리를 인도하여 주옵소서.

적은 소득이 공의를 겸하면 많은 소득이 불의를
겸한 것보다 나으니라

_잠 16:8

하나님이 가난한 자의 편에만 서시는 것은 아니
다. 이에 대한 반대가 거세지만, 어떤 법이든지 가
난한 자나 부유한 자에게 경제적인 측면에서 편파
적인 것은 성경적 정의를 훼손한다.

_칼빈 바이스너(E. Calvin Beisner), 미국의 신학자, 변증가

성경은 사유재산과 소유의 불균형을 인정한다: 하나님은 개인의 소유를 인정하셨다. 십계명 중 "도둑질하지 말라"는 명령이 그것을 명확히 보여 준다. 창세기 1장의 생육 및 문화 명령을 통해 인류에게 맡기신 하나님의 주권이 인간 개개인에게 나누어진 것을 볼 수 있다. 재물뿐 아니라 태어나면서 거저 얻은 모든 것, 즉 개인의 지적, 영적, 육체적 능력을 비롯하여 국적, 가문 등 생득한 모든 것은 사적인 소유 아래 있다. 하나님은 타고난 소유의 불균등을 그대로 인정하신다. 출애굽 한 이스라엘 백성이 가나안에 들어가서 지파별로 기업을 나눌 때도 균등 분배에 대한 어떤 노력도 없었으며 주어진 대로 인정하게 하셨다. 단, 성경은 그것의 원주인이 하나님이시며, 우리는 그것의 관리를 맡은 청지기에 불과함을 분명히 한다. 사유 재산의 관리로 증식한 재산과 그것을 소비한 방식에 대해서는 주인에게 반드시 결산해야 한다. 이 점에서 성경은 재산의 소유권과 사용권에 대해서는 자본주의 방식을 지지하며 투명한 회계의 중요성을 강조하는 것으로 보인다.

로버트 카텔(Robert Catell)은 자신의 저서 《CEO와 성직자》[101]를 통해 이윤의 창출에 참여한 모든 근로자, 임직원, 자본가에게 열매를 후히 나누어 주고, 그들을 통해서 사회 속으로 풍성하게 흘러가게 하는 방식을 보여 준다.

성경은 더 충성하는 자에게 더 많이 맡기는 것을 지지한다: 누가복음 19장에는 주인이 열 명의 종에게 한 므나씩을 맡기고 떠났다가 오랜만에 돌아와 결산하는 비유가 있다. 주인은 므나를 많이 남긴 종에게는 많은 고을을, 적게 남긴 종에게는 적은 고을을 다스릴 권세를 주고, 일하지 않은 종에게서는 그것마저 빼앗아 가장 많이 남긴 종에게 맡겼다. 이처럼 성경은 맡기신 일에 충성하는 자에게 더 많이 맡길 것을 권한다. 바울은 디모데에게 집사의 직분을 맡기기 전에 먼저 그 충성도를 평가하여 임명하라고 권한다.[102] 평가를 통해 충성스러운 사람에게 합당한 직분을 맡기는 것이 하나님이 일하는 방식이라 본 것이다. "땅을 정복하여 다스리라"는 창세기 말씀도 한정된 자원을 충성되게 사용하여 생산성을 높이라는 명령이다. 경쟁적인 상거래에서는 생산성이 높아야 이윤을 얻을 수 있으므로, 자본주의에서는 이를 위해 창의력을 동원하여 모든 노력을 기울인다. 불법적이고 비도덕적인 거래를 통해 부당한 이윤을 취하려는 경우도 있지만, 공정한 경쟁이 이루어져야할 정의로운 시장에서는 있어선 안 될 일이다.

물론, 자본주의 환경에서는 비정상적이고 불공정한 경쟁 때문에 여러 다양한 문제가 발생하곤 한다. 코로나 사건이 발발한 초기에 있었던 마스크 파동 같은 상황이나 기업 간 담합 또는 부당 내부 거래 같은 불공정한 거래가 가격 결정이나 이윤 분배를 불공정하게 만든다. 반면에 공산주의와 사회주의에서는 경쟁과 이윤 추구를 죄악시하기 때문에 생산성의 악화가 불가피하고, 결국 경제의 활력을 상실하게 된다.

성경은 대출과 이자를 인정한다: 성경에는 무언가를 빌리고 빌려주는 행위를 자연스러운 것으로 표현하고 있다. 빌려준다는 것은 소유권을 주는 것이 아니라 사용권을 일시적으로 넘기는 것을 의미한다. 성경에는 빌려줄 때 이자를 받지 말라는 구절이 많은데, 이 경우는 대부분 가난한 자의 생계를 위해 빌려줄 때를 가리킨다. 달란트의 비유에서 주인은 한 달란트를 땅에 묻어 두었던 종에게 왜 돈을 은행에 맡겨서 이자라도 받지 않았느냐고 꾸짖는다. 성경은 여유 자본을 은행에 맡겨 생산성이 높은 사업에 투자하게 하여 이자를 받는 것을 불의하게 여기지 않는다. 다만 급전이 필요한 사람에게 너무 높은 이자를 요구하는 것을 금할 따름이다. 이슬람법은 이자를 받는 것을 불로소득으로 보고 죄로 여긴다. 이슬람에도 은행이 있고 대출도 해 주긴 하지만, 은행이 이자를 정상적으로 받지 못하기 때문에 대부분 뒷거래를 한다. 이런 위선적인 환경에서는 부정이 꽃피기 쉽다. 성경적 정의는 채무자에게 빌린 것과 이자를 약속한 기간 내에 갚을 것을 요구하며, 갚지 못할 경우에는 빌려준 사람의 종이 되는 것까지 허용한다. 그러나 성경은 채권자에게 은혜 가득한 공의를 베풀 것을 요구한다. 심지어 주인의 재산으로 어렵고 힘든 사람들의 부채를 탕감해 준 불의한 청지기를 기특하게 여기기까지 한다.

성경은 공정한 상거래를 정의라고 말한다: 거래하는 사람은 주머니에 두 개의 저울추, 두 개의 되, 두 개의 자를 두지 말아야 한다. 즉 도량형을 속여서는 안 된다는 뜻이다. 이것은 정직한 상거래를 명하는 말씀이기도 하지만, 모든 사람을 같은 잣대, 즉 법 앞에서 공평하게 대하는 정의 실현에도 적용할 수 있는 말이다. 선악의 절대 기준이나 절대 진리가 우리에게 필요한 이유다. 절대적인 기준을 부정하면, 모든 사람은 자기에게 더 유리하게 기준을 만들려고 하며, 심지어 같은 행위에 대해서도 어제와 오늘, 우리 편과 남의 편에 따라 다른 잣대를 들이대는 자기모순을 범하게 된다. 오늘날 포스트모던 사회의 현대인들은 "자기 소견에 옳은 대로"(삿 17:6) 행하라고 부추기는 상대주의적 교육 때문에 '지킬 박사와 하이드'[103]처럼 다중인격화하는 경향이 있는데, 날이 갈수록 점점 더 심해지고 있다.

성경은 빈곤의 구제를 의무로 규정한다: 성경은 거듭난 기독교인에게 이웃과의 나눔을 강조한다(딤전 6:18). 또한 고아, 과부, 나그네, 가난한 사람 등 4대 빈곤 계층을 돕는 것을 의무로 규정한다. 하나님으로부터 가나안 땅을 기업으로 받은 이스라엘은, 몇몇 예외 사항을 제외하고는 아들을 통해 상속이 이루어지게 하였다. 그런데 4대 빈곤 계층은 근본적으로 하나님의 기업을 상속받을 방법이 없는 사람들이다. 즉 이것은 구조적 빈곤에 해당하는 문제다. 그러므로 그들을 구제하는 것은 자선이 아니라 마땅히 해야 할 의무인 것이다. 하나님은 그들을 구제할 때도 밭모퉁이를 추수하지 않는다든가, 떨어진 이삭을 남겨 두는 등 그들이 스스로 노력하여 얻을 수 있게 할 것을 명령하신다. 이것은 구제받는 이들의 인격을 존중하며, 노동의 가치를 잊지 않게 하려는 의도일 것이다.

제도적인 구제를 위해서는 무엇보다 사회적 합의가 중요하다. 북유럽 국가들에서처럼 부자들이 더 많은 세금을 부담하기로 기꺼이 합의할 때, 가능한 것이다. 부자가 이웃을 돌보지 않는 것이나, 다수의 힘으로 부자의 수입을 빼앗아 나누는 것은 모두 정의롭지 않으므로 오래 지속될 수 없다. 그러므로 소수의 기독교인이 성경의 경제 정의를 사회에 어떻게 적용시킬 것인가에 대한 고민이 필요한 때다.

二　　　**41장을 마무리하며**　　　二

1. 성경적 경제 정의

+적은 소득이 공의를 겸하면 많은 소득이 불의를 겸한 것보다 나으니라
_잠 16:8

+네가 이 세대에서 부한 자들을 명하여 마음을 높이지 말고 정함이 없는 재물에 소망을 두지 말고 오직 우리에게 모든 것을 후히 주사 누리게 하시는 하나님께 두며 선을 행하고 선한 사업을 많이 하고 나누어 주기를 좋아하며 너그러운 자가 되게 하라 이것이 장래에 자기를 위하여 좋은 터를 쌓아 참된 생명을 취하는 것이니라_딤전 6:17-19

+누가 이 세상의 재물을 가지고 형제의 궁핍함을 보고도 도와줄 마음을 닫으면 하나님의 사랑이 어찌 그 속에 거하겠느냐_요일 3:17

2. 적용과 토론

+이웃에 비해 좋지 않은 가정 형편 때문에 하나님을 원망해 본 적이 있는가?

+내가 하나님으로부터 풍성하게 받은 부분에 대해 청지기로서 주신 재물의 사용에 대해 해명할 말을 준비하고 있는가?

+정의롭지 않은 것은 정치든 경제든 지속되기 힘들다. 정의란 무엇인가?

3. 기도

+사랑하는 주님, 자족하는 마음을 주옵시며, 하나님이 우리에게 맡겨 주신 것을 지혜롭게 관리하는 충성스러운 청지기가 되게 하옵소서. 말과 혀로만 사랑하는 것이 아니라 행함과 진실함으로 하나님을 사랑하고, 이웃을 사랑하게 하옵소서. 하나님 앞에서 결산할 때가 있음을 늘 기억하게 하옵소서.

무슨 일을 하든지 마음을 다하여 주께 하듯 하고
사람에게 하듯 하지 말라 이는 기업의 상을 주께 받
을 줄 아나니 너희는 주 그리스도를 섬기느니라

_골 3:23-24

일은 하나님의 창조 사역에 동참하는 것으로, 일하
는 사람에게 성취감을 느끼게 하고 공동체에 유익
이 되며 하나님께 영광을 돌리는 것이 목적이다.

_존 스토트(John Stott), 영국 성공회 사제, 복음주의자

하나님은 인간을 창조하시고, 아담에게 동물들의 이름을 짓는 일을 맡기셨다. 요즈음 학문에 비유하자면, 동물분류학에 해당한다. 동물의 형태에 따라 그에 합당한 이름을 부여하는 것이다. 이것은 창조적인 일이며, 그에 합당한 이름을 붙여 주는 것은 그 생명체에 의미를 부여하는 일이 된다. 이것은 하나님의 창조 사역의 연장선상에서 그 사역에 동참하는 것을 의미한다. 이름을 짓는 일은 의식주 해결과는 관계가 없지만, 일을 통해 자신의 존재 가치를 발견할 수 있었다. 그러나 첫 인간의 타락으로 인해 하나님과의 관계가 단절되자 일에 "고통"과 "수고"와 "땀 흘림"이라는 개념이 추가되었다. 농사를 방해하는 "가시덤불과 엉겅퀴"로 인해 인간은 죽을 때까지 땀 흘려 일해야 흙의 소산을 겨우 먹을 수 있게 되었다(참조, 창 3:16-19). 창조적인 일이 힘든 노동으로 전락해 버린 것이다.

생산성이 낮았던 고대에는 대부분 고된 노동에 자신을 돌아볼 여유가 없이 살아야 했다. 성직과 생업을 구분하던 중세에는 직업도 이분법적으로 성스러운 일과 세속적인 일로 나뉘곤 했다. 중세 스콜라주의에서는 성직자들의 사색과 명상의 삶에 더 높은 가치를 두고, 땀 흘리며 일하는 세속의 직업과 노동의 가치는 낮게 여겼다. 그런 이유로 하나님의 창조 사역에 참여하는 것이 기쁨의 일이 아닌 고역으로 여겨지게 되었다. 성직과 속된 일이 구분되고, 일주일이 성스러운 주일과 속된 엿새로 구분되었다. 이런 과정을 통해 세상에서의 일은 하나님의 일과 무관한 것으로 여겨지게 되었다.

종교 개혁은 일에 대한 이분법적 생각을 변화시키는 계기가 되었다. 루터는 수도원의 삶을 비판하면서 세상의 직업에 대해 처음으로 '소명'(vocation)이라는 용어를 사용했다. 그러나 그는 제후 중심의 봉건적 경제 체제를 유지하는 국가 교회 제도와 타협하면서 직업에 대한 초기 소명 이론을 경제적인 부분으로 충분히 발전시키지 못했다. 막스 베버(Max Weber)는 그의 저서 《프로테스탄티즘의 윤리와 자본주의 정신》[104]에서 근대 직업의 소명 의식(calling)과 자본주의를 칼뱅주의적 직업 윤리와 프로테스탄트 정신의 부산물로 보고 있다. 이 직업 윤리 하에 근면하게 일하고, 검소하게 절약함으로써 자본이 축적되었고, 자본주의가 시작되었다고 본 것이다.

막스 베버와 달리 에른스트 트뢸치(Ernst Troeltsch)[105]나 앙드레 비엘레(Andre Bieler)[106]는 "노동과 자본에서 발생한 이윤은 그것을 벌어들인 개인만이 아니라 사회 전체의 유익을 위해 사용되어야 한다"는 칼뱅의 주장을 들어, 칼뱅주의를 기독교 사회주의라고 주장하였다. 독일의 재세례파로부터 파생된 모라비안들은 재산을 공유하고, 종교 지도자를 중심으로 한 신정주의적 공동체를 유지하는 등 강력한 사회주의적 공동체를 형성했으나 봉건주의의 열매를 누리던 영주들에게 무력으로 진압된 바 있다. 이에 비하면 칼뱅주의는 사유 재산을 찬성했으며, 재산의 불균등도 하나님의 섭리이니 각자 받은 것에 만족해야 한다는 자본주의적 색채가 강한 것이 분명하다. 성경의 경제 정의를 하나의 경제 체제만으로 설명할 수 없듯이, 칼뱅주의 역시 하나의 경제 체제로 명확히 규정할 수는 없다.

존 스토트는 그의 저서 《현대 사회 문제와 그리스도인의 책임》[107]에서 "일은 하나님의 창조 사역에 동참하는 것으로, 일하는 사람에게 성취감을 느끼게 하고, 공동체에 유익이 되면서 하나님께 영광을 돌리는 것이 그 목적"이라고 주장했다. 그러나 현대 사회에서는 일이 우리 삶에서 부정적인 영향을 미치는 경우가 많다. 자기 일에 만족하지 못하는 사람의 비율이 상당히 높으며, 일이 인간의 육체를 좀먹고 영혼을 억압하기도 한다. 그뿐만 아니라 실업의 위험이 항상 존재하며, 이런 상황에 직면한 사람들은 생존의 문제로 내몰리게 된다. 코로나 사태로 인해 많은 실직자가 생긴 것에 대해 기독교인으로서 해결을 위해 어떻게 접근하여야 할지 깊이 고민할 필요가 있다.

성경적 관점에서 일은 첫째, 개인의 문제다. 하나님의 창조 사역에 동참하는 개개인은 자신이 받은 달란트를 최대한 발휘할 수 있는 직업을 찾아야 한다. 일을 통한 수입보다 그 일을 통해 얼마나 성취감을 느끼고, 자신을 계발해 나갈 수 있느냐가 더 중요한 요소가 되어야 한다. 둘째, 일은 관계의 문제다. 일터에서 또는 일터 밖에서 좋은 관계를 맺을 수 있는 것이 좋은 일이다. 즐겁게 소통할 수 있고, 일과 휴식의 균형을 잘 유지할 수 있는 곳이 좋은 일터이다. 셋째, 일은 공동체의 문제다. 함께 일하는 사람들이 어떤 직장 문화를 만들어 가느냐의 문제이며, 이 부분에 있어서 기독교인들은 하나님의 법이 일터에서 실행되도록 최선을 다해야 한다. 너무 경쟁적으로 일하거나 부정직하거나, 무자비한 방법을 사용하는 것에는 저항해야 한다. 끝으로, 일이란 하나님이 주신 자연을 보존하면서 효율적으로 사용하는 것이어야 한다. 환경을 오염시키거나 탄소를 많이 배출하거나 에너지 소비가 높은 일들은 앞으로 살아남기 힘들 것이다.

미래학자 앨빈 토플러(Alvin Toffler)는 《부의 미래》[108]에서 "앞으로의 세계는 지식이 모든 생산 수단을 지배하게 되며, 이에 대비한 후세 교육 없이는 어느 나라든 생존하기 어려울 것"이라고 말하며 지식의 중요성을 강조했다. 그러면서 현재 한국의 교육에 대해 "학생들이 하루에 15시간씩 미래에 필요하지도 않은 지식과 존재하지도 않을 직업을 위해 시간을 낭비하고 있다"고 지적했다.

그렇다면 다음 세대에 필요한 지식과 살아남을 직업은 무엇인가? 다보스포럼의 호스트인 클라우스 슈밥(Klaus Schwab)은 《제4차 산업혁명》[109]에서 물리학, 정보학, 생물학 기술 등을 새 시대를 이끌 지식으로 제안하면서, 이들 지식이 집약된 플랫폼에 접근할 수 있어야 수익을 보장받을 수 있다고 조언했다.

한국고용정보원이 발표한 앞으로의 시대에 살아남을 직업군과 사라질 직업군을 살펴보면[110], 타락으로 인해 원래 일에 추가된 단순 노동들은 모두 사라지는 직업군에 속해 있음을 알 수 있다. 반면에 타락 이전에 하나님이 인간에게 맡기셨던 창조적인 일들은 계속해서 살아남을 직업군에 속해 있다. 이런 자료들이 앞으로 내가 어떤 일을 할 것인지, 자녀들에게 어떤 직업을 추천할 것인지에 지침이 될 것이다.

> 생육하고 번성하여 땅에 충만하라 땅을 정복하라 바다의 물고기와 하늘의 새와 땅에 움직이는 모든 생물을 다스리라 _창 1:28

오늘날, 하나님은 많은 일자리를 만들어 내어 사람들을 먹여 살릴 수 있는 창조 사역에 동참하기를 명령하신다.

42장을 마무리하며

1. 신앙과 일

+무슨 일을 하든지 마음을 다하여 주께 하듯 하고 사람에게 하듯 하지 말라 이는 기업의 상을 주께 받을 줄 아나니 너희는 주 그리스도를 섬기느니라 _골 3:23-24

+하나님이 그들에게 복을 주시며 하나님이 그들에게 이르시되 생육하고 번성하여 땅에 충만하라, 땅을 정복하라, 바다의 물고기와 하늘의 새와 땅에 움직이는 모든 생물을 다스리라 하시니라_창 1:28

2. 적용과 토론

+내 직업은 하나님의 창조 사역과 어떤 관계가 있는가?

+상대방의 달란트를 평가하고, 하나님의 창조 사역 중 어떤 분야의 일에 적합한지를 살펴본 뒤에 서로 격려하고 축복하자.

3. 기도

+사랑하는 주님, 우리가 하는 모든 일이 하나님의 창조 사역에 동참하는 일이 되기를 기도합니다. 공동체에 유익이 되면서, 하나님께 영광을 돌리는 것이 목적이 되게 하시고, 기쁨과 감사와 성취감을 누리게 하옵소서.

그리스도께서 다시 살아나신 일이 없으면 너희의 믿
음도 헛되고 너희가 여전히 죄 가운데 있을 것이요

_고전 15:17

부활이 거짓이면 기독교도 허위가 되고 만다. 그
러나 부활이 사실이면 세상의 어느 종교가 뭐라고
가르치든 예수는 하나님의 유일한 아들이시다. 그
리고 그 사실이 모든 것을 바꿔 놓는다.

_리 스트로벨(Lee Strobel), 시카고 트리뷴 법률 담당 기자, 무신론에서 기독교로 회심함

오늘날 이 땅에서 기독교는 다른 세계관을 가진 사람들의 공공의 적이 되어 버렸다. 무신론인 인본주의, 공산주의, 포스트모더니즘 등은 과학적으로 존재를 증명할 수 없는 신을 믿는다며 기독교인들을 비웃는다. 기독교의 도덕적 가치에 대해서는 낡아 빠진 도덕률을 이 시대에도 그대로 지켜 나가려 한다고 비웃는다. 특히 성-생명-결혼-가정이라는 하나님의 생육 및 문화 명령에 순종하기 위해 지켜야 할 도덕적 가치들은 인간의 원초적 본능을 억압하는 나쁜 도덕률로 규정한다. 젠더 이데올로기를 앞세운 이들의 성 혁명 이념은 가정과 교회를 파괴하려는 시도로 하나님의 명령을 지키는 것에 의문을 제기하는 창세기 3장의 뱀의 유혹과 다르지 않다.

한편, 유신론의 세계관을 가진 다른 종교들은 예수 그리스도만이 유일한 구원의 길이라는 기독교의 복음에 대해, 다른 종교를 무시하는 편협하고 무례한 주장이라며 매도한다. 기독교가 전하는 삼위일체 하나님에 대해 다른 모든 세계관이 일제히 비난하고 있으며, 그중에서도 예수 그리스도에 대하여 적대적 불신감을 표현하곤 한다.

기독교인들은 이렇게 적대적인 세상에서 어떻게 믿음을 지켜 나갈 것이며 기독교를 변호할 것인가? 주된 쟁점을 정리해 보면, "예수 그리스도가 실존했는가? 그는 인간인가, 신인가? 십자가 처형 사건은 실제인가? 장사한 지 사흘 만에 부활한 것이 사실인가? 예수를 기록한 성경을 믿을 수 있는가?" 등이다. "해 아래에는 새것이 없나니"(전 1:9)라는 말씀처럼, 이런 의심 또한 초대교회에서부터 지금까지 계속해서 이어져 왔다.

그러나 사도들은 예수님의 십자가 대속과 부활을 증언했으며 이는 결국 '사도신경'이라는 신앙고백으로 요약되었다. 그러므로 기독교를 변호하는 핵심은 예수님의 십자가 죽음과 부활의 역사성을 증명하는 것이 될 것이다. 예수님이 도마에게 "보지 못하고 믿는 자들은 복되도다"(요 20:29)라고 말씀하신 것처럼, 보지 않고도 믿는 믿음이 더 크긴 하지만, 의심하는 사람들을 설득하기 위해서, 또 믿음을 더욱 굳건히 하기 위해서라도 우리는 증거를 가져야 한다.

첫째, 그리스도는 실존했는가? 신약성경의 저자들이 모두 예수님의 제자나 특수 관계의 사람이었다는 이유로 예수님의 실존 자체를 부인하는 사람들도 있다. 그러나 유대인 역사가 요세푸스(Josephus)[111]는 AD 93년에 쓴 《유대 고대사》(Antiquities of the Jews)에 "대제사장 안나스가 심판관들이 모이는 산헤드린 공회를 소집하고, 그들 앞에 그리스도라 불리는 예수의 형제 야고보를 데려왔다"고 기록했다. 또 로마의 역사가 코르넬리우스 타키투스(Cornelius Tacitus)[112]는 AD 112년에 작성한 《연대기》(Annals)에서 기독교인에 대해 다음과 같이 설명한다.

"크리스천이라는 이름의 창시자인 그리스도는 본디오 빌라도에 의해 죽임을 당했는데, 빌라도는 티베리우스 황제 시절의 유대 통치자였다. 그의 죽음으로 잠시 억제되었던 그 미신이 재발하였는데, 발원지인 유대뿐 아니라 로마 시내에까지 창궐하게 되었다."[113]

이처럼 비기독교인들의 공적인 기록들이 역사적 예수의 실존을 부인할 수 없게 만든다.

둘째, 십자가 처형에 의해 일어난 죽음과 부활 사건은 사실인가? 신약의 사복음서와 제자들의 서신들은 모두 예수 그리스도의 십자가 죽음과 부활에 초점이 맞춰져 있다. 특히 누가복음과 사도행전을 기록한 누가는 역사적 기록이 되기에 충분하도록 주변 인물, 당시 다스리던 통치자, 사건이 일어난 장소의 기록 등을 상세히 남겨 두었다. 예수님의 죽음과 부활 역시 예전부터 많은 사람들의 의심의 대상이 되어 왔다. 그들 중 어떤 사람은 십자가 처형과 부활 사건이 거짓임을 증명하려고 도전했다가 오히려 예수를 믿게 되기도 했다. 하버드 법대의 토대를 닦은 사이먼 그린리프(Simon Greenleaf)[114] 는 "예수의 부활은 믿을 수 없는 일"이라고 주장했었다. 그러나 강의를 듣던 세 명의 기독교인 학생들의 도전을 받아들여 법정 증거를 채택하는 방식으로 문헌 증거들을 조사하다가 결국 회심하고 말았다. 당시 그가 조사한 내용을 《전도자의 증언》이라는 책에 담기도 했다. 조쉬 맥도웰(Josh McDowell)[115] 이나 톰 라이트(Thomas Wright)[116] 등은 신학자로서 수집한 방대한 역사적 증거들을 책으로 집필하였다. 영국의 재무장관이었던 리틀턴 경(Lord Littleton)[117]과 그 친구 길버트 웨스트(Gilbert West)는 기독교의 허구성을 증명하기 위해 증거를 수집하다가 《바울의 회심과 그리스도의 부활》이라는 보고서를 책으로 내놓으며 자신들의 회심을 고백하기도 했다.

일간지 〈시카고 트리뷴〉의 법정 담당 기자였던 리 스트로벨은 무신론자였다. 범죄가 많이 일어나던 시카고에서 악당들의 재판 과정과 그 이면의 문제들을 심층 취재해 왔던 그는 기독교로 회심한 아내를 되돌리기 위해 기독교의 핵심인 '예수의 부활'을 부정하는 증거를 수집하다가 회심하기에 이르렀다. 그리고 《부활의 증거》[118]라는 책을 썼다. 그는 모든 역사적 문헌 증거들을 종합할 때, 다음 사실들을 객관적으로 확신할 수 있다고 말했다.

첫째, 예수는 십자가에서 실제로 죽었다.

둘째, 제자들은 그가 부활하여 자신들 앞에 나타났다고 굳게 믿었다.

셋째, 예수를 핍박하던 바울이 갑자기 회심했다.

넷째, 예수의 친동생인 야고보도 예수가 그리스도임을 믿게 되었다.

다섯째, 예수를 장사지냈던 무덤이 비어 있는 채로 발견되었다.

그는 이 다섯 가지 증거를 종합하면, 예수의 부활은 움직일 수 없는 사실이 된다고 주장한다. 죽음을 이기고 부활하신 분을 어찌 하나님이 아니라고 부인할 수 있겠는가?

기독교는 예수 그리스도에 대한 신앙이요, 그분의 부활을 믿는 신앙이다. "그리스도께서 만일 다시 살아나지 못하셨으면 우리가 전파하는 것도 헛것이요 또 너희 믿음도 헛것이며 또 우리가 하나님의 거짓 증인으로 발견되리니"(고전 15:14-15)라는 바울의 고백은 우리에게도 동일하게 적용된다. 믿지 않는 사람들의 불신과 비난에 두려워하지 않고, 그 복음을 전하기 위해서는 그분의 실존과 부활을 변호할 수 있는 능력을 반드시 갖추어야 한다. 변호의 핵심 요소는 그분에 대한 역사적 증거일 것이다. 기독교는 지난 2,000년 동안 제기되어 온 질문들에 대해 수없이 많은 답변을 제시한 바 있다. 리 스트로벨은 그동안 예수님의 부활을 의심하는 수많은 질문에 답하기 위해 해당 분야의 최고 전문가들을 찾아가 인터뷰했으며, 그 결과를《예수는 역사다》라는 저서에 총정리해 두었다. 예수님의 부활을 온유와 두려움으로 변호할 증거들을 각자 준비해 보기를 바란다.

43장을 마무리하며

1. 부활의 증거와 믿음

+장사 지낸 바 되셨다가 성경대로 사흘 만에 다시 살아나사 게바에게 보이시고 후에 열두 제자에게와 그 후에 오백여 형제에게 일시에 보이셨나니 그 중에 지금까지 대다수는 살아 있고 어떤 사람은 잠들었으며 그 후에 야고보에게 보이셨으며 그 후에 모든 사도에게와 맨 나중에 만삭되지 못하여 난 자 같은 내게도 보이셨느니라_고전 15:4-8

+그리스도께서 다시 살아나신 일이 없으면 너희의 믿음도 헛되고 너희가 여전히 죄 가운데 있을 것이요_고전 15:17

2. 적용과 토론

+예수 그리스도의 십자가 대속과 부활을 불신자에게 어떻게 설명할 것인가?

+성경에서 예수 그리스도의 부활을 목격한 사람들이 몇 명쯤 되는가? 그들이 살아있을 때 기록된 바울 서신과 복음서가 거짓이었다면 과연 견딜 수 있었겠는가?

+예수 그리스도의 부활을 확인할 수 있는 성경 외의 자료는 무엇이 있으며 얼마나 있는가? 그 자료들은 믿을 만한가?

3. 기도

+사랑하는 주님, 사망 권세를 이기고 부활하신 예수 그리스도를 진정으로 믿는 부활 신앙의 능력을 누리고 전하는 하나님의 복된 자녀가 되길 간절히 원합니다.

너희가 성경에서 영생을 얻는 줄 생각하고 성경을
연구하거니와 이 성경이 곧 내게 대하여 증언하는
것이니라

_요 5:39

성경에 대한 무지는 그리스도에 대한 무지다.

_제롬(Jerome), 라틴의 4대 교부 중 한 사람

기독교 세계관과 신앙은 "말씀이 육신이 되어"(요 1:14) 인간의 역사 속으로 들어오신 예수 그리스도의 실재를 믿는 것에서 시작된다. 예수님의 십자가 대속과 부활은 유대와 로마의 역사서에 의해 부인할 수 없는 역사적 사실로 판명되었다. 이 역사적 기반을 와해시키는 것은 기독교 교리와 세계관에 치명타를 가할 것이 분명하다. 기독교를 반대하는 다른 세계관들은 성경의 역사성을 공격함으로써 기독교 세계관의 기반을 공격하려고 거듭 시도하고 있다.

그 공격의 내용은 다양하고도 방대하여 개인이 직접 연구하여 방어하는 것은 불가능해 보인다. 그러나 이러한 공격들은 예수님의 부활 사건 이후 지속적으로 제기되어 왔던 시도다. 그에 대해 지금까지 기독교 측에서 답해 왔던 내용들을 종합한 자료들을 확보하고, 우리 자신부터 그 진실성에 대해 진심으로 승복할 것인지를 진지하게 고민해 봐야 한다. 그렉 길버트(Greg Gilbert)는 그의 저서 《성경을 왜 믿는가》[119]에서 대표적인 질문들을 다음과 같이 요약한다.

첫째, 현재의 성경이 원문의 내용을 정확히 반영하고 있는가?

둘째, 필사자들이 원본을 우리에게 정확히 전달했는가?

셋째, 우리가 보고 있는 성경이 원래의 성경에서 빠지거나 추가된 것은 아닌가?

넷째, 성경 기자들은 믿을 만한가?

다섯째, 성경 기자들이 실제 일어난 사실을 정확하게 제공한 것이 확실한가?

길버트는 이 질문들에 대해 근거와 함께 설득력 있게 대답한다.

리 스트로벨의 《예수는 역사다》[120]는 현존하는 13명의 이 시대 최고의 신학자, 역사학자, 심리학자, 의학자, 변증학자 등에게 신약성경의 사건들이 실제로 일어난 역사적 사실이었는지에 대해 무신론자의 입장에서 공격적으로 질문하며 답을 구한 과정을 담은 책이다. 크레이그 블룸버그(Craig Bloomberg)[121], 브루스 메츠거(Bruce Metzger)[122], 에드윈 야마우치(Edwin Yamauchi)[123], 존 맥레이(John McRay)[124], 그레고리 보이드(Gregory A. Boyd)[125], 벤 위더링턴 3세(Ben Witherington III)[126], 게리 콜린스(Gary Collins)[127], 도날드 카슨(Donald A. Carson)[128], 루이스 레피데스(Louis Lapides)[129], 로버트 스타인(Robert Stein)[130], 윌리엄 레인 크레이그(William Lane Craig)[131], 게리 하버마스(Gary Robert Habermas)[132], J .P. 모어랜드[133] 등이 그의 취재에 응했다. 우리는 이 책을 통해 생각지도 못한 다양한 질문들에 대한 각 분야 전문가들의 답을 얻을 수 있다.

이들의 답변 중에서 내가 얻은 유용한 지식은 다음과 같다.

1) 신약성경은 예수님의 부활 사건 이후 20-30년 내에 바울 서신이 기록되었고, 복음서들도 아주 이른 시기, 즉 최소한 60년 이내에 기록되었다고 주장한다. 이런 주장은 2세기 초의 초대 교부 파피야스(Māra pāpīyas)나 이레니우스(Irenaeus)의 기록 등 성경 외의 기독교 문서들에 의해서도 확증된다.

2) 신약성경은 수많은 고대 문서 중에서도 가장 많은 사본과 번역본이 있다. 다양한 장소에서 발견되었고 사본 간의 일치율도 또한 매우 높다. 고대의 다른 역사서나 문학 작품은 사본의 수가 적고, 가장 오래된 사본도 대체로 600년에서 1,000년 이후의 사본이 있을 뿐이지만, 요한복음의 파피루스 사본은 AD 100-150년에 쓰인 것으로 원본과 거의 비슷한 시기의 기록이며, 사본의 수는 수만 개에 달한다.

3) 성경 외의 역사적 기록과 사적인 편지 속에 예수님과 기독교에 대한 기록이 풍성하게 남아 있다. 유대인의 〈탈무드〉에서도 예수님

과 그 추종자에 대한 구체적인 기록을 찾아볼 수 있다.

4) AD 55-57년에 기록된 것으로 추정되는 고린도전서 15장 3-4절에 '사도신경'의 초기 내용이 포함되어 있다. 바울은 자신이 고린도를 처음 방문한 AD 51년에 이미 확립되어 있던 것을 전달했다고 기록했다. 이는 예수님의 부활 신앙이 기독교의 아주 초기부터 공식적인 믿음의 기둥으로 확립되어 왔음을 의미한다.

독일을 중심으로 유럽에서 일어난 성경에 대한 비판적 분석 연구가 있다. 이들은 구약, 특히 모세오경과 구약에 대해 공격적으로 비평한다. 성경 비평은 '고등비평'과 '하등비평'으로 나뉘는데, 하등비평은 성경의 원본을 구할 수 없으므로 존재하는 사본들로부터 원문을 찾아가는 시도를 가리킨다. 반면에 고등비평은 성경의 진실성에 대해 다음과 같은 질문을 던진다. "성경의 각 책은 실제로 언제 쓰였는가? 실제로 누가 이 책을 썼는가?" 어떤 역사적 배경 속에서 어떤 저자가 어떤 의도로 어떤 자료들을 취사선택하여 어떻게 편집했는지를 반드시 알아야 한다는 점에서 역사 비평, 자료 비평, 편집 비평과도 방향성을 같이한다.

고등비평가들은 "모든 성경은 하나님의 감동으로 된 것"(딤후 3:16)이라는 영감설을 인정하지 않는다. 그들은 구약성경은 이전부터 구전되어 내려오던 내용을 편집한 것에 지나지 않으며, 모세오경도 유대가 바벨론에 멸망하여 사로잡혀 갈 때까지는 기록된 적이 없었다고 주장한다. 모세오경은 모세가 실제로 쓴 것이 아니며 1,000년 가까운 세월이 흐른 BC 500년경에야 기록되었다는 그들의 주장이 수용된다면, 구약성경의 권위는 흔들릴 수밖에 없다.

신약성경에 대한 고등비평의 주장은 수없이 많은 사본 자료와 다른 역사적 자료들로 무너뜨릴 수 있다. 그러나 구약성경의 많은 부분은 선사시대를 포함하고 있으므로 입증할 만한 역사적 자료가 적어서 고등비평의 비판에 반박하거나 방어할 자료가 불충분한 것이 사실이다. 그러나 우리가 성경을 상고하며 깨닫는 것은, 성령의 조명하심이 각 사람에게 서로 다른 관점의 감동을 준다는 사실이다. 영적인 기록을 단순히 고대 문서로 보고, 인문학적으로 분석하는 것은 과학에서 방법론적 자연주의를 주장하는 것과 마찬가지로 성경을 부정하겠다는 의도를 드러낸 것일 뿐이다. 그런 관점에서 성경을 가르치는 자유주의 신학교들에서는 하나님의 창조와 예수 그리스도의 부활을 믿는 교수나 신학생을 찾아보기가 힘들다. 그들은 성경책을 좋은 도덕책의 하나로 여기며, 그저 성경이 가르치는 선한 행실을 따르라고 가르칠 뿐이다.

그렉 길버트는 "당신은 왜 성경을 믿습니까?"라는 질문에 대한 답을 다음과 같이 제시한다.[134]

"우리의 신앙은 역사적으로 증명할 수 있는 예수의 부활과 신약성경의 진실성에 근거해야 한다. '너희가 성경(구약성경)에서 영생을 얻는 줄 생각하고 성경을 연구하거니와 이 성경이 곧 내게(예수에) 대하여 증언하는 것이니라'(요 5:39). '내가 너희와 함께 있을 때에 너희에게 말한 바 곧 모세의 율법과 선지자의 글과 시편(구약성경)에 나(예수)를 가리켜 기록된 모든 것이 이루어져야 하리라 한 말이 이것이라'(눅 24:44). 그리고 누가복음 4장 18-19절에서 예수님이 공생애를 시작하며 천명하신 '사명 선언'은 이사야 61장 1절을 인용한 말씀으로, 오실 예수님에 대해 예언한 구약성경의 권위를 인정하지 않을 수 없게 만든다. 구약성경은 신약성경의 역사적 신빙성과 부활하신 예수님의 권위에 기초하므로 우리는 신구약 전체를 믿을 수 있다."

신구약 성경 전체는 한 분 하나님의 계시를 인간 저자들이 기록한 것임을 우리는 믿는다.

☰   44장을 마무리하며   ☰

1. 예수는 역사다

+ 너희가 성경에서 영생을 얻는 줄 생각하고 성경을 연구하거니와 이 성경이 곧 내게 대하여 증언하는 것이니라_요 5:39
+ 아들을 낳으리니 이름을 예수라 하라 이는 그가 자기 백성을 그들의 죄에서 구원할 자이심이라 하니라_마 1:21
+ 말씀이 육신이 되어 우리 가운데 거하시매 우리가 그의 영광을 보니 아버지의 독생자의 영광이요 은혜와 진리가 충만하더라_요 1:14

2. 적용과 토론

+ 기독교는 예수 그리스도의 부활을 믿는 신앙이다. 예수 그리스도의 부활이 역사적 사실이라는 것을 어떤 방법으로 변증하겠는가?
+ 구약성경을 설화로 치부하려는 고등비평에 대해 어떻게 대응하겠는가?

3. 기도

+ 사랑하는 주님, 신구약 성경 전체가 "하나님의 감동으로 된 것으로 교훈과 책망과 바르게 함과 의로 교육하기에 유익"함을 믿습니다. 날마다 말씀을 가까이함으로써 예수님과 친밀히 동행하게 하옵소서.

모든 일을 그의 뜻의 결정대로 일하시는 이의 계
획을 따라 우리가 예정을 입어 그 안에서 기업이
되었으니

_엡 1:11

하나님이 우리를 너무나 결정적으로 부르셨기에,
그에 응답하여 우리의 모든 존재, 모든 행위, 모든
소유를 헌신적이며 역동적으로 목적을 향해 쏟아
붓는 것이 우리의 소명이다.

_오스 기니스, 영국 출신의 기독교 변증가

성경의 메타내러티브는 역사를 창조, 타락, 구속, 완성이라는 개념으로 이해한다. 즉 이 세상의 역사는 창조주 하나님에 의해 시작되었고, 하나님에 대한 인간의 반복적인 범죄의 역사다. 그런 인간을 구원하기 위해 하나님은 인간 역사에 반복적으로 개입해 오셨으며, 예수 그리스도의 십자가 대속의 사건으로 개입의 절정을 이루셨다. 인간의 역사는 결코 반복되지 않으며 완성을 향해 직선적으로 진행되는 종말론적 구속사라는 것이 기독교의 역사관이다. 만일 이런 역사관이 옳다면, 인류 역사 전체가 의미를 가질 뿐만 아니라 우리 삶의 모든 순간은 분명한 목적을 가지게 된다.

이 목적을 향한 하나님의 지속적인 개입은 우리 삶의 방향성과 목표를 암시한다. 하나님은 우리를 지으실 때, 각자를 향한 창조의 목적을 두셨으며, 그에 합당한 달란트를 각각 맡기셨다. 인생을 마무리할 때, 우리는 그분 앞에서 자기가 받은 달란트를 어떻게 사용했으며 창조 목적에 합당한 열매를 얼마나 맺었는지 결산해야 한다. 이처럼 인간 역사의 마지막은 심판의 날이 될 것이며 기독교인은 예수 그리스도와 함께함으로써 그 심판에서 승리할 것이다.

이슬람은 무함마드가 계시를 받은 이후부터 이슬람의 본격적인 역사가 시작되었다고 말하지만, 무함마드 이전의 유대교와 기독교 역사도 이슬람의 역사로 간주한다. 무함마드는 AD 570년에 다신교와 정령설이 가득한 문화의 메카에서 태어나 40세가 되던 610년에 가브리엘 천사의 방문을 받고, 예언자로 지명되었다고 한다. 알라만을 섬기는 일신교를 주장하다가 다신교를 숭상하던 메카 대상들에게 쫓겨 622년 메디나로 도망가게 되었다. 이 사건을 '헤지라'라고 하며, 이때를 이슬람 원년으로 삼았다. 이후 메카로 가는 대상들을 습격하여 탈취한 부와 함께 이슬람으로의 개종자가 늘면서 629년에는 급기야 메카를 점령하고 말았다. 이후 부와 무력을 바탕으로 주변 부족들을 복속시키며, 이슬람 세력을 급속히 늘려 갔다.

이슬람이라는 단어의 뜻이 '복종'인 것처럼, 이슬람은 알라에 대해서뿐 아니라 종교 지도자 및 정치 지도자에 대해서도 무조건적인 복종을 요구한다. "권력은 부패하는 경향이 있고, 절대 권력은 절대 부패한다"는 영국의 정치가이자 역사가인 액톤 경(Lord Acton)의 말처럼 절대 권력을 가진 이슬람 지도자들도 부패해 갔다. 더구나 그 권위에 대해 의문을 표하는 것조차 신성모독으로 취급하기에 그들 미래에 개선의 여지가 없다는 사실이 큰 문제다.

이와 달리 불교나 힌두교에서 유래한 뉴에이지의 역사관은 '윤회'다. 전생의 업보에 대한 평가에 따라 좀 더 낫거나 혹은 좀 더 못한 내세를 부여받게 된다. 현재, 눈앞에 보이는 것은 사실 아무것도 아닌데, 그것을 깨닫지 못하고 지금 당장 없으면 안 될 것처럼 생각하여 아등바등하는 것이 중생의 문제다. 이처럼 윤회의 세계관을 가진 사람은 크게 걱정할 것이 없고, 조급할 일이 없다. 왜냐하면 이번 생에서 깨닫지 못하면 다음 생이나 그다음 생에서 깨달으면 될 테니 말이다. 또 그들은 우주적 진화를 믿기 때문에, 언젠가는 자신의 신성도 진화하여 해탈을 이룰 날이 오리라는 낙관적인 역사관을 지녔다. 역사가 돌고 돈다고 믿기 때문에 그들의 역사에는 방향성이나 목적성이 없다. 그저 영겁의 윤회를 끝없이 견디는 일이 있을 뿐이다.

한편, 인본주의, 공산주의, 포스트모더니즘 같은 세속적 무신론은 진화론적 사고를 하기 때문에 모든 사건을 우연의 결과로 해석한다. 아무것도 없는 무(無) 상태에서 우연히 일어난 대폭발로 인해 우주가 생성되었고, 우연에 의해 인간이 살 수 있는 적절한 환경을 가진 지구가 만들어졌으며, 무생물에서 생물이 우연히 발생했다고 생각한다. 생물의 진화도 우연에 의한 것으로 간주하고, 인간의 역사 또한 우연의 산물로 보기 때문에 방향성이나 목적성을 찾아볼 수 없다. 따라서 한 인간의 삶, 역시 우연의 결과이므로 거기에 어떤 의미도 부여할 필요가 없다. 개인의 삶이 끝나고, 죽음 이후에는 아무것도 없다고 믿기 때문에 허무주의적 역사관이라고 할 수밖에 없다.

그러나 이들은 생물이 진화를 통해 점점 개선되고 있다는 이론을 자기 삶에도 적용하면서 근거 없는 낙관론을 펼친다. 특히 마르크스주의나 네오마르크시즘의 세계관을 가진 사람들은 역사란 권력자들의 '자기 합리화 도구'라고 생각하기 때문에 역사를 통해서는 과거의 진실에 접근할 수 없다고 생각한다. 그래서 정권을 잡으면, 자신들의 권력을 합리화하고 연장하기 위해 역사 다시 쓰기를 반복하곤 한다.

기본적으로, 구약은 이스라엘 민족사를 다룬다는 점에서 역사성을 띠고 있다. 하나님은 인간의 역사에 개입하여 인간과 관계를 맺으심으로써 역사에 방향성과 목적성을 부여하셨다. 하나님은 이스라엘뿐 아니라 이집트, 앗수르, 바벨론, 페르시아, 그리스와 로마 같은 주변국들의 역사에도 개입하심으로써 언약을 이루어 나가신다. 또한 구약성경은 오실 그리스도를 예언한 것으로, 예수 그리스도에 의해 구약과 신약의 역사가 하나로 통일된다.

하나님은 "미리 정하신 그들을 또한 부르시고 부르신 그들을 또한 의롭다 하시고 의롭다 하신 그들을 또한 영화롭게"(롬 8:30) 한다고 약속하셨고, 결국 그것을 성취해 가신다. 마찬가지로 하나님이 택하여 부르신 우리의 삶, 역시 그 방향과 목적을 분명히 할 수 있고, 의미를 부여할 수 있다.

압제하에 무조건 복종해야 하는 무슬림의 삶이나, 끝없는 윤회 속에서 깨달음을 기다려야 하는 수동적인 뉴에이지의 삶이나, 모든 것을 우연의 결과로 생각하는 무신론자들의 삶과는 결코 비교할 수 없는, 목적이 분명한 의미 있는 삶을 살아갈 수 있다.

"하나님이 우리를 너무나 결정적으로 부르셨기에, 그에 응답하여 우리의 모든 존재, 모든 행위, 모든 소유를 헌신적이고 역동적으로 목적을 향해 쏟아붓는 것이 우리의 소명"이라고 말한 오스 기니스[135]처럼 우리는 각자를 향한 그분의 부르심을 분명히 깨닫고, 온 힘을 다해 부르심에 응해야 한다.

ニ　　45장을 마무리하며　　ニ

1. 부르심에 응답하는 삶

+모든 일을 그의 뜻의 결정대로 일하시는 이의 계획을 따라 우리가 예정을 입어 그 안에서 기업이 되었으니_엡 1:11

+믿음의 선한 싸움을 싸우라 영생을 취하라 이를 위하여 네가 부르심을 받았고 많은 증인 앞에서 선한 증언을 하였도다_딤전 6:12

+푯대를 향하여 그리스도 예수 안에서 하나님이 위에서 부르신 부름의 상을 위하여 달려가노라_빌 3:14

2. 적용과 토론

+전생과 이생과 후생을 말하는 윤회 역사관을 어떻게 생각하는가?

+죽으면 아무것도 없다는 무신론적 역사관이 현재 삶을 대하는 태도에 어떤 영향을 미치는가?

+하나님이 내 삶에 개입하신 사건을 통해 부르심과 삶의 목적과 나아갈 방향을 깊이 생각하고. 서로 이야기를 나누어 보자.

3. 기도

+사랑하는 주님, 주님이 택하여 부르신 우리 삶의 목적과 방향과 의미를 이 과정을 통하여 명확하게 알게 하옵소서. 우리 소명을 분명히 깨닫고, 힘을 다해 응답하게 하옵소서. 우리의 모든 존재, 모든 행위, 모든 소유를 부르심의 목적을 향해 쏟아 붓는 헌신의 결단이 있게 하옵소서.

제사장들과 레위 사람들이 몸을 정결하게 하고 또 백성과 성문과 성벽을 정결하게 하니라 _느 12:30

내가 심히 근심하여 도비야의 세간을 그 방 밖으로 다 내어 던지고 명령하여 그 방을 정결하게 하고 하나님의 전의 그릇과 소제물과 유향을 다시 그리로 들여놓았느니라_느 13:8-9

백성이 이 율법을 듣고 곧 섞인 무리를 이스라엘 가운데에서 모두 분리하였느니라_느 13:3

안식일 전 예루살렘 성문이 어두워갈 때에 내가 성문을 닫고 안식일이 지나기 전에는 열지 말라 하고 나를 따르는 종자 몇을 성문마다 세워 안식일에는 아무 짐도 들어오지 못하게 하였으므로 _느 13:19

Part 4.

시대 돌파

–

세계관은 어떻게
삶의 열매로 나타나는가

성-생명-가정: 기독교가 지켜야 할 핵심 가치

너는 그리스도 예수 안에 있는 믿음과 사랑으로써
내게 들은 바 바른 말을 본받아 지키고 우리 안에
거하시는 성령으로 말미암아 네게 부탁한 아름다
운 것을 지키라

_딤후 1:13-14

사회 구성원들의 결혼과 가정의 상태는 사회 전체
의 상태를 나타낸다.

_조지 길더(George Gilder), 미국의 미래학자, 《부와 빈곤》의 저자

미국의 군사평론가 윌리엄 린드(William S. Lind)[1]는 "미국에서 서양의 전통적 유대-기독교 문화가 무너지고 있다. 이 문화는 인류 역사상 가장 풍요로운 사회를 제공했음에도 불구하고, 지금 우리가 그것을 버리고 있기 때문에 무너지고 있다"고 주장한다. 이러한 사실은 오늘날 대한민국 사회에도 그대로 적용된다. 따라서 이러한 변화의 뿌리는 무엇이며 그 주도 세력이 누구인가를 아는 것은 혼돈의 시대를 살아가는 오늘날 기독교인들에게 매우 중요하다.

서구 사회는 1960년대 중후반부터 기독교의 전통적인 가치와 윤리와 기준을 버리기 시작했다. 대학, 미디어, 연예 사업의 엘리트들 중에서 문화적 급진주의자들이 이런 흐름을 주도했다. 그들에게 영향을 준 것은 문화적 상대주의, 세속주의, 성적 자유 등을 밀어붙이는 네오마르크시즘이었다. 네오마르크시즘의 근원은 1930년대 이탈리아의 안토니오 그람시와 헝가리의 게오르크 루카치까지 거슬러 올라간다. 제1차 세계대전이 벌어지는 동안, 마르크스주의자들은 그들의 이론이 세상을 지배하지 못하자 큰 실망감에 빠졌고, 다음과 같은 질문을 제기했다.

"마르크시즘은 19세기 중반에 〈공산당 선언〉을 통해 전 유럽에 널리 전파되었고, 이 이론을 바탕으로 1917년 러시아 공산혁명이 일어났다. 그럼에도 불구하고, 유럽 각국의 프롤레타리아와 마르크스주의자들이 제1차 세계대전 동안 자기 나라에서 공산혁명을 일으키기보다는 조국을 위해 싸웠다. 그 이유는 무엇인가?"

그람시와 루카치는 세상의 프롤레타리아들이 '성, 결혼, 가정'의 성경적 가치를 지키는 기독교 문화에 빠져 있을 때에는 결코 혁명을 위한 봉기에 참여하지 않을 것으로 생각했다. 그들은 이것을 부르주아의 문화 패권(cultural hegemony)으로 간주했다. 따라서 마르크스주의의 대의를 위해서는 성경적 가치를 지키는 기독교 문화를 파괴하는 것이 반드시 선행되어야 한다고 생각했고, 그들이 선택한 표적은 성(性)이었다.

성은 옛날부터 인간의 가장 연약한 부분이며 죄악에 빠지기 쉬운 부분이다. 특히 사도 바울은 "음행을 피하라 사람이 범하는 죄마다 몸 밖에 있거니와 음행하는 자는 자기 몸에 죄를 범하느니라"(고전 6:18)라고 하며, 성령의 전인 우리 육체를 더럽히지 말 것을 당부하였다. 기독교에서 성은 결혼 제도를 통해 맺어진 남편과 아내 사이에만 있어야 하는 절대적이고도 배타적인 관계로 여겨져 왔다. 이런 기독교의 성 윤리는 성관계에 호기심을 가진 청소년들에게 고리타분한 것으로 여겨질 수밖에 없고, 청소년들은 성적인 자유를 누리라는 달콤한 꼬임에 쉽게 유혹되어 기독교 가치관을 버리는 계기가 되었다. 네오마르크시즘은 젊은이들의 이 약점을 공략하기 시작한 것이다.

기독교 성 문화에 대한 도전은 네오마르크시즘을 받아들인 프랑스의 포스트모더니스트들이 선동한 68혁명에서 시작되었다. "금지함을 금지하라", "구속 없는 삶을 즐겨라", "혁명을 생각할 때, 섹스가 떠오른다" 등 당시 선전문에서 보이듯, 기존 정치와 도덕 관습에 대한 반란이 전면적으로 일어났다. 그러나 이 운동은 너무나 극단으로 흘러 즉시 진압되었고, 실패한 것처럼 보였다. 하지만 미국에서는 베트남 전쟁의 참전을 반대하는 것으로 시작된 반전 운동과 히피 문화가 혼합되어 1969년 '우드스톡 페스티벌'에 모인 젊은이들을 중심으로 성 윤리 파괴에 박차가 가해졌다. 그 결과는 낙태, 이혼으로 인한 편부모 가정, 미혼모, 혼외 동거자 등의 증가로 나타났다. 결국, 성적인 타락은 생명의 파괴인 낙태, 가정의 파괴인 이혼, 그리고 그 파괴된 가정의 자녀들이 가정 밖으로 내몰리고, 가정 밖에서 성 정체성의 상실 및 성적 방황을 겪는 악순환을 낳았다.

가정은 교회와 국가를 형성하는 사회의 기본 단위다. 따라서 성적인 타락은 가정과 교회와 국가의 불안으로 반드시 연결된다. 세계 공산화를 노리는 네오마르크시스트들은 기독교를 근간으로 하는 부르주아의 문화 패권을 파괴해야 공산당이 지도하는 공산주의 사회를 이룰 수 있다고 아직도 믿고 있다. 우리나라는 지금 헌법재판소의 낙태죄 위헌 결정에 따른 관련법 제정, 동거하는 커플에게도 부부로서의 권리를 인정해 주는 생활동반자법의 입안 시도, 동성혼을 합법화하는 법안의 입안 시도 등 그람시가 말한 부르주아의 문화 패권을 부수기 위해 전력을 다하고 있다.

현재 국회에서 입안하고자 하는 포괄적 차별금지법은 기존의 규범을 지키려는 주류 문화의 모든 발언에 재갈을 물리고, 모든 행위에 족쇄를 채우기 위한 것이다. 이 법이 통과되면 동성애뿐 아니라 다른 도착적 행위를 추구하는 소수자의 잘못을 지적할 수 없게 된다. 학교에서는 모든 성적 취향을 정상적인 것으로 교육해야 하고, 이들이 차별 당했다고 느끼고 고소할 경우에는 고소당한 사람 스스로 차별하지 않았음을 입증해야 한다. 그렇게 할 수 없다면, 형사상, 민사상 책임을 져야 하고, 징벌적 손해배상의 무거운 벌금을 물어야만 한다. 소수가 다수의 성 윤리를 마음대로 제한할 수 있게 되는 것이다.

아프리카 선교사로 활동하다가 고국인 영국으로 돌아가 런던 빈민가에서 의료 봉사를 한 정신과 의사이자 작가인 테오도르 달림플(Theodore Dalrymple)[2]은 주장한다.

"혼인과 사회적 의무에서 해방된 성관계가 어떤 것인지 보고 싶다면, 사회 최하층민의 삶의 혼돈을 보라. 거기에는 복부 타격으로 이루어지는 낙태가 있다. 피임이나 성교육을 받기도 전에 아기들을 벌써 낳아 버린 아이가 있다. 해산을 전후해 아기의 아버지로부터 버려지는 여자들이 있다. 보편적 성의 자유라는 동전의 뒷면엔 비정한 질투심이 있다. 이혼과 재혼으로 생긴 양부모의 지위가 아이들에 대한 대규모의 성적·육체적 학대로 이어진다. 성에 있어서 받아들일 수 있는 것과 없는 것의 구분이 흐려진다.

이런 현상은 지도층으로부터 흘러내려 온 이념들에서 기원하기에 분명히 지도층에게 책임이 있다. 이들 포스트모던 지도층이 행하는 것은 그들의 이념과 일치하지 않는다. 그러면서 이념의 순수함이 그것이 초래할 결과보다 더 중요하다고 주장한다. 이것은 정말 이기적인 것이다."

자신들이 만들어 낸 이념의 결과를 생각하지 않고, 책임도 지지 않는 집단의 겉만 번지르르한 포괄적 차별금지법에 대해 우리는 명확한 의견을 드러내야 한다.

⚏ 46장을 마무리하며 ⚏

1. 하나님의 진리 안에 거하며 다른 헛된 교리를 따르지 말라.
    + 진리를 지킴: 너는 그리스도 예수 안에 있는 믿음과 사랑으로써 내게 들은 바 바른말을 본받아 지키고 우리 안에 거하시는 성령으로 말미암아 네게 부탁한 아름다운 것을 지키라_딤후 1:13-14

+진리를 가르침: 주의 종은 마땅히 다투지 아니하고 모든 사람에 대하여 온
유하며 가르치기를 잘하며 참으며_딤후2:24

+진리에 거함: 그러나 너는 배우고 확신한 일에 거하라 너는 네가 누구에게
서 배운 것을 알며_딤후3:14

+진리를 전파함: 너는 말씀을 전파하라 때를 얻든지 못 얻든지 항상 힘쓰라
범사에 오래 참음과 가르침으로 경책하며 경계하며 권하라_딤후4:2

2. 적용과 토론

+'성, 생명, 가정(결혼)'이라는 기독교의 핵심 가치가 공격을 받는 이유는 무
엇인가?

+포괄적 차별금지법이 표방하는 이념의 겉모습과 그로 인해 발생하는 파괴
적인 결과에 관해 토론해 보자.

+'성, 생명, 가정(결혼)'과 관련하여 우리 안에 무너진 성벽은 어디인가? 스스
로 점검하고 회개하자.

3. 기도

+하나님 아버지, 성령으로 말미암아 진리를 지키고 가르치는 자, 배우고 확
신한 것에 거하며 때를 얻든지 못 얻든지 말씀을 전파하는 일에 항상 힘쓰
는 자 되기를 소망합니다. 반기독교 사회라 말하는 이 어둡고 타락한 세상
에서 하나님의 흠 없는 자녀로 이 세대 가운데 빛이 되어 드러날 수 있도록
우리를 이끄시고 도와주옵소서.

모든 사람이 죄를 범하였으매 하나님의 영광에 이

르지 못하더니

_롬 3:23

성 윤리의 문제가 기독교적 가치를 반대하는 수단

이 되었다.

_모드리스 엑스타인(Modris Eksteins), 캐나다의 역사학자

제2차 세계대전 직후인 1948년, 알프레드 킨제이는 록펠러 재단의 지원을 받아《남성의 성적 행동》³을 출간하고, 곧이어 1953년에는《여성의 성적 행동》⁴을 출판하였다. 이들 책에서 킨제이는 남성의 13%, 여성의 7%가 동성애자라고 주장하였다. 1990년 주디스 라이스먼(Judith A. Reisman)이 자신의 저서《킨제이, 섹스, 사기: 사람들을 세뇌시키다》⁵를 통해 킨제이의 의도적 조작을 알릴 때까지 무려 40여 년 동안 킨제이의 거짓 주장은 잘못된 성 지식의 근거가 되었다. 라이스먼은 그 책을 통해 킨제이 자신이 다양한 도착적 성행위를 행하는 사람으로, 성에 대한 모든 사회 제약을 깨뜨리려는 의도가 있었음을 밝혔다.

킨제이는 자기가 조사한 표본에 남성 매춘부, 소아성애자, 성범죄자, 노출증 환자, 교도소 수감자 등 성도착자의 비율이 높은 집단을 전체의 1/4이나 되도록 의도적으로 많이 포함시켰고, 이를 통해 미국인의 10%가 동성애자라는 통계 수치를 만들어 냈다. 이 수치를 근거로 동성애 운동가들은 1970-80년대 미국의 정책을 친동성애적으로 전환하고 유지하는 계기를 만들었다.⁶ 한마디로, 거짓 주장으로 동성애를 인정하게끔 만들었던 것이다.

라이스먼의 고발로 킨제이의 자료에 의심을 품게 된 여러 국가들이 1990년대 중후반에 이르러서야 대규모 조사를 실시하였다. 그 결과, 유럽과 미주에서 동성애자의 비율은 0.8-1.4%로 양성애자를 포함해도 2.4% 이하인 것으로 밝혀졌다. 그러나 이미 많은 법률과 제도들이 친동성애 편으로 돌아서고 난 후여서 기울어진 경사면을 바로잡기에는 역부족이었다. 우리나라의 경우는 유경험자를 모두 포함한다 해도 2% 이하로 추정된다.⁷ 물론 숫자가 적기 때문에 그들을 무시해도 된다는 것은 아니다. 유럽과 미국에서 동성애를 허용하는 입법이나 정책수립의 배경에 거짓된 통계 수치와 동성애가 유전된다는 거짓 주장이 실린 논문이 있었다는 사실을 아는 것이 중요하다.

그렇다면 기독교인은 동성애 문제를 어떻게 다루어야 할까? 성경은 "누구든지 여인과 동침하듯 남자와 동침하면 둘 다 가증한 일을 행함인즉 반드시 죽일지니 자기의 피가 자기에게로 돌아가리라"(레 20:13)라고 말한다. 이처럼 성경은 동성애를 명백한 죄로 규정하지만, 하나님을 모르는 사람들에게는 실정법상 죄가 아닐 뿐만 아니라 자기 소견에 옳은 대로 살아가는 포스트모던 시대에는 그들을 비난할 합의된 윤리적 기준조차 찾을 수 없다.

사실, 우리 역시 죄인이기에 그들을 비난할 자격이 없다. 오직 죄가 없으신 예수 그리스도께 의뢰할 수밖에 없는데, 그분의 해결 방법은 무엇일까? 그것은 그들과 싸워 이겨서 그 행위를 금지하거나 벌을 주는 것이 아니라 그들을 진정으로 사랑하는 것이다. 그들을 진정으로 사랑하기 위해서는 성경이 가르치는 성에 대해서, 그리고 동성애의 현실에 대해서 더 잘 알아야만 한다.

창세기는 "이러므로 남자가 부모를 떠나 그의 아내와 합하여 둘이 한 몸을 이룰지로다 아담과 그의 아내 두 사람이 벌거벗었으나 부끄러워하지 아니하니라"(창 2:24-25)라고 기록한다. 주변의 모든 사람, 심지어 부모들까지도 배제한 채 오직 두 사람만이 배타적이고도 친밀한 관계를 가질 것을 부부에게 명령하신 것이다. 또 마태복음은 "그런즉 이제 둘이 아니요 한 몸이니 그러므로 하나님이 짝지어 주신 것을 사람이 나누지 못할지니라"(마 19:6)라고 기록한다.

이는 영속적인 부부 관계를 통해 가정에 안정성을 부여하시려는 하나님의 명령인 것이다. 하나님은 가정에 생육-번성-충만-정복-다스림(창 1:28)의 생육 및 문화 명령을 내리셨다. 이처럼 하나님은 한 남자와 한 여자가 결합하는 결혼을 통해 세상을 그 자손들로 채우고 다스리라고 분명히 명령하셨다. 이것이 바로 성경이 말하는 가정의 구성과 역할이다.

성 소수자들은 과연 행복할까? 동성애자 커플들도 안정적이고 지속적인 친밀감과 사랑의 관계를 갈망한다. 하지만 대부분은 동성애 관계 속에서 그것을 찾지 못한다. 게이 커플은 두 사람 사이에 정서적 신뢰가 있는 중에도 외도를 지속하는 것으로 알려져 있다.[8] 156쌍의 게이 커플 중 7쌍만이 성적인 정절을 지킨 것으로 조사되었다. 이성 부부처럼 독점적 사랑의 관계를 갈망함에도 불구하고, 더 자극적인 성적 즐거움을 위해 게이 집결지에 자기 파트너를 데리고 가는 등 비인격적인 성관계에 상대방을 이용하곤 한다. 그 관계는 점점 강압적이 되고, 과도한 성행위에 몰두한 나머지 1-3년 내에 대부분의 관계가 파탄 난다. 그렇기 때문에 동성애자는 나이가 들면 가족도 없고, 성적인 매력이 없어져서 어디에서도 환영받지 못하게 된다. 그 결과, 남성 이성애자에 비해 가족 없이 홀로 사는 게이는 알코올 의존증이 2배 이상 많고, 자살 시도는 3배 이상 많다. AIDS를 비롯한 여러 성병과 암으로 인해 기대 수명이 25-30년이나 짧아진다.

이러한 육체적, 정신적 건강의 문제는 성전환자에게도 동일하게 나타난다. 그들은 반대 성징 유지를 위해 반대 성의 성호르몬을 지속적으로 투여해야 육체적 성징을 유지할 수 있다. 반대 성의 성호르몬을 지속적으로 투여받으면, 당뇨, 고혈압, 비만 등 만성 대사 질환에 걸리기 쉽다. 결국, 대부분이 4,50대에 이르면 병들고, 성 정체성을 잃어버린 몸과 마음만이 남을 뿐이다.

과연 동성애는 치료될 수 있을까? 동성애는 일종의 성 중독이다. 중독마다 여러 등급이 있듯이 성 중독도 오래 방치할수록 빠져나오기가 힘들어진다. 다만 유전은 아니므로 치료가 가능하다. 정신과 치료를 통해 30-80% 정도가 치유된다. 미국에서는 정신의학협회가 1973년까지 동성애 관련 치료를 했지만, 동성애자 세력의 압력을 받은 이후로는 '동성애는 치유될 수 있다'고 믿는 의사들의 단체 NARTH(National Association for Research & Therapy of Homosexuality)가 치료를 원하는 동성애자들을 꾸준히 치료해 오고 있다. 우리나라도 최근까지 치료해 왔다.

차별금지법과 동성혼의 문제점은 무엇일까? 동성애는 다른 중독들과 마찬가지로 순간의 짧고 강렬한 쾌락과 점점 더 강한 것을 반복적으로 찾는 중독 뒤에 평생에 걸친 길고 긴 고통이 따른다. 차별금지법으로 동성애 행위를 보호하는 것은 마약, 도박, 알코올 같은 중독 행위를 장려하는 것과 다를 바 없는 무책임한 짓이다. 성의 결정은 정자와 난자가 수정하는 순간에 일어나고, 인간의 힘으로는 결코 바꿀 수 없다. 중력의 법칙을 무시하고 절벽에서 뛰어내리면 살 수 없듯이 하나님이 정해 주신 성을 마음대로 바꾸려는 것도 그만한 대가를 치를 수밖에 없다. 차별금지법은 우리 자녀들 앞에 타락으로 가는 문은 열어젖히고, 하나님 아버지께로 돌아오는 길은 막아 버리는 법이다. 이것이 우리가 포괄적 차별금지법의 입법을 힘을 다해 반대하는 이유다. 우리는 탕자를 바라보는 아버지의 마음을 헤아려야 한다. 제발 그길로 가지 않기를, 비록 갔더라도 다시 돌아오기를 바라는 마음으로 동성애 문제를 바라봐야 한다.

47장을 마무리하며

1. 교회는 동성애나 동성애자를 어떻게 대해야 하는가?

+ 모든 사람이 죄를 범하였으매 하나님의 영광에 이르지 못하더니_롬 3:23

+ 우리에게 있는 대제사장은 우리의 연약함을 동정하지 못하실 이가 아니요 모든 일에 우리와 똑같이 시험을 받으신 이로되 죄는 없으시니라 그러므로 우리는 긍휼하심을 받고 때를 따라 돕는 은혜를 얻기 위하여 은혜의 보좌 앞에 담대히 나아갈 것이니라_히 4:15-16

2. 적용과 토론

+ 동성애자를 사랑으로 설득할 수 있는 논리가 나에게 있는가?

+ 동성애에 대해 가족이나 직장 동료들의 생각을 들어보고, 나의 생각을 나누어 보라.

+ 동성애 행위와 동성애자는 분리하여 생각해야 한다. 간음하다 잡혀 온 여인을 대하신 예수님의 방식에서 우리는 무엇을 배울 수 있는가? (참조, 요 8:3-11)

3. 기도

+ 사랑의 주님, 주님의 긍휼하심과 은혜의 자리로 날마다 나아가기를 기도합니다. 우리의 연약함과 죄성을 아시고, 그것이 죄임을 고백하고 회개하는 자를 용서하시는 주님의 은혜의 보좌로 담대히 나아가게 하옵소서.

동성애는 유전되는가?

너는 여자와 동침함 같이 남자와 동침하지 말라

이는 가증한 일이니라

_레 18:22

게이이든 이성애자이든 양성애자이든 레즈비언이

든 성전환자이든 무엇이든 상관없어. 나는 정상이

야. 나는 이렇게 태어났어.

_레이디 가가(Lady Gaga)의 노래 〈Born this way〉 중에서

동성애자들과 차별금지법을 찬성하는 측은 동성애는 유전되는 것이라고 주장한다. 본인의 선택이 아닌 유전으로 생기는, 어쩔 수 없는 정체성의 혼란이기 때문에 비난할 수 없으며 그들의 성적 취향을 있는 그대로 받아들여야 한다는 것이다.

이는 딘 해머(Dean Hamer) 등[9]이 1993년 과학 학술지 〈사이언스〉에 발표한 X 염색체(X Chromosome)의 Xq28 부위에 게이의 성적 행동과 연관되는 유전자가 있다는 논문에 근거를 두고 있다. 이 주장을 근거로 미국 가수 레이디 가가는 〈Born this way〉(이렇게 태어났어)[10]라는 노래를 통해 동성애는 선천적인 것이니 눈치 보지 말고, 하고 싶은 대로 하라는 문화적 선동을 해 왔다. 그동안 Xq28 부위에 게이 유전자가 있다는 주장이 잘못되었다는 여러 논문이 있어 왔지만,[11,12] 친동성애 측은 이것을 인정하지 않았다.

그러나 2019년 8월 30일, 안드레아 가나(Andrea Ganna)[13] 등이 〈사이언스〉에 발표한 논문에 대해 〈사이언스〉와 〈네이처〉는 각각 "동성애를 예측할 수 있는 유전자는 없다", "게이 유전자는 없다"라는 제목의 논평을 실었다. 이로써 의학계에서는 1993년 이래 지속되어 온 동성애의 유전 여부에 대한 논란이 완전히 종식되었는데, 그 이유는 다음과 같다.

첫째, 가나 등은 47만 명의 압도적 다수의 사람을 대상으로 연구했다. 이전 연구는 동성애자들이 포함된 114 가족의 구성원들만을 대상으로 하였지만, 이번 연구는 역대 가장 많은 사람을 대상으로 실시됨으로써 통계적 신뢰성이 이전과는 비교할 수 없을 만큼 높아졌다. 둘째, 정밀하고 신뢰도가 훨씬 높은 새로운 유전체 분석 방법을 사용하였다. 이전 연구는 염색체 연계 분석(chromosome linkage analysis)이라는 불확실한, 오래된 방법을 사용하였지만, 이번 연구는 전장 유전체 연관 분석(Genome-Wide Association Study, GWAS)이라는 DNA 염기 서열 전체를 처음부터 끝까지 하나씩 비교하는 가장 정밀한 최신 방법을 사용하여 신뢰성이 훨씬 높다. 셋째, 친동성애 단체가 참여하여 연구 대상의 선정, 연구 결과의 분석 방법, 표현 방법 등 모든 부분을 연구팀과 사전에 조율하였다. 그렇기 때문에 그동안 반대 집단으로부터 항상 제기되어 왔던 편파성 시비를 원천적으로 차단할 수 있었다.

이 논문은 그동안 논란이 많았던, Xq28 부위에 존재하는 것으로 보고되었던 게이 유전자가 존재하지 않는다는 것을 확증하였다. 그 대신, 동성애와 연관된 다섯 군데의 단일 염기 변이(Single Nucleotide Polymorphism, SNP)를 밝혀냈다. 그러나 이 5개의 SNP로는 동성애와 관련된 성적 행동의 1%밖에는 설명할 수 없으며, 동성애와 같은 복잡한 성 행동 양식은 훨씬 더 많은 유전자들이 관련되어 있을 것으로 추측되었다.

이 연구의 결과를 종합하여 저자들은 다음과 같은 결론을 제시한다.

"동성애는 다양한 정신 질환들에서 발견되는 SNP를 공유하고 있다. 동성애자들은 주관적인 불행감이 높거나 외로움을 잘 타는 우울한 기질을 가진 사람들과 유전 요소를 공유하고 있다. 또 충동적이고 위험한 행동을 잘 선택하는 행동 양식의 사람, 그래서 새로운 경험에 개방적이고, 음주, 흡연, 대마초나 마약 같은 중독성이 강한 물질을 쉽게 사용하는 행동 양식을 가진 사람들과도 SNP의 유전적 요소를 공유한다. 이들은 성적으로는 개방적이고, 성관계나 출산을 일찍 시작하며 성 상대자 수가 많은 사람들과 유전적 소인을 공유한다."

이 논문은 동성애는 유전되는 것이 아니라고 결론 내린다. 전통적 성 윤리의 경계를 넘나들면서 충동적으로 위험한 선택을 잘하는 사람이 자신의 의지로 선택하는 성 행동 중 하나라는 것이다. 또한 성 관계의 상대자가 엄청나게 많은 도착적 성행위의 한 형태다. 성행위를 일찍 시작할수록 동성애에 빠질 가능성이 높으며, 오래 지속할수록 빠져나오기가 힘든 중독성 질환의 성향을 가지고 있다.

자녀를 낳을 수 없는 성행동 양식이 유전된다는 주장은 상식적으로도 이해하기가 힘들다. 그 의문에 대해 이번 논문은 "동성애 유전자는 없다"라는 과학적인 결론을 내린다. 그러므로 동성애는 유전될 수 없다. 선천적으로 타고났기 때문에, 그래서 본인의 선택이 아니기 때문에 비난할 수도 없고, 있는 그대로 받아들여야 한다는 그들의 주장은 이제 근거를 잃었다.

성경은 동성애를 간음, 근친상간, 수간 등 다른 성적인 죄와 함께 하나님이 가증하게 여기시는 죄의 목록에 기록하고 있다. 우리는 하나님이 정해 주신 죄의 경계선에서 선악과를 바라보고 갈등하며 매일을 살아가고 있다. 죄의 경계선을 넘어가는 첫걸음은 두렵고 떨리지만, 한번 넘어간 다음부터는 점점 더 쉬워지고 담대해진다. 이것이 하나님이 우리에게 죄에서 멀리 떨어져 거룩을 이루라고 명하신 이유다. 우리는 오직 "여호와를 경외함으로 말미암아 악에서 떠나게"(잠 16:6) 된다.

그러나 죄의 경계선을 넘나들다 보면 하나님의 기준은 폐기되고, 자신을 정당화할 새 기준을 스스로 만들게 된다. 지금 우리나라의 정치권과 사회 곳곳에서 일어나는 문제의 근원은 여기에 있다. 하나님을 두려워하지 않고, 하나님이 정해 주신 절대적 윤리의 기준을 부정한다. 힘을 가진 자는 자신의 죄를 정당화하고, 죄책감에서 벗어나기 위해 자신에게 유리한 기준을 공공의 기준으로 만들려고 한다. 이것이 절대적 윤리의 근원인 하나님과 분리된 법의 문제이며[14] 차별금지법이 지닌 근본적인 문제다.

二 ## 48장을 마무리하며 二

1. 동성애자를 어떻게 대할 것인가?

+ 너는 여자와 동침함 같이 남자와 동침하지 말라 이는 가증한 일이니라 _레 18:22

+ 대답하여 이르되 네 마음을 다하며 목숨을 다하며 힘을 다하며 뜻을 다하여 주 너의 하나님을 사랑하고 또한 네 이웃을 네 자신 같이 사랑하라 하였나이다_눅 10:27

+ 인자와 진리로 인하여 죄악이 속하게 되고 여호와를 경외함으로 말미암아 악에서 떠나게 되느니라_잠 16:6

2. 적용과 토론

+ 만약 내 가족 중에 동성애자가 있다면, 어떻게 할 것인가?

+ 동성애가 유전된다는 친 동성애자들의 주장에 어떻게 대응할 것인가?

+ 하나님의 절대적 기준을 나에게 유리하게 바꾼 것은 없는지 찾아서 회개하고, 거룩함을 회복하자.

3. 기도

+하나님 아버지, 동성애 행위가 하나님이 가증히 여기시는 죄임을 이 시간 명확히 알게 하옵소서. 하지만 하나님을 사랑하며 이웃을 사랑하는 그 사랑으로 그들도 똑같이 사랑할 수 있도록 도와주옵소서. 모든 사람이 구원받을 수 있도록 진리와 사랑을 전하는 통로로 저희를 사용하여 주옵소서.

마땅히 행할 길을 아이에게 가르치라 그리하면 늙
어도 그것을 떠나지 아니하리라

_잠 22:6

가족은 노동자에게 혁명적 의식을 앗아 간다. 그
런즉 가족은 없어져야 한다.

_알렉산드라 콜론타이(Alexandra Kollontai), 소련의 여성 정치가, 여성 해방 운동가

세계관 형성에 가장 큰 영향을 미치는 것은 가정과 부모다. 개인이 태어난 가정의 환경과 부모의 세계관이 자녀의 선글라스 렌즈에 강력한 바탕색을 칠하게 된다. 자녀들은 부모의 선글라스로 세상을 바라보듯이 부모와 형제들의 행동을 흉내 내며 가정의 세계관을 스펀지처럼 받아들인다. 기독교 가정에서 태어난 아이는 자연스럽게 성경적 세계관을 받아들이고, 이슬람 가정의 자녀는 자연스럽게 무슬림이 된다.

오늘날 세상은 사람들의 마음을 얻기 위해 다양한 세계관이 경쟁하는 치열한 전쟁터다. 인류로부터 영혼과 마음의 추종자들을 얻기 위해 싸우는 이 세계관의 대격돌지에서 부모는 자녀들의 세계관을 선점할 수 있는 특권을 부여받았다.

가정은 하나님이 만드신 첫 사회 기관이며 그 자체로 하나의 교회다. 가정은 "생육하고 번성하여 땅에 충만하라, 땅을 정복하라, … 모든 생물을 다스리라"(창 1:28)는 하나님의 문화 명령을 수행해야 한다. 가정은 예수님의 제자로서 "땅끝까지 이르러 내 증인이 되리라"(행 1:8)고 하신 그분의 지상 명령도 이루어야 한다. 부모는 하나님이 주신 자녀에게 신앙을 전할 기회를 놓치지 말아야 한다. "자녀를 노엽게 하지"(골 3:21) 말라는 말씀은 우리가 모르는 사람에게 전도할 때보다 자녀에게 복음을 전할 때 더 정성을 들여야 한다는 뜻이다. 부모가 억지로 주입한 신앙은 자녀가 성장하여 스스로의 신앙을 선택할 무렵에는 거부 반응과 함께 버려진다. 그러므로 부모는 자녀에게 이념이나 지식이 아닌, 자녀들이 납득할 수 있는 행동으로 가르쳐야 한다.

마땅히 행할 길을 아이에게 가르치라 그리하면 늙어도 그것을 떠나지 아니하리라_잠 22:6

자녀는 부모의 말이나 손가락이 아니라 부모의 등 뒤에서 그들의 행동을 보고 따라간다. 부모와 자녀는 영적 관계다. 하나님이 우리 가정에도 두 자녀를 주셨고, 이제 둘 다 장성하였다. 아이들을 양육하는 매 순간 자녀가 부모의 영적 거울임을, 물이 사람의 얼굴을 비춰 주는 것처럼 사람의 마음이 사람을 비춰 준다는 말씀이 얼마나 진리인지를 깨달았다. 우리 부부의 행동을 리트머스 시험지처럼 너무나 정확하게 읽어 내고, 거울처럼 비춰 주기에 지금도 주님을 경외함으로 기도하며 자녀들을 대하지 않을 수 없다.

《배움의 발견》은 미국 아이다호주의 모르몬교 가정에서 태어난 타라 웨스트오버(Tara Westover)의 자전적 이야기가 담긴 책이다. 그녀는 기초 교육 과정을 모두 건너뛴 채로 대입자격 시험을 통해 17세에 대학에 입학하고, 2014년 케임브리지대학교에서 역사학으로 박사 학위를 받았다. 그녀의 아버지는 학교 교육이 자녀를 망친다는 생각과 정부가 자신들을 위협하는 세력이라는 망상 때문에 자녀들의 교육을 차단했다. 그녀의 어머니 역시 모르몬교의 전통에 따라 비정상적인 아버지의 의견이지만, 가장의 의견에 전적으로 순종하였다. 이 책은 편향된 종교적 배경의 부모가 자녀에게 미친 악영향과 그것을 극복하는 것이 얼마나 힘든지를 보여 주기에 읽고 나면, 두려운 마음으로 자녀 교육에 임하지 않을 수가 없다.

《충돌하는 세계관》을 번역하고 저자를 만나기 위해 그의 사역 단체인 서밋 미니스트리(Summit Ministries)에서 주최하는 세계관 세미나에 참석한 적이 있다. 미국 중서부의 기독교 세계관으로 교육하는 중고등학교의 교장 선생님, 교사, 홈스쿨링을 하는 부모들이 참석했다. 일주일간의 세미나 동안 식사 때마다 그들의 자녀 교육에 대해 구체적으로 들을 수 있었는데, 그중 가장 기억나는 사람은 콜로라도주 시골에 살면서 자녀들을 홈스쿨링하던 부부였다. 남편은 배관공이었다. 배관공은 미국에서 안정된 전문직이다. 아이들은 어려서부터 아버지와 함께 일하고, 일이 없는 시간에는 집에서 정해진 학습을 해나갔다. 이들은 기독교 세계관으로 짜인 교과 과정과 교재를 주변 기독학교로부터 제공받고, 신앙 및 직업 교육과 신앙을 삶에 적용하는 세계관 교육을 실생활 속에서 부모로부터 받으면서 성장했다. 아이들이 성년이 될 때쯤이면 아버지의 조수로서 5-6년 이상 일한 경력으로 수습 배관공의 자격을 부여받는다고 한다. 하나님을 아는 신앙과 세상을 이해하는 세계관과 그곳에서 살아갈 직업 교육까지 부모가 직접 자녀에게 가르치는 가정과 교제할 수 있어서 감사했다. 참으로 복된 경험이었다.

몇 해 전부터 근무하는 학교에 세계관 강좌를 개설하여 강의하고 있다. 수강 학생들의 종교적 배경을 알아보기 위해 설문 조사를 한 적이 있는데, 학생들의 가정 중 25-30%의 종교가 기독교로 상당히 높은 비율을 차지했다. 그러나 자신의 종교적 정체성에 대한 질문에 기독교인이라 답한 학생은 5% 정도에 불과했다. 기숙학교 생활 동안 신앙을 잃거나, 입시 공부 때문에 대학 입학까지 신앙의 의무를 면제받다가 필요성을 잃거나, 학교에서 배운 진화론의 영향으로 신의 존재를 믿을 수 없게 되었다는 등 원인은 다양했다. 부모에게 독점적으로 허락하신 선점의 기회를 좋은 대학 입학이라는 다른 복음을 전함으로써 놓쳐 버린 것이다. 고등학교 때까지 신앙을 잘 지켜 온 아이들도 대학에 들어가면, 하나님을 부정하는 무신론 교수나 선배의 말에, 또 세상 풍조에 무너져 방황하다가 신앙을 잃어버리기도 한다. 그러나 신실한 신앙을 가진 부모의 자녀들은 탕자처럼 아버지의 집을 기억하고, 돌이켜 반드시 신앙을 회복하는 모습을 볼 수 있다. 모든 기독교 가정은 하늘 아버지의 집을 이 땅에서 보여 주는 교회가 되어야 한다. 하나님이 우리에게 맡기신 자녀들의 신앙 형성과 세계관 선점의 기회를 강요와 위선이 아닌 온유와 두려움으로 감당해야 할 것이다.

ニ　49장을 마무리하며　ニ

1. 쉐마, the Shema
+이스라엘아 들으라 우리 하나님 여호와는 오직 유일한 여호와이시니_신 6:4
+너는 마음을 다하고 뜻을 다하고 힘을 다하여 네 하나님 여호와를 사랑하라_신 6:5
+오늘 내가 네게 명하는 이 말씀을 너는 마음에 새기고_신 6:6
+네 자녀에게 부지런히 가르치며 집에 앉았을 때에든지 길을 갈 때에든지 누워 있을 때에든지 일어날 때에든지 이 말씀을 강론할 것이며_신 6:7
+너는 또 그것을 네 손목에 매어 기호를 삼으며 네 미간에 붙여 표로 삼고 또 네 집 문설주와 바깥 문에 기록할지니라_신 6:8-9

2. 적용과 토론

+ 내 부모의 세계관은 어떤 것이었으며, 지금껏 나에게 남아 있는 것은 무엇인가?

+ 쉐마를 통해 하나님의 음성을 듣고 순종해야 할 신앙과 삶의 영역을 점검하고 나누어 보자.

+ 우리에게 맡겨 주신 영혼들의 세계관 선점의 기회를 놓친 부분을 회개하고, 지금부터 할 수 있는 구체적인 전략을 세워 보자.

3. 기도

+ 하나님 아버지, 마음을 다하고 뜻을 다하고 힘을 다하여 하나님 여호와를 사랑하기를 원합니다. 주님의 말씀을 우리의 마음에 새기기 원합니다. 우리에게 맡기신 영혼들에게 이 말씀을 가르칠 수 있기를 원합니다. 말씀이 우리 삶의 절대적 기준이 되는 성경적 세계관으로 살아가기를 결단하고 순종할 수 있도록, 성령님 우리를 도우소서.

기독교 세계관에 뿌리를 둔 교육의 필요성

여호와를 경외함이 지혜의 근본이라 그의 계명을
지키는 자는 다 훌륭한 지각을 가진 자이니 여호
와를 찬양함이 영원히 계속되리로다

_시 111:10

교실에서 신과 국가가 같은 제자를 두고 다투는
것은 강한 분열을 초래할 것이다. 기독교는 교실
에서 퇴출되어야 한다.

_존 듀이, 미국의 인본주의 교육학자

미국의 교육 철학자 존 듀이는 공립학교의 아버지로 불린다. 그는 무신론적 인본주의자로 공립학교에서 기독교를 몰아내는 교육 철학을 세운 사람이다. 그와 인본주의자 동료들은 제1차 세계대전이 끝난 뒤 유럽이 전후 복구로 혼란스럽던 1930년대에 세계 최강대국으로 일어서려는 미국을 위한 교육 철학을 제시한다. 윌리엄 버클리(William Buckley)는 그들의 주장을 이렇게 정리한다.

"미국은 세계를 지배할 새 질서를 수립하고, 수행할 국민을 길러야 한다. 교실에서 새 질서와 기독교가 공존할 공간이 충분치 않다. 절대적이고 제어될 수 없는 신, 매수할 수도 없고 다른 이의 진실에 상관 않는 신, 다수 의견에 개의치 않는 엄숙한 신을 학교가 장려하면 안 된다. 교실에서 신과 국가가 같은 제자를 두고 다투는 것은 강한 분열을 초래할 것이다. 따라서 기독교는 교실에서 퇴출되어야 한다."[15]

이런 무신론적 인본주의 이념을 기반으로 변화가 시작된 미국 공교육이 30여 년간 정착되면서 결국 1962년 케네디 대통령 때 공립학교에서의 모든 종교 행위가 위헌으로 판결되어 금지되기에 이른다. 공립학교에서 기독교를 퇴출한 결과는 성적 타락과 생명 경시, 가정의 파괴와 사회 혼란으로 이어졌다. 20년이 지난 1980년에는 미혼모와 성병이 2.5배 늘었고, 십 대들의 성 경험 비율도 3.5배 증가하였고, 이혼율은 2배, 강력 범죄 발생은 7배나 증가했다.

일제 강점기의 황국 신민 교육과 해방 이후 미 군정하에서 받아들인 미국식 인본주의 교육 체계로 인해 오늘날 우리 공교육은 무신론적 인본주의 교육이다. 선교사들이 세운 미션스쿨들이 성경적 세계관으로 학생들을 교육해 왔다. 그러나 정부는 예산 지원을 미끼로 국가가 제공하는 교육 과정을 장려했다. 즉 종교 교육이나 행위를 배제하고, 국가에 충성하는 국민을 양성하는 교육 과정을 도입하게 함으로써 진정한 의미의 기독교 교육 기관은 사라지게 되었다. 복음주의 침례교 목사에서 급진적 인본주의자로 변신한 찰스 포터(Charles Porter)는 말한다.

"교육은 인본주의의 가장 강력한 동맹군이다. 모든 공립학교는 인본주의 교육 기관이기 때문이다. 일주일에 한 번, 한 시간 정도, 그것도 학생 중 일부에게만 제공되는 주일학교 성경교육으로 어떻게 일주일에 5일간 하루에 6-7시간씩, 모든 학생에게 가해지는 밀물 같은 인본주의 교육을 당해 내겠는가?"

이러한 문제는 정부지원을 받지 않는 기독교 대안학교라 하더라도 편의상 공립학교의 교육과정이나 교과서를 사용한다면, 그 효과는 같을 것이다.

우리는 성공이라는 우상숭배 교육에서 벗어나야 한다. 현재 우리나라 교육의 가장 큰 문제점은 성공이라는 우상을 숭배하는 교육이다. 1994년에 발표된 서태지와아이들의 〈교실 이데아〉라는 노래의 가사에는 그때부터 지금까지 계속되어 오는 문제들이 나열되어 있다.

매일 아침, 일곱 시 삼십 분까지 우릴 조그만 교실로 몰아넣고
전국 구백만의 아이들의 머릿속에 모두 똑같은 것만 집어넣고 있어
(중략)
좀 더 비싼 너로 만들어 주겠어. 네 옆에 앉아있는 그 애보다 더
하나씩 머리를 밟고 올라서도록 해. 좀 더 잘난 네가 될 수가 있어

(중략)

국민학교에서 중학교로 가면 고등학교를 지나 우릴 포장센터로 넘겨

겉보기 좋은 널 만들기 위해 우릴 대학이란 포장지로 멋지게 싸 버리지

그 당시 이들의 노래를 듣고 열광했던 청소년들이 이제는 학부모가 되었을 텐데, 우리의 교육은 여전히 우상 숭배에 집중하고 있는 이유는 무엇일까?

교육감을 지방선거 때 투표로 뽑기 시작하면서 교육감의 이념에 따라 초·중·고의 교육 내용이 요동치기 시작했다. 각 정파에 장악된 공교육은 그들의 이념을 주입하는 장이 되고 있다. 기독교 학부모들은 교육감 선거에 관심을 가져야 한다. 우리 자녀들의 장래를 좌우하는 교육 방향이 거기에 달려 있기 때문이다. 학부모들은 학교에서 시행되고 있는 교육의 내용을 예의주시해야 한다. 문제가 있는 부분에 대해서는 교사와 교장에게 항의해야 한다. 특히 선출직인 교육감에게는 유권자로서 조직적이고 강력한 항의를 통해 바로잡을 필요가 있다. 학부모회를 통해 힘을 합쳐 영향력을 발휘해야 한다. 이를 위해 기독교 학부모는 눈을 부릅뜨고 자녀들의 교육 내용을 보고 있어야 한다. 우리 아이를 다른 아이들보다 더 높이 올라서게 하려는 이기심 때문에 해야 할 일을 하지 않는다면, 우리 아이를 또 다른 이기심에 희생시키는 결과를 초래할 것이다.

인본주의 공교육으로 인해 기독교는 다음 세대를 잃어 가고 있다. 성경 교육을 통해 하나님을 알고, 세계관 교육을 통해 시대를 이해하는 젊은이들을 각 분야의 지도자로 양성할 교육 기관이 절실히 필요한 때다. 이를 위해 초·중·고등 교육의 모든 강조점이 성경적 관점으

로 수렴되어야 한다.

"내 백성이 지식이 없으므로 망하는도다"(호 4:6)라는 하나님의 말씀은 대학을 막 입학한 기독교인 학생들에게 그대로 적용된다. 하나님을 아는 지식도, 세상을 이해하는 지식도 제대로 준비되지 못한 상태에서 무신론, 자유주의, 진화론을 주장하는 교수와 선배 앞에 섰다가 속절없이 무릎을 꿇게 된다. 성경적 세계관의 든든한 기반 위에 대학에서 세속 학문을 분별하며 받아들인 젊은이라야 이 세대의 영적 반란과 도덕적 타락의 어두운 그림자 가운데서 그리스도의 빛을 내뿜으며 서 있을 수 있다. 성경적 세계관을 세우는 일은 이르면 이를수록 좋을 것이다.

二   50장을 마무리하며   二

1. 당신은 어떤 삶을 살기 원하는가?

　＋여호와를 경외함이 지혜의 근본이라 그의 계명을 지키는 자는 다 훌륭한 지각을 가진 자이니 여호와를 찬양함이 영원히 계속되리로다_시 111:10

　＋내 백성이 지식이 없으므로 망하는도다 네가 지식을 버렸으니 나도 너를 버려 내 제사장이 되지 못하게 할 것이요 네가 네 하나님의 율법을 잊었으니 나도 네 자녀들을 잊어버리리라_호 4:6

2. 적용과 토론

　＋다니엘 1장에서 기독교인의 세속적 성공을 위한 여러 덕목들을 생각해 보고, 그중 가장 중요한 하나를 선택한다면 무엇을 택하겠는가?

+학교 교육 내용에 문제가 있어 보일 때, 조사하고 건의하는가? 불이익 받을 것을 두려워하여 그냥 지나가지는 않는가?

3. 기도

+하나님 아버지, 무신론을 세뇌하는 인본주의와 성공이라는 우상에 사로잡힌 이 나라의 교육 현장에서 기독교인들이 깨어 일어나 말씀과 성경적 세계관으로 자라나는 세대들을 교육하는 데 전심을 다할 수 있도록 믿음과 용기와 지혜를 주시옵소서.

모든 성경은 하나님의 감동으로 된 것으로 교훈과 책망과 바르게 함과 의로 교육하기에 유익하니 이는 하나님의 사람으로 온전하게 하며 모든 선한 일을 행할 능력을 갖추게 하려 함이라

_딤후 3:16-17

당신의 기록된 말씀인 성경이 언제나 우리의 규범이 되고, 성령께서 우리의 선생이 되시며 당신의 크나큰 영광이 우리의 최고 관심사가 되게 하소서.

_존 스토트

정경으로 인정된 성경의 책들을 모은 성경전서를 캐논(canon)이라고 한다. 캐논의 원래 뜻은 '갈대, 긴 나뭇가지'인데, 고대에는 이런 것들로 길이를 재곤 했기에 '기준, 표준'이라는 뜻도 갖게 되었다. 성경은 1,500여 년이라는 긴 세월 동안 각기 다른 시대적 배경 속에서 40여 명의 저자에 의해 기록되었다. 언뜻 보면, 각기 다른 저자가 다양한 주제를 말하는 것처럼 보여서 과연 무슨 기준으로 엮었는가 싶을 것이다. 그러나 "모든 성경은 하나님의 감동으로 된 것"(딤후 3:16)으로 성경을 기록한 사람은 여럿일지라도 원저자는 하나님 한 분이시다.

기독교 세계관의 관점으로 보면, 성경은 하나님이 어떤 분이신지, 또 그분이 제시하시는 기준은 무엇인지를 알려 준다. 성경은 "예수 그리스도는 어제나 오늘이나 영원토록 동일"(히 13:8)하시다고 말한다. 하나님의 말씀은 요동치는 세상에서도 흔들림 없는 기준이 된다. 그러므로 우리는 성경을 보는 것만이 아니라 성경을 통해 세상을 바라보아야 한다.

성경은 하나님께 선택받은 아브라함과 이삭과 야곱 및 그 자손들로 형성된 이스라엘 민족의 역사다. 성경에서 하나님은 자신을 스스로 드러내시는데, 역사적인 설명 방법을 채택하고 있다. 성경은 이스라엘과 그 주변국의 역사이지만, 그들 모두에 개입하시는 삼위 하나님의 역사이기도 하다.

원저자이신 하나님의 관점에서 성경을 보면, 신구약을 관통하는 하나의 흐름과 주제가 있다. 그 뜻을 찾으려면, 성경 전체를 통전적으로 이해할 필요가 있다. 《통큰통독》의 저자 주해홍 목사는 성경을 통전적으로 이해하기 위한 독서법으로 두 가지를 제시한다. 첫째는 줄거리(storyline)를 따라 읽는 것이다. 성경은 곧 이스라엘의 역사이기도 하기에 다른 역사서들을 읽고 공부하는 것처럼 시간의 흐름이 있는 줄거리를 따라 읽으면서 시간, 장소, 인물 간의 관계를 명확히 이해할 필요가 있다. 둘째는 메시지(plotline)를 따라 읽는 것이다. 즉 역사서, 예언서, 지혜서, 시가서 등에서 같은 시대의 내용들을 모아 함께 읽음으로써 어떤 시대적 배경에서 하나님이 메시지를 주셨는가를 이해하는 것이다.[16]

또한 성경에서 하나님의 뜻을 발견하기 원한다면, 우리의 지성과 감정과 의지를 모두 사용한 전인적 성경 읽기가 필요하다. 이를 위해서는 첫째, 성경에 계시된 하나님이 어떤 분이신지를 이해하고자 하는 지적인 노력이 필요하다. 창조주이자 구세주이시며 우리 삶을 이끄시는 삼위일체 하나님을 이해해야 한다. 세상에는 종말이 반드시 있으며, 종말의 때에 예수 그리스도께서 구속해 주실 것임을 확인하는 것이 종말론적 구속사의 관점이다. 둘째, 성경을 통해 종말의 목적과 방향은 하나님 나라의 회복에 있음을 깨닫는 것이다. 이것은 성령 하나님과 감정적 교류를 통해 그분이 조명해 주시는 회복의 길을 알아 가는 것으로 하나님 나라의 회복이라는 메시지로 보는 관점이다. 셋째, 이 땅에서 하나님 나라가 회복되려면, 그 백성은 세상과는 구별된 거룩한 삶을 살기 위해 자신의 의지를 사용해야 한다.

우리가 성경을 통해 하나님의 뜻을 발견했다면, 성경의 각 책에서 제시되는 하나하나의 작은 이야기들에서 그 뜻을 하나님의 방법(神爲)으로 이루려는 것인지, 인간의 방법(人爲)으로 이루려는 것인지 또는 스스로 주인이 되어 자기 마음대로 하고 싶은 자기중심성(自己中心性)을 따르려는 것인지를 분별해야 한다. 모든 인간은 타락으로 인해 하나님의 뜻보다는 자기의 뜻을 추구하려는 경향이 있다. 설혹 하나님의 뜻을 따른다고 하더라도 하나님의 방법보다는 인간의 방법을, 그보다는 자신의 방법을 택하려는 강한 속성이 있다. 이들 방법 중에서 성경을 통해 하나님이 가르쳐 주신 것은 우리가 자신을 스스로 꺾고 하나님의 뜻에 순종하는 것이다. 그것도 나의 방법이 아닌 하나님의 방법으로, 그분의 뜻이 하늘에서뿐만 아니라 이 땅에서도 이루어지도록 하는 것이다.

통독이 숲을 보는 것이라면, 성경을 암송하고 연구하는 것은 각각의 나무를 자세히 들여다보는 것이다. 매일 QT를 통해, 날마다 주어지는 만나와 같은 생명의 말씀을 암송하고 묵상하고 기도하면서 성령님께 조명하심과 인도하심을 요청해야 한다. 그래서 매일의 삶 속에서 말씀이 우리 선택의 기준이 되어 삶을 예배로 드리는 훈련을 끝없이 해 나가야 한다. 성경을 읽지 않고도 말씀 속에 자신을 드러내시는 하나님을 믿는 것이 가능한가? 성경 속의 인물들에게 직접 혹은 선지자를 통해 하신 말씀은 같은 상황에 있는 우리에게 주시는 말씀이기도 하다. 그런데도 말씀을 읽지 않고, 하나님의 음성을 듣는 것이 가능한가?

레슬리 뉴비긴은 선교사나 일반 성도나 모두 교차로에서의 삶을 살고 있다고 말한다. 이슬람 지역에 파송된 선교사는 코란과 이슬람 전통문화라는 메타내러티브의 큰길을 걸어가고 있는 무슬림들 속에서 성경의 창조-타락-구속-완성의 메타내러티브의 길을 걸으면서 삶의 현장이라는 교차로에서 그들과 만나게 된다. 우리도 교회 밖으로 나오면 모더니즘에서 포스트모더니즘으로 진행하는 무신론적 세계관의 사람들과 혹은 뉴에이지의 상대주의적 세계관의 길을 걸어가는 사람들과 삶의 현장이라는 교차로에서 만난다. 그 만남을 통해 다른 길을 걷고 있던 그들을 우리 길로 초대하는 것이 선교요 전도다. 선교사의 삶과 마찬가지로 우리 삶 역시 교차로에서 만난 그들을 성경적 세계관의 길로 정중히 초대하는 데 쓰임 받아야 할 것이다.

칼 헨리(Carl Henry)는 "기독교인들이 무신론자보다 하나님에 대해 더 알기는 하지만, 이 시대의 영적 반란과 도덕적 방탕함의 어두운 그림자 속에서도 정오의 빛을 내뿜으며 서 있을 수 있는 견고한 믿음을 형성하지 못하고 있다"고 개탄한다.[17] 성경 속 예수님의 가르침은 이 시대의 상황을 이해한 사람들에게 정오의 빛과 같은 견고한 신앙과 삶의 기준을 제공할 것이다.

═ 51장을 마무리하며 ═

1. 하나님의 뜻을 행함

+ 모든 성경은 하나님의 감동으로 된 것으로 교훈과 책망과 바르게 함과 의로 교육하기에 유익하니 이는 하나님의 사람으로 온전하게 하며 모든 선한 일을 행할 능력을 갖추게 하려 함이라_딤후 3:16-17

+ 나의 하나님이여 내가 주의 뜻 행하기를 즐기오니 주의 법이 나의 심중에 있나이다 하였나이다_시 40:8

2. 적용과 토론

+ 어떻게 하면 하나님의 음성을 들을 수 있는가?

+ 성경을 진정한 하나님의 말씀으로 믿는가?

+삶 가운데 하나님이 성경을 통해 알게 하신 기준에 순종하지 못하는 영역이 있는가?

3. 기도

+하나님 아버지, 성경 말씀이 우리 삶의 절대적인 기준임을 믿고 따르겠습니다. 이 시간, 나의 관점이 아닌 하나님의 관점으로, 나 중심이 아닌 예수 그리스도께서 중심이 되시는 관점으로 구별된 거룩한 삶을 살기로 결단하게 하옵소서.

그러므로 너희가 그리스도 예수를 주로 받았으니
그 안에서 행하되 그 안에 뿌리를 박으며 세움을
받아 교훈을 받은 대로 믿음에 굳게 서서 감사함
을 넘치게 하라

_골 2:6-7

어느 민족 누구게나 결단할 때 있나니 참과 거짓
싸울 때에 어느 편에 설 건가(찬 586장)

_제임스 러셀 로웰(James Russell Lowell), 19세기 미국의 시인, 정치가

미국 캘빈대학의 철학 교수였던 니콜라스 월터스토프(Nicholas Wolterstorff)[18]는 "많은 기독교인이 기독교의 세계관으로 세상을 보려 하지 않는다. 오늘날 우리의 기본 사고 유형은 기독교 세계관이 아닌 과학적 세계관에 의해 생겨난 것"이라고 말하면서, 기독교가 제시하는 사상의 토대가 지성적인 삶으로부터 오랫동안 조직적으로 배제되어 왔다고 주장했다.[19] 이러한 그의 주장을 나 자신과 주변의 많은 사람들의 세계관에 비춰 봤을 때, 사실임을 고백하지 않을 수 없다. 초·중·고등학교의 공교육과 과학계의 패러다임이 된 진화론은 태초에 하나님이 천지를 창조하셨다는 창조론과 십자가의 죽음에서 부활하신 예수님의 복음을 믿을 수 없는 신화로 만들어 버렸다.

나의 경우, 젊은 시절에 형성된 진화론적 세계관이 40대 중반에 경험한 진정한 회심 이후에도 여전히 내 학문 세계의 패러다임으로 굳건히 유지되고 있었다. 즉 성과 속을 구분하여 세상에서는 세상의 법을, 교회에서는 교회의 법을 따르는 이원론적 태도를 아주 자연스럽게 취하고 있었던 것이다. 이러한 이원론적 태도는 상당 기간 유지되면서 '교회 속의 나'와 '세상 속의 나'가 상호 모순되면서 서로 충돌하고 있다는 것을 감지하긴 했지만, 그 원인이 무엇인지는 깨닫지 못했고, 그것을 어떻게 해결해야 할지도 몰랐다.

친구의 소개로 데이비드 노에벨의 《충돌하는 세계관》[20]의 원서를 읽고, 우리말로 번역하는 과정에서 비로소 하나님 나라와 이 세상 이념 간에 벌어지고 있는 영적 전쟁의 실체를 파악하게 되었다. 하나님의 법을 교회당 안으로 제한하려는, 더 나아가서 교회 안에서도 부정하게 만들려는 것이 진화론을 추종하는 다양한 무신론적 세계관의 정체라는 것을 깨달았다. 《충돌하는 세계관》의 생물학 부분에 대한 강의를 요청받고 준비하면서 관심도 고민도 없이 패러다임으로 수용하고 있었던 다윈의 진화론에 대해 새롭게 공부할 기회를 가졌다. 그 과정에서 놀랍게도 현대 과학의 패러다임으로 자리 잡은 진화론이 불확실한 가정을 기반으로 세운 거짓 증거들을 근거로 확대 재생산되어 온 것이라는 사실을 알게 되었다. 그리고 이러한 상황은 모든 무신론의 이념들과 다른 유신론 세계관들이 합심하여 천지를 창조하신 창조주 하나님과 유일한 길이요 진리이신 예수 그리스도를 없애려는 끝없는 노력의 결과물이라는 것도 깨닫게 되었다.

이렇게 주입된 무신론적 세계관 때문에 기독교인들은 대학에서 공부를 하거나, 사회생활을 할 때 자신의 신앙과 세상의 지식이 서로 충돌하는 것을 경험하게 된다. 무신론적 인본주의 이념을 따르는 현재의 교육은 세속의 지식을 받아들일 때 기독교의 지적 기반인 성경의 지식을 막연한 종교적인 믿음이나 신화로 폄하한다. 미국의 인본주의 교육 철학자인 리처드 로티(Richard Rorty)는 "우리는 기독교인 학생들에게 인본주의적 세속화가 주는 이점을 설득하기 위해 최선을 다한다. 그들이 근본주의 부모들의 악하고 위험한 손아귀에서 벗어나 나와 같은 사람들이 전하는 선의의 가르침을 받아들이도록 교육해야 한다. 우리의 교육 목표는 혐오감이나 불신 없이 다윈이나 프로이트의 저서를 읽고, 동성애나 젠더 이슈에 대한 시각을 우리와 흡사하게 맞추어 가도록 조정하는 것이다"라고 공언한다.[21] 우리는 유식해 보이는 인문학이나 아름답게 보이는 예술로 포장된 무신론의 세속 이념의 허구를 분명히 깨달아야 한다.

세상의 학문을 할 때, 어떤 분야의 정보와 다른 분야의 정보 사이에 통합이 필요하다. 각 분야의 정보 사이에 모순이 없는 통합이 참

촘한 네트워크를 형성할수록 더 강한 힘을 발휘한다. 예를 들어, '정의란 무엇인가'에 대하여 학문별로 배웠다고 하자. 법 정의의 측면에서는 동일한 죄에 대해 모든 사람에게 같은 처벌을 하는 것이 정의라고 배웠고, 정치 정의의 측면에서는 약한 자를 보호하는 것이 정의라고 배웠다면, 서로 다른 두 정보가 어떻게 통합되어야 하는가? 만일 사회적 약자가 범죄에 가담했을 경우에는 우리가 배운 법 정의와 정치 정의가 분명히 충돌하게 된다. 우리는 그 정보를 통합하면서 부딪치는 부분에 대해 찬반양론을 충분히 검토해야 한다. 그 후에야 정의에 대한 지적 정보가 통합되어 지식의 수준으로 격상될 수 있다.

그러나 그것이 진리의 수준에까지 이르기 위해서는 절대적 기준에 합당해야 할 것이다. 무신론 혹은 상대주의를 주장하는 뉴에이지와 같은 범신론에서는 절대적 기준이라는 것이 있을 수 없다. 그들은 시간, 장소, 상대에 따라 잣대가 바뀌기 때문에 그들에게는 지식의 통합이란 불가능하고 해체된 정보들만 있을 뿐이다. 기독교에는 성경의 통전적 진리가 되시는 '예수 그리스도'라는 절대적 기준이 있으므로 우리가 받아들이는 새로운 지식은 그 기준에 맞추어 수용하거나 거절할 수 있다. 수용된 지식들은 자신이 가진 진리에 합하는 지식 체계 속으로 일관성을 가지고 통합될 수 있다.

그러나 기독교인의 삶은 지식과 진리를 지적으로 통합하는 수준에서 그칠 수 없다. 그것들이 우리 삶에서의 모든 선택과 행위의 기준으로 실제 작동할 때, 우리 신앙과 지식과 삶이 비로소 일치하게 된다. 예수님은 산상수훈에서 반석 위에 집을 지은 지혜로운 사람과 모래 위에 집을 지은 어리석은 사람을 비교하시며 주님의 말씀을 듣고 행함의 여부에 그 기준을 두셨다(마 7:24-27).

우리가 성경의 진리와 그 진리에 충돌해 오는 다른 세계관들을 공부하는 이유는 성경이라는 진리의 반석 위에 견고하게 통합된 기독교 세계관을 형성하기 위함이다. 그렇게 함으로써 모든 그리스도인이 영적 전쟁에서 세상의 모든 이론을 무너뜨리며 "하나님 아는 것을 대적하여 높아진 것을 다 무너뜨리고 모든 생각을 사로잡아 그리스도에게 복종"(고후 10:5)하게 만드는 승리를 거머쥐기를 기도한다.

═ 52장을 마무리하며 ═

1. 세계관 전쟁에서 승리하기

+그러므로 너희가 그리스도 예수를 주로 받았으니 그 안에서 행하되 그 안에 뿌리를 박으며 세움을 받아 교훈을 받은 대로 믿음에 굳게 서서 감사함을 넘치게 하라_골 2:6-7

+우리 주 예수 그리스도로 말미암아 우리에게 승리를 주시는 하나님께 감사하노니_고전 15:57

2. 적용과 토론

+전문 분야의 지적 정보와 성경의 진리 사이에 괴리가 있을 때, 어떤 선택을 하는가?

+성경적 세계관의 성벽을 완성하도록 이끄신 하나님께 감사드리자.

3. 기도

+성경적 세계관의 성벽을 완성하도록 이끄신 하나님 아버지께 감사와 영광을 올려 드립니다. 그리스도 예수를 주로 받았으니 그 안에서 행하고, 그 안에 뿌리를 내리며 세움을 받아 교훈을 받은 대로 믿음에 굳게 서기를 간절히 기도합니다. 우리가 결단할 수 있게 도와주시고, 대장 되신 예수 그리스도를 따르는 영적 군사로서 세계관 전쟁에서 매 순간 승리하게 하옵소서.

Part 1. 시대 직시
하루 24시간 세계관이 치열하게 격돌하고 있다

1 마이클 고힌 & 크레이그 바르톨로뮤, 《세계관은 이야기다》(IVP, 2011), 56.

2 David Noebel, 《Understanding the Times》 2nd ed. (Summit Press, 2006).

3 데이비드 노에벨, 《충돌하는 세계관》(꿈을이루는사람들, 2013).

4 '충돌하는 세계관' 유튜브 강의: https://youtu.be/LOEMfEHoSFU

5 오스 기니스, 《풀'스 톡》(복있는사람, 1970).

6 C. S. 루이스, 《피고석의 하나님》(홍성사, 2020).

7 오스 기니스, 《풀'스 톡》(복있는사람, 1970).

8 제임스 사이어, 《기독교 세계관과 현대사상》 2판 (IVP, 2007).

Part 2. 시대 통찰
기독교 세계관은 어떻게 우월한가

1 크레이그 바르톨로뮤 & 마이클 고힌, 《성경은 드라마다》(IVP, 2013).

2 스르자 트립코비치(Serge Trifkovic): 세르비아계 미국인 공학자, 정치인, 역사가, 《예언자의 검》

3 Serge Trifkovic, 《The sword of the prophet》(UNKNO, 2007), 55.

4 Norman L. Geisler, 《Baker encyclopedia of christian apologetics》(Baker Book

House, 1999), 368-9

5 같은 책.

6 나빌 쿠레쉬,《알라를 찾다가 예수를 만나다》, 새물결플러스, 2016.

7 나빌 쿠레쉬,《알라를 찾다가 예수를 만나다》, 새물결플러스, 2016.

8 AHA, "Humanist Manifesto I"

https://americanhumanist.org/what-is-humanism/manifesto1/

9 AHA, "Humanist Manifesto II"

https://americanhumanist.org/what-is-humanism/manifesto2/

10 AHA, "Humanism and Its Aspirations: Humanist Manifesto III"

https://americanhumanist.org/what-is-humanism/manifesto3/

11 프리드리히 니체,《즐거운 학문》(책세상, 2019).

12 Alexander Solzhenitsyn,《The Gulag Archipelago》(Harper Perennial, 2020).

13 Stéphane Courtois et al,《The Black Book of Communism: Crimes, Terror,
Repression》(Cambridge, 1999).

14 칼 마르크스,《헤겔의 법철학 비판》(이론과실천, 2011).

15 Jean-François Lyotard(1920-1998).

16 Jacques Derrida(1930-2004).

17 Marcel Duchamp(1887-1968).

18 Roland Gérard Barthes(1915-1980).

19 문태순,《그리스도인의 세상 바로보기: 불교-유교》(꿈을이루는사람들, 2014).

20 《대학》, 大學之道 在明明德 在新民 在止於至善.

21 《대학》, 格物 致知 誠意 正心 修身 齊家 治國 平天下.

22 금장태,《유교 사상의 문제들》(여강출판사, 1990).

Part 3. 시대 분별
세계관은 학문을 어떻게 바라보는가

1 제임스 사이어,《기독교 세계관과 현대사상》 개정4판 (IVP, 2007).

2 데이비드 노에벨,《충돌하는 세계관》(꿈을이루는사람들, 2013).

3 주해홍,《통큰통독》개정판 (에스라, 2017).

4 폴 스타인하트 & 닐 투록,《끝없는 우주: 빅뱅 이론을 넘어서》(살림, 2009).

5 W. Jim Neidhardt,《Faith: the unrecognized partner of science and religion》 (Interdisciplinary Biblical Research Institute, 2012).

6 엘빈 플랜팅가,《지식과 믿음》(IVP, 2019).

7 Hugh G. Dick ed,《Select Writings of Francis Bacon》(Random House, 1955).

8 Jean-François Lyotard, et al,《The postmodern condition: A report on knowledge》(University Of Minnesota Press, 1984).

9 Francis Schaeffer,《How should we then live?》(Fleming H. Revell, 1977).

10 J. P. 모어랜드,《유신 진화론 비판: 하》(부흥과개혁사, 2019), 18장 과학에 왜 철학이 필요한가.

11 George Bealer, "On the possibility of philosophical knowledge", 〈Metaphysics〉(Philosophical perspectives) vol, 10(Blackwell, 1996),

12 C. S. 루이스,《순전한 기독교》개정판 (홍성사, 2019). cf. laws of nature, 자연과학에서의 법칙들

13 데이비드 노에벨,《충돌하는 세계관》(꿈을이루는사람들, 2013).

14 Morris B. Storer, ed.,《Humanist Ethics》(Prometheus Books, 1979), 137.

15 Paul Kurtz, ed.,《The Humanist Alternative》(Prometheus Books, 1973), 55.

16 Shakti Gawain,《Living in the Light》(New World Library, 2011), 128.

17 Marilyn Ferguson,《The Aquarian Conspiracy》(J. P. Tarcher, 1980), 327.

18 David Spangler,《Reflections of the Christ》2nd ed. (Findhorn, 1978), 40 – 44.

19 Nikita Khrushchev, "The Great Strength of Soviet Literature and Art," 〈Soviet Booklet〉 no. 108, (Farleigh Press, 1963), 30. Cited in James Bales,《Communism and the Reality of Moral Law》(The Craig Press, 1969), 5.

20 Lee Campbell, "Postmodern impact: Science", 〈Dennis McCallum〉(Bethany House, 1996).

21 J. P. 모어랜드,《유신 진화론 비판》(부흥과개혁사, 2019), (Theistic Evolution: A Scientific, Philosophical and Theological Critique, Crossway, 2017).

22 찰스 다윈,《종의 기원》(동서문화사, 2012).

23 Roger Lewin, "Evolutionary theory under fire", 〈Science〉 210:883-887,

(1980).

24 Francis Crick, "Central dogma of molecular biology", 〈Nature〉 227:561-563, (1970).

25 Alex T. Kalinka, "The evolution of early animal embryos: conservation or divergence?" 〈Trends in Ecology & Evolution〉 vol. 27 (2012), 385-393. http://www.sciencedirect.com/science/article/pii/S0169534712000729

26 하인리히 찬클,《과학의 사기꾼: 세계를 뒤흔든 과학 사기 사건과 그 주인공들의 변명》(시아출판사, 2006).

27 Hoyle-Watkin's declaration, 1985.

28 "인류 화석 조작극 필트다운 사건(하)" Archived 2013년 12월 3일 - 웨이백 머신, 〈사이언스타임즈〉, 2009. 2. 5.

29 edited by Schopf, TJM Freeman "Punctuated equilibria: an alternative to phyletic gradualism", 82-115, 〈Models in paleobiology〉(1972), Eldredge, N. & Gould, S. J.

30 Francis Crick, "Central Dogma of Molecular Biology". 〈Nature〉 227:561-563, (1970).

31 Abzhanov A, Protas M, "Bmp4 and morphological variation of beaks in Darwin's finches", 〈Science〉 Sep 3:305(5689), 1462-5, (2004).

32 C. A. Cooney, A. A. Dave, G. L. Wolff, "Maternal methyl supplements in mice affect epigenetic variation and DNA methylation of offspring", 〈The Journal of nutrition〉 132:2393S - 2400S, (2002).

33 프랜시스 콜린스,《신의 언어》(김영사, 2019).

34 〈Biologos foundation〉 www.biologos.org

35 J. P. 모어랜드,《유신 진화론 비판: 상》(부흥과개혁사, 2019), 78.

36 같은 책, 117.

37 데이비드 노에벨,《충돌하는 세계관》(꿈을이루는사람들, 2013).

38 edited by Arthur Koestler & J. R. Smithies,《Beyond reductionism》 (Hutchinson Publishers, 1969), "For an updated discussion of identity."

39 Arthur Custance,《Man in Adam and in Christ》(Zondervan, 1975).

40 Francis Schaeffer,《The complete works of Francis Schaeffer》 5 volume set (Crossway Books, 1982). 3:329

41 Paul Vitz, 《Psychology as Religion》(Erdmans, 1985), 43.

42 데이비드 노에벨, 《충돌하는 세계관》(꿈을이루는사람들, 2013), 281.

43 Rollo May, "The problem of evil: an open letter to Carl Rogers", 〈Journal of humanistic psychology〉 summer, (1982), 149.

44 Joyce Milton, 《The road to malpsychia: humanistic psychology and our discontents》(Encounter books, 2002).

45 C. S. 루이스, 《순전한 기독교》(홍성사, 2001).

46 William Kirk Kilpatrick, 《Psychological Seduction》(Thomas Nelson, 1983).

47 〈Time〉, January 17, 2005.

48 조지 베일런트, 《행복의 조건》(프런티어, 2010).

49 예일대학교 제공, "The Science of Well-Being" https://www.coursera.org/learn/the-science-of-well-being

50 데이비드 노에벨, 《충돌하는 세계관》(꿈을이루는사람들, 2013).

51 Friedrich Engels, 《The origin of the family, private property, and the state》(Penguin Classics, 2010).

52 기브리엘 쿠비, 《글로벌 성혁명》(밝은생각, 2018).

53 Alfred Kinsey, 《Sexual behavior of the human male and female》(W.B. Saunders Company, 1948 & 1953).

54 George Gilder, 《Wealth and Poverty》(Regnery Gateway, 2012).

55 Randall Collins, "Perceptivity and the activist potential of the sociology classroom" 〈Humanity & Society〉 vol. 10, no. 3, (1986).

56 John J. Dunphy, "A religion for a new age", 〈The humanist〉 Jan/Feb, (1983).

57 Paul Kurtz et al., 《Humanist manifesto III: A call for a new planetary humanism》(Prometheus Books, 2000).

58 Marilyn Ferguson, 《The aquarian conspiracy》(TarcherPerigee, 2009), 280.

59 데이비드 노에벨, 《충돌하는 세계관》(꿈을이루는사람들, 2013), 사회학-뉴에이지.

60 사무엘상 8장 11-20절.

61 라인홀드 니부어, 《도덕적 인간과 비도덕적 사회》(문예출판사, 2000).

62 Russell Kirk, "The christian postulates of English and American law", 〈Journal of Christian Jurisprudence〉, Tulsa, OK.

63 David Sanderson, Ending religion is a bad idea, says Richard Dawkins 〈The Times〉 2019. 10. 5. https://www.thetimes.co.uk/article/ending-religion-is-a-bad-idea-says-richard-dawkins-sqqdbmcpq#

64 "About John Whitehead" 〈The rutherfored Institute〉 https://www.rutherford.org/about/about_john_whitehead

65 John W. Whitehead, 《The second American revolution》(Crossway books, 1989), 80.

66 Carl F. H. Henry, 《Twilight of a great civilization》(Crossway books, 1988), 147.

67 Tibor Machan, "Are human rights real?", 〈The Humanist〉, Nov/Dec, (1989). 28.

68 노아 웹스터(Noah Webster): 미국식 영어사전 편찬자, 웹스터 사전이라는 고유 명사화. 독립국가를 위한 언어의 중요성 인식, 성경도 킹 제임스 성경을 기반으로 common version을 출판.

69 Noah Webster, 《History of the United States》, "Advice to the Young" (Durrie & Peck, 1832), 338-340.

70 랜던 길키,《산둥 수용소》(새물결플러스, 2013), 272.

71 캘빈 바이스너(E. Calvin Beisner): 미국의 다학제적 기독교 학자, 신학, 변증학, 정치철학, 환경윤리학 등

72 E. Calvin Beisner, 《Prosperity and poverty: The compassionate use of resources in a world of scarcity》(Crossway books, 1988), 45.

73 로마서 13장 1-2절.

74 사도행전 4장 19절.

75 프란시스 쉐퍼,《기독교와 정부 그리고 시민불복종》(예영커뮤니케이션, 1994).

76 다니엘 1, 3, 6장

77 히브리서 11장 35-38절

78 에드먼드 버크(Edmund Burke, 1729-1797): 아일랜드 출신, 영국 정치가, 철학자. 근대 보수주의의 아버지.

79 에드먼드 버크, 《프랑스 혁명에 관한 성찰》(Reflections on the Revolution in France, 1790) 개정판 (한길사, 2017).

80 에드먼드 버크, 《에드먼드 버크 보수의 품격》(좁쌀한알, 2018) "신 휘그가 구 휘

그에 올리는 호소(An Appeal from the New to the Old Whigs, 1791)."

81 알렉시스 드 토크빌(Alexis de Tocqueville, 1805-1859) 프랑스 법관, 정치철학자, 역사가. 대표작《미국의 민주주의》.

82 백완기, "알렉시스 드 토크빌(Alexis de Tocqueville)의 생애와 사상", 〈행정논총〉 53(4), (2015), 1-45.

83 C. S. 루이스,《순전한 기독교》(홍성사, 2001).

84 러셀 커크(Russell Amos Kirk, 1918-1994): 20세기 후반 미국 보수주의의 틀을 잡아 준 정치 철학자, 사회 평론가. 대표작《보수의 정신》.

85 마이클 샌델,《정의란 무엇인가》(김영사, 2010).

86 같은 책.

87 팀 켈러,《정의란 무엇인가》(두란노, 2012).

88 같은 책.

89 팀 켈러,《부활을 입다》(두란노, 2021), 269-275.

90 레위기 24장 22절.

91 레위기 19장 15절.

92 잠언 31장 8-9절.

93 스가랴 7장 10절.

94 로마서 2장 6-10절.

95 누가복음 4장 18-19절.

96 아담 스미스,《국부론》.

97 컨디셔너(conditioner): 조건을 정하는 사람. C. S. 루이스의《인간 폐지》중에서.

98 리랜드 라이큰,《청교도: 이 세상의 성자들》(생명의말씀사, 1995).

99 랭던 길키,《산둥 수용소》(새물결플러스, 2013).

100 라인홀드 니버,《도덕적 인간과 비도덕적 사회》(문예출판사, 2017).

101 로버트 카텔,《CEO와 성직자》(한스컨텐츠, 2006).

102 디모데전서 3장 10절.

103 로버트 스티븐슨,《지킬과 하이드》(푸른숲, 2007).

104 막스 베버,《프로테스탄티즘의 윤리와 자본주의 정신》(문예출판사, 2021).

105 Olive (trans.) Troeltsch, Ernest; Wyon,《The Social Teaching of the Christian Churches》(George Allen & Unwin, 1931), 644-647.

106 Andre Bieler,《The Social Humanism of Calvin》(John Knox Press, 1964).

107 존 스토트, 《현대 사회 문제와 그리스도인의 책임》(IVP, 2006).

108 앨빈 토플러 & 하이디 토플러, 《부의 미래》(청림출판, 2006).

109 클라우스 슈밥, 《4차 산업혁명》(메가스터디북스, 2016).

110 로켓파인더 "4차 산업혁명 시대 사라질 직업 vs 유망 직업 20개"
https://subinne.tistory.com/143

111 플라비우스 요세푸스(Josephus, AD 37-100): 유대인 정치가, 역사가, 유대 독
립전쟁에 나섰으나 투항, 로마 고위관리가 됨. 로마에 의한 예루살렘 함락 순간
을 목격한 《유대 전쟁사》 등 역사책을 남김.

112 코넬리우스 타키투스(Cornelius Tacitus, AD 56-117): 고대 로마의 역사가, 연
대기, 게르마니아 등 많은 역사 문서를 남김.

113 데이비드 노에벨, 《충돌하는 세계관》(꿈을이루는사람들, 2013).

114 사이먼 그린리프(Simon Greenleaf, 1783-1853): 하버드대학교 초기에 법대의
기반을 확장하여 초석을 다진 법학자.

115 Josh McDowell, 《The new evidence that demands a verdict》(Thomas Nelson
Publishers, 1999).

116 N. T. Wright, 《The resurrection of the son of God》(Fortress Press, 2003).

117 리틀턴 경(Lord Littleton, 1709-1773): 영국 귀족 가문 출신의 상원의원, 재무
상을 역임.

118 리 스트로벨, 《부활의 증거》(두란노, 2012).

119 그렉 길버트, 《성경을 왜 믿는가》(규장, 2015).

120 리 스트로벨, 《예수는 역사다》(두란노, 2002).

121 크레이그 블룸버그(Craig Bloomberg): 덴버신학교 신약학 교수.

122 브루스 메츠거(Bruce Metzger): 프린스턴신학교 교수이며 신약성경 사본에 대
한 권위자.

123 에드윈 야마우치(Edwin Yamauchi): 마이애미 대학 역사학 교수

124 존 맥레이(John McRay): 고고학자이며 휘튼대학 교수

125 그레고리 보이드(Gregory A. Boyd): 목회자, 신학자이며 기독교 변증가.

126 벤 위더링턴 3세(Ben Witherington III): 애즈베리 신학교 신약 해석학 교수.

127 게리 콜린스(Gary Collins): 임상심리학 박사.

128 도날드 카슨(Donald A. Carson): 트리니티대학 신약학 교수.

129 루이스 레피데스(Louis Lapides): 유대인으로서 회심하여 목사가 되었음.

130 로버트 스타인(Robert Stein): 법의학 검시의사이면서 법의학 탐정.

131 윌리엄 레인 크레이그(William Lane Craig): 휴스턴 침례신학교 교수이며 분석 철학자.

132 게리 하버마스(Gary Robert Habermas): 리버티대학 변증신학 교수이며 기독교 변증학의 대가.

133 J. P. 모어랜드(J. P. Moreland): 탈봇과 바이올라대학의 신학 및 철학교수.

134 그렉 길버트,《성경을 왜 믿는가?》(규장, 2015).

135 오스 기니스,《소명》확대개정판 (IVP, 2019).

Part 4. 시대 돌파
세계관은 어떻게 삶의 열매로 나타나는가

1 William S. Lind, 〈Marine corps gazette〉(1994).

2 Theodore Darlymple, 《Life at the bottom: The worldview that makes the underclass》(Ivan R. Dee, 2003).

3 남성의 성적 행동(Sexual behavior in the human male).

4 여성의 성적 행동(Sexual behavior in the human female).

5 Judith Reisman et al., 《Kinsey, Sex and Fraud: The Indoctrination of a People》(Huntington House, 1990).

6 Judith Reisman, 《Kinsey's Attic: The Shocking Story of How One Man's Sexual Pathology Changed the World》(Cumberland House Publishing, 2006).

7 한국창조과학회, "동성애가 '선천'도 '유전'도 아닌 과학적 이유 1"
https://creation.kr/HistoryofEvolution/?idx=1290165&bmode=view

8 한국창조과학회, "동성애가 '선천'도 '유전'도 아닌 과학적 이유 2"
https://creation.kr/HistoryofEvolution/?idx=1290166&bmode=view

9 Hamer D. H. et al., "A Linkage Between DNA Markers on the X Chromosome and Male Sexual Orientation." 〈Science〉, 261 (1993): 321 – 27.

10 Lady GAGA, "Born this way" https://www.youtube.com/watch?v=wV1FrqwZyKw

11 Rice G. et al., "Male homosexuality: absence of linkage to---Xq28" 〈Science〉 (1999).

12 Ramagopalan S. V. et al, "A genome-wide scan of male sexual orientation" 〈J. Human Genetics〉 (2010).

13 Ganna A. et al., "Large-scale GWAS reveals insights into the genetic architecture of same-sex sexual behavior" 〈Science〉 365: eaat7693 (2019).

14 Russell Kirk, "The christian postulates of English and American law" 〈Journal of Christian Jurisprudence〉 (1980).

15 William F. Buckley, 《Let us talk of many things》(Forum, 2000), 9-10.

16 주해홍,《통큰통독》(에스라, 2017).

17 Carl, F. H. Henry, 《Twilight of a great civilization》(Crossway Books, 1988).

18 Nicholas Paul Wolterstorff(1932년 출생): 미국의 철학자이자 신학자. 캘빈대학 철학교수, 유수의 대학에 초빙교수, 미국철학회, 미국기독교철학회 회장 역임, 대표작《기독교 인식론》.

19 로버트 A. 해리스,《신앙과 학문의 통합》(예영커뮤니케이션, 2013).

20 데이비드 노에벨,《충돌하는 세계관》(꿈을이루는사람들, 2013).

21 같은 책.